赵淳生院士

上天完全是为了坚强我们的意志，才在道路上设下重重障碍。

——泰戈尔

从放牛娃到院士

中国超声电机领域的开拓者赵淳生

于　媚◎著

吉林大学出版社

·长春·

图书在版编目（CIP）数据

从放牛娃到院士：中国超声电机领域的开拓者赵淳生 / 于媚著 . -- 长春：吉林大学出版社，2020.9

ISBN 978 - 7 - 5692 - 7135 - 5

Ⅰ.①从… Ⅱ.①于… Ⅲ.①赵淳生—传记 Ⅳ.① K826.16

中国版本图书馆 CIP 数据核字（2020）第 180198 号

书　　名　从放牛娃到院士：中国超声电机领域的开拓者赵淳生
　　　　　　CONG FANGNIUWA DAO YUANSHI：ZHONGGUO CHAOSHENG DIANJI
　　　　　　LINGYU DE KAITUOZHE ZHAO CHUNSHENG
作　　者　于媚　著
策划编辑　李潇潇
责任编辑　李潇潇
责任校对　马宁徽
装帧设计　中联华文
出版发行　吉林大学出版社
社　　址　长春市人民大街 4059 号
邮政编码　130021
发行电话　0431-89580028/29/21
网　　址　http://www.jlup.com.cn
电子邮箱　jdcbs@jlu.edu.cn
印　　刷　三河市华东印刷有限公司
开　　本　710mm×1000mm　1/16
印　　张：19.75
字　　数　350 千字
版　　次：2021 年 1 月　第 1 版
印　　次：2021 年 1 月　第 1 次
书　　号　ISBN 978 - 7 - 5692 - 7135 - 5
定　　价　95.00 元

谨以此书献给赵淳生院士

八十华诞

人生的道路漫长而曲折，
有成功与失败、
顺境与逆境、
幸福与痛苦。
遇到困难时，
不能灰心，
不能消沉，
而要坚强，
要积极寻求战胜困难的方法。
古今中外的杰出人士，
没有一个是一帆风顺的，
正可谓"自古英雄多磨难"。
所以，
对磨难不要拒绝，
而要欣然接受。

——赵淳生

赵淳生，中国科学院院士，南京航空航天大学教授，博士生导师，机械工程专家。1938年11月生于湖南衡山，1961年毕业于南京航空学院飞机系，1984年获法国巴黎高等机械学院工程力学博士学位，2005年当选为中国科学院院士。现任南京航空航天大学精密驱动研究所荣誉所长，国家地方联合超声电机工程实验室主任，"机械结构力学与控制国家重点实验室"学术委员会战略顾问，南京航达超控科技有限公司董事长兼总经理，《振动、测试与诊断》主编、《微电机》副主编、《光学精密工程》顾问、《中国电机工程学报》《压电与声光》《微特电机》等编委，国际IWPMA研讨会组委会成员。

长期从事振动工程技术和应用研究，在振动模态参数识别、多点激振和测量技术、机械故障诊断技术、电动式激振器设计与应用等领域取得了丰硕的成果。近二十多年来，他和他带领的团队潜心研究超声电机技术及其应用，在新型超声电机运动机理、机电耦合模型、结构参数优化设计、驱动与控制技术等方面，总结和提出系统的理论和设计方法；研发出杆式、环式和圆板式行波型、自校正驻波型、直线型、纵扭复合型、非接触型、多自由度型和空心型等60余种具有自主知识产权的超声电机及其驱动器；申请国家发明专利近400项，其中授权200多项，并有多种超声电机已在科研、生产和国防上应用。

代表著作有《机械振动参数识别及其应用》（合著，科学出版社，1989年）、《超声电机技术与应用》（科学出版社，2007年）、《Ultrasonic Motors: Technologies and Applications》（Springer-Verlag出版公司，2010年）等；还有译作《工程师机械振动学》《模态试验：理论与实践》；发表学术论文400多篇。共获国家级和省部级科技奖20余项，其中国家技术发明二等奖2项、四等奖1项，国家科技进步三等奖1项，国防专用国家级科技进步三等奖1项，国防科技进步一等奖1项，教育部技术发明一等奖1项，中华全国第二届优秀图书奖1项，何梁何利科学与技术进步奖1项。先后荣获"江苏省优秀教育工作者""江苏省先进科技工作者""国防系统先进工作者""总装备部先进工作者""江苏省十大杰出专利发明人"和"南京市十大科技之星"等称号。2014年获国际IWPMA"超声电机技术终身成就奖"、美国Viginia Tech的CMES"超声电机杰出贡献奖"；2015年获"全国先进工作者（全国劳动模范）"称号。

学术年表

1961—1966年　南京航空学院结构强度实验室主任、讲师

1967—1981年　南京航空学院振动研究室讲师

1981—1982年　法国巴黎居里大学理论和应用力学研究室访问学者

1982—1984年　法国巴黎高等机械学院攻读博士学位

1984—1986年　南京航空学院振动研究室副主任、副教授

1986—1988年　南京航空学院振动工程研究所副所长、副教授

1988—1992年　南京航空学院振动工程研究所所长、教授、博导

1992—1994年　美国麻省理工大学（MIT）访问教授

1994—1997年　南京航空航天大学振动工程研究所教授、博导

1997—2005年　南京航空航天大学超声电机研究中心主任、教授、博导

2006—2009年　南京航空航天大学精密驱动与控制研究所所长

2010年至今　南京航空航天大学精密驱动与控制研究所荣誉所长

序

　　《左传》有言曰:"太上有立德,其次有立功,其次有立言,虽久不废,此之谓不朽。""立德"就是讲做人;"立功"就是讲做事;"立言"就是讲做学问。一个人要么在"立功"方面独树一帜,要么在"立德"方面社会影响巨大,要么在"立言"方面建树丰硕;而要在"立德""立功""立言"三方面都有所建树,实属不易。但我了解的赵淳生院士,他在这三个方面都尽力要求自己做得最好!

　　仅十年内,他带领团队夺得2项国家级奖、2项世界级奖、10多项省级奖等重要研究成果!他还创下了"人生若干个第一"。让人意想不到的是,如此多的学术成果是在他身患绝症、克服巨大困难的情况下取得的。作为中国知识分子,赵淳生在"立功"层面,可谓成绩卓著。

　　在遭遇诸多不幸,经历诸多苦难时,他都乐观面对,始终心系国家与民族,心系党的教育事业,全身心投入到教学科研工作中,热心帮助青年人成长。尤其在自己先后患过两次癌症、动过两次大手术的情况下,依然忘我地工作在教学、科研一线;在得了大奖以后,毅然把奖金全部捐出来,用以支持家乡教育事业和团队发展建设;等等。不是一件事,几乎在每件事上,都能体现他的境界和情怀。不管何时何地,他都关注着国家发展需要,都关注着自己的学生以及团队成员的成长。即使身处困境,他总是用超然、旷达的心态面对,一如既往地关心他人,帮助青年人成长。仅从这点来看,赵淳生在"立德"层面,就无愧于"师者"的称号。

　　他诚实守信、知恩图报;他有责任,有担当,有干劲,一辈子坚持苦干、实干、带头干,带领学生干、带病坚持干;多部精心打磨出版的学术专著,无数次精心准备的巡回讲演报告……这一切足以彰显他"知行"统一,在"立言"方面建树卓著!

赵淳生院士用自己的行动，让"立功"与"立德"水乳交融，折射出他内心深处强烈的爱国主义精神。因为这种精神，他可以忍受失去亲人的痛苦，可以忍受一个人独自干事业的艰辛；他可以忍受病痛的折磨，唯独不能忍受科学研究的间断；他可以放弃国外大公司的高薪，可以放弃颐养天年的机会，可以放弃享受天伦之乐的机会，放弃所有的一切，唯独不能放弃超声电机的研究。

　　赵淳生院士用自己的行动，让"立德"与"立言"有机统一，并以此证明了自己对党的忠诚和热爱，证明自己无愧于党员的称号，始终保持了共产党员的先进性，用自己最卓著的成就，最大限度地实现科技报国的理想；用自己的言行，证明自己无愧党的培养，无愧为中国当代优秀知识分子。

　　我所了解的南京航空航天大学赵淳生院士，忠诚国家，痴迷事业，热爱生活，坚守理想。

清华大学教授
中国科学院院士

2020 年 8 月 15 日

目　录
CONTENTS

第一篇　家事

①
衡山那个地方

本书主人公姓"赵"，名"淳生"，1938年11月生，系湖南省衡山县白果镇瓦铺村人。在中国人眼里，故土总是那么重要。而湖南—衡山—白果镇作为故土，从出生到走出家门，赵淳生在那儿整整生活了十八年之久，因此，是个不得不说的地方。

首先，得说说湖南。

从地理资源看，湖南有三湘四水。特定的地理位置，决定了特定的自然环境，带来了特定的文化现象，这三者融合的地域文化，最终对生活其中的人影响甚大。正可谓，一方水土养育一方人，一方水土塑造一方人。所以，湖南人就有湖南人的性格，东北人就有东北人的性情。

湖南的远山

1

将湖南地域文化论述得最到位的是国学大师钱基博。他这样分析湖南地理位置、自然环境对湖湘文化的影响：

湖南之为省，北阻大江，南薄五岭，西接黔蜀，群苗所萃，盖四塞之国。其他水少而山多，重山叠岭，滩河峻激，而舟车不易为交通。顽石赭土，地质刚坚，而民性多流于倔强，以故风气锢塞，常不为中原人文所沾被。抑自风气自创，能别于中原人物以独立，人杰地灵，大儒迭起，前不见古人，后不见来者，宏识孤怀，涵今茹古，罔不有独立自由之思想，有坚强不磨之志节。湛深古学而能自辟蹊径，不为古学所囿。义以淑群，行必厉己，以开一代学风，盖地理使之然也。

以上文字提炼出湖南人"倔强、独立、坚强、厉己、宏识、孤怀、创新"诸多特点，与湖南"顽石赭土，地质刚坚"有着直接关系。"水少而山多，重山叠岭，滩河峻激"，造成其地方风气锢塞，抑亦风气自创。所以，他们独立又创新、宏识又孤怀。从古至今，具有鲜明的"独立自由之思想，坚强不磨之志节"，并且"义以淑群，行必厉己"。这使得湖南"人杰地灵，大儒迭起"，并且"前不见古人，后不见来者"。

远的不说，近代涌现出的杰出人物，比如伟大领袖毛泽东，以及刘少奇、彭德怀、贺龙、罗荣桓、任弼时等，都是响当当的湖南人士，正可谓，"惟楚有才，于斯为盛"。

日常生活中，我们看到的湖南人，他们说话声音响亮，行事麻利，胸怀坦荡，正气浩然，具有一股豪气冲天的果敢以及无所畏惧的锐气；他们说话算数，喜欢一马当先；他们仰慕强者，不喜欢俯首称臣；他们扶持弱者，不惧强者，爱打抱不平。

赵淳生也不例外。他嗓音粗，嗓门又大，无论走到哪儿，人未到而声先至。平时，他只要一进办公大楼，就连三楼的人也能听到他的谈笑声。而且，说话像扫机关枪似的，这句还没结束，下句就冒了出来。他做事极其麻利，从不拖拉，事业心、责任心强，每个阶段都能做出成绩来。尤其，他胸怀坦荡，从不隐瞒自己的观点，更不会当面一套、背后一套，而是直截了当，一吐为快。对他来讲，任何事情都可以摆到桌面上来，从来只对事不对人，犯了错误只要承认并改正了就是好同志。因此，他对同志从没有真正意义上的仇恨。不过，由于脾气急躁，有时，在没有把问题弄清楚的情况下，常常急于下结论，结果老问题未解决，新矛盾又出现了，不仅影响工作效率，也影响自己与周围同事的团结。所以，赵淳生又是湖南人中既典型、又特别的一位，格外引人注目。

地域不仅对人的性情有影响，对人的成长、成才，甚至成功也有着直接或间接的影响。生长在湖南农村的赵淳生，湖南地域赋予他"独立又创新""宏识又孤怀"以及"坚强不磨之志节"的禀赋与性情，是他最终成为科学家的一个非常重要的因素。

也有人用"刀刚火辣"对湖南人进行了总结，并归纳出11个特点。这11个特点是：

（1）质朴，务实而不务虚；

（2）倔强，又谓"霸蛮"，头撞南墙也不回；

（3）傲岸，不拘细行琐德；

（4）吃苦耐劳，如同骡子负重远行；

（5）坚韧执着，屡败屡战，不胜不归，打脱牙齿和血吞；

（6）刚健，勇于任事，锐意进取，敢为天下先；

（7）自信，天降大任，舍我其谁，当仁不让；

（8）好学，虽武将亦能折节读书，求知欲旺盛；

（9）任侠，路见不平，拔刀相助，疾恶如仇，锄强扶弱；

（10）特立独行，具有独立自由的思想和坚强不磨的志节，喜欢别出心裁，标新立异；

（11）不怕死，不要命，舍得一身剐，敢把皇帝拉下马。在最无退路时，可以舍生忘死。

以上这些特点，在本书主人公赵淳生身上都有不同程度的体现。

比如"质朴""务实""吃苦耐劳"，是他一以贯之的品质。刚上大学那年，学校发了一套棉衣，他整个大学期间都穿它过冬，里面既没有毛衣，也没有秋衣，空荡荡的。由于穿的年头多了，两层布里的棉花都滚成了球，根本起不到保暖的作用，但他始终没有向学校再申请一套。直到毕业留校的那个寒假，未婚妻王凤英来南京看他，实在看不下去了，便把棉袄拆了，将里面的棉花球撕散，再续上一层新棉花。穿上"新袄"的那一刻，年轻的赵淳生一脸的满足："翻新一下，真的格外暖和了！"

1998年去日本开会，为了节省经费，他舍不得花钱住酒店，就找到熟悉的留学生，睡在人家宿舍的地板上。

当了院士以后，依然骑着那辆已用了二十多年的破旧自行车，在老校区的宿舍区和教学区跑东跑西的。有一次回家吃饭，路过教学区十字路口时，一辆小车突然从后面撞到自行车的后轮，将他连车带人一起撞倒在花坛里，人仰马翻，万幸的是他只被花坛里的枯枝扎破了手，并无大碍。

平时，他从不说三道四，而是脚踏实地地干。不管做出什么成绩来，不是躺在功劳簿上，而是立马奔向下一个目标。一年三百六十五天，既没有节假日，也没有寒暑假，就这样干到六十，干到七十，干到八十，从不言退。2017年，按国家规定院士年满八十必须退休，他虽办理了退休手续，但从未离开过工作岗位一天。

2019年，八十二岁的他为了超声电机产业化，又组建了新公司，当起了董事长和总经理，日夜不停地操劳。这个过程中，无论困难有多大，挫折有多多，他从未想过放弃。哪怕上刀山、下火海，只要他还活着，还有一口气，就要干下去，任何人都无法改变他，也无法阻止他。

当年，他刚搞超声电机研究时，一无经费，二无场地，三无像样的仪器设备，四无研发团队，只有他和两个学生，在一间不到20平方米的小房子里，一搞就是三年。在第一台超声电机转起来时，他却得了癌症。四个月做了两次大手术、六次化疗，一下子瘦了二十六斤，虚弱得连基本的站卧、走路都困难！所有探望他的同事、亲朋好友都劝说："把事业先放一放，一心一意养病吧！皮之不存，毛将焉附？"妻子也质问他："你现在是要事业，还是要命？"他的回答是："事业和命，我都要！"语气刚硬而决绝。他的乐观与坚强竟然感动了"上帝"！二十多年过去了，他不但发展了超声电机事业，也保住了自己的生命。而且，不顾自己年事已高，始终沿着既定的目标负重前行。

比如，"疾恶如仇""路见不平拔刀相助"等，让赵淳生这个湖南人，总会锄强扶弱，把帮助别人变成了习惯。他一生直接、间接帮助过无数人，每一次相助别人的背后，同样是湖南人那特有的执著。有时，连被帮的人都想放弃了，但他仍然坚持，不成功便成仁。

比如，"好学""自信""不信邪""不怕死""特立独行"等，那些湖南人的特质，都被他不折不扣地传承下来，分毫不差。

在湖南人诸多特点中，"霸蛮"最为突出，而且是与生俱来的。"若道中华国果亡，除非湖南人尽死"，是霸蛮；"但信人生二百年，会当击水三千里"，也是霸蛮。"霸蛮"不是霸道，不是野蛮，而是坚韧不拔，是果敢刚毅；是不怕鬼、不信邪，是"打脱牙齿和血吞"；是"不到长城非好汉"，是拼命硬干、埋头苦干，是一息尚存、奋斗不止的精神；是特立独行、自强不息、虽九死而不悔的执着。

作为湖南人的赵淳生再"霸蛮"不过了！可以说，没有"霸蛮"就没有今天的赵淳生。

　　除了"霸蛮"，还有"生猛"。湖南人无论男女，无论是说话、做事，人人都猛，故被外乡人称为"湖南猛子"。"猛子"们往往吵不过两三句，就要动手厮打。跟湖南人聊天，他们大多都会说出一段打架的往事，而且拣最精彩、影响最大的来说。在湖南人看来，打架并不耻辱，而是一种光荣，差不多他们每个人都打过架。

　　赵淳生自己，不仅在学生时代，就是成为大学教授以后，也打过很具有"影响力"的架。一次是上高中时，那次打架把班主任都打辞职不干了；一次是在他担任南京航空学院（现南京航空航天大学）振动工程研究所副所长时，把当时学校党委书记都惊动了。作为湖南人的赵淳生，对于这样的打架，即使当上了院士，也毫不避讳。

　　这又生成湖南人的另一个特点，那就是"直"。不管是说话，还是做事，湖南人都喜欢直来直去，不喜欢拐弯抹角。他们说话大多一是一、二是二，没有半分更改的余地。这个"直"里，也带有"冲"的成分。就是不假思索，想到什么说什么，不会有半分掩饰。如果湖南人看不惯某件事或某个人，一般都会直言不讳地指出来，而不去管他人的感受。

　　这在赵淳生身上尤为突出。他做任何事情都不会迂回曲折，也不需要迂回曲折。很多年以前，一位年轻教师因工作与他发生点儿误会。有一次，他带自己的孩子来学校，与赵淳生迎面相遇时，竟装着没看到他。赵淳生感觉这样对长辈太没礼貌了！对处于孙辈的孩子影响更坏！他当即把人家拦住说："怎么不理人了？"让对方很不好意思。类似的事情很多，他一贯处理的方式就是这样"直说"，不免显得生硬，让人难以接受。

　　说到这里，对湖南人，我们有了大概的了解。这有助于我们准确地把握本书主人公赵淳生成功的因素。

　　前面介绍赵淳生出生在湖南衡山，接下来我们再说说衡山。

　　衡山作为名山，是五岳之一的南岳，自古就有"独秀"的美称。

南岳衡山

5

"东岳泰山之雄，西岳华山之险，北岳恒山之幽，中岳嵩山之峻，南岳衡山之秀"早已闻名于世。这里终年满目翠绿，生机无限；这里四季秀木成林，修竹成片。每到春天，漫山遍野不是绿草如烟，就是花海如潮，要不就是云白茶绿，杜鹃花红，美不胜收。

独木难成林，孤山不成岳。这个天下闻名的"南岳"，南起衡阳回雁峰，北至长沙岳麓山，逶迤七十二峰，绵延八百里。不难想象，这样的衡山，不仅秀色可嘉，同时气势磅礴。清人魏源《衡岳吟》中说："恒山如行，岱山如坐，华山如立，嵩山如卧，惟有南岳独如飞。""南岳如飞"是对衡山气势的赞美。

一个"秀"字，一个"飞"字，仅仅两个字，就把衡山的特质生动形象地描绘了出来。

山同人一样，既有外在的"形"，也有内在的"神"。这个外表温秀的衡山，骨子里却是刚硬的，它的主体由距今1.8亿年前燕山期花岗岩构成，刚硬无比。不过，经过上亿年的风化演变，现在的山体大部分被沙土覆盖，植被茂密，人们很难看到衡山刚硬的内在。

衡山的这种特质，与本书主人公赵淳生，有着惊人的相似。我们看到的赵淳生，在其儒雅的外表背后，也深藏着一副铮铮铁骨，以及钢铁般坚强的意志。

据汉代《甘石星经》记载，古代九州中，正南面是荆州，荆州最著名的山叫衡山。东汉郑玄解释，南岳衡山的名称是根据天上的星宿分野而来的。在上为管住生死的星宿，在下则管生长发育，像一把秤一样，保持两头平衡，所以叫"衡山"。衡山对应天上二十八星宿之轸翼，"度应玑衡"，即像衡器一样，可以称量出天地的轻重，也能保持天地间的平衡，能够"铨德均物"，褒扬人间的真善美，惩治人间的假丑恶。

从衡山之名可以看出，我们的祖先对衡山不仅寄予了很高的自然期盼，也寄予了很高的道德期盼。人们在把衡山作为外在审美对象的同时，也作为内在精神的仰慕对象。每年的农历七月至九月，各地的香客会不远万里来到这里的庙宇，双手合十，虔诚跪拜。不仅平民百

朝拜

姓如此，帝王将相也不例外。而这种朝拜仪式，作为当地的礼仪风貌，一直保持了三千多年之久。

远古时代的尧帝、舜帝、禹帝，他们均到过南岳祭祀。大禹治水时，曾在衡山杀白马祭告天地，在皇帝岩斋戒祈求上天帮助，获天赐金筒玉书，取得了治水方案，最终制服滔天洪水，功垂万世。清朝的康熙、乾隆皇帝，不仅来过这里，还曾为南岳题词；李白、杜甫、柳宗元、朱熹、魏源、王船山、谭嗣同等历史名人以及当代国家领导人周恩来、叶剑英、陶铸、郭沫若等均到过南岳，并留下了3700多首诗词、歌、赋和375处摩岩石刻。这些显赫人物的足迹、著名文人的诗作，把一个"独秀"的自然之山——衡山，打造成名副其实的历史名山。

而且，自秦汉以后，道教、佛教相继传入南岳，涌现出一批又一批名道高僧，创立了沩仰宗、临济宗、曹洞宗、云门宗、法眼宗，佛史上称之为"五叶流芳"。唐朝时，南岳衡山成为南方佛教文化中心。宋代以后，南岳有20多个书院陆续建立，书院文化独树一帜，对湖湘学派的兴起有很大的影响。结果，这样的衡山，从自然名山、历史名山，又演变成名副其实的文化名山。

而在近代爆发的抗日战争，让衡山这个自然名山、历史名山、文化名山，又成了抗战名山。

1937年7月7日，日本展开全面侵略中国的大规模战争。在不到一年的时间里，平、津、沪、宁等地相继被日军占领。1938年10月下旬，随着日军新攻势的展开，广州、武汉又接连沦陷，毗邻武汉的衡山，历史地成为抗战大本营。

不知是否是巧合，就在赵淳生出生的同年同月——1938年11月，以及赵淳生父亲赵振寰离家出走的那年——1939年10月，衡山，这个赵淳生的故土，与抗战也结下了永恒的渊源。

据史料记载，1938年11月，蒋介石在衡山召开中华民国第一次最高军事会议。在这次会议上，蒋介石接受中共中央建议，确定两党共同创办"南岳游击干部训练班"，并筹建南岳"忠烈祠"安葬抗日阵亡将士。游击干部训练班的班址，就设在南岳衡山。第二次衡山军事会议于1939年10月下旬在南岳召开，着重总结湘北会战的经验教训……

而赵淳生的老家，就在湖南衡山白果镇瓦铺村。

最后，再说说这个白果镇。

相传涓水河畔有一白果古树，每年果熟季节人们纷纷前来采摘白果入药而得名。这里山清水秀，不过在20世纪初，百姓却生活在水深火热之中。

哪里有压迫，哪里就有反抗。因此，白果镇是中国近代一个久负盛名的革

瓦铺村一隅

命老区，是响当当的湖南农民运动的发源地，毛泽东当年考察湖南农民运动时曾专门到过这里。当地人至今都清楚地记得，青年毛泽东身穿一件长布大褂，手拿一把油纸伞，风雨兼程地走在这片土地上。

这里物华天宝，人杰地灵。镇内现有享誉全国的岳北农工会旧址——刘捷三公祠，还有名满三湘拥有500年历史的楚南第一桥。大革命时期，这里曾组织了农民自卫军跟随毛主席上了井冈山，涌现出了一大批永载史册的革命烈士，如农运领袖刘东轩、谢怀德，红军师长李实行……

1923年9月，在中国共产党的领导下，岳北农工会在衡山县白果镇成立。同年11月，即被军阀赵恒惕（湖南衡山白果镇棠兴村人）破坏。

1925年冬，在柴山洲（原衡山县现衡东县境内）特别区秘密成立了农民协会。而赵淳生的父亲，就是这个农民协会的秘书长。

1927年，大革命失败，农民协会被迫转入秘密状态，赵淳生的父亲也无法在家乡立足。

紧接着，日本人在中国燃起了战火。他们自1931年"九·一八"事变占领中国东北后，于1937年7月7日在北平宛平县卢沟桥又发动了卢沟桥事变，并借此展开全面侵略战争。结果，这场爆发在中华大地的长达十四年的战争，给中国人民带来了深重的灾难，千万中国百姓流离失所，家破人亡。

而在衡山历史地成为抗战大本营的环境下，赵淳生之父，从失败的农民运动中走出后，很自然地转到了抗战一线。同千千万万牺牲的抗战将士一样，他也被这场战争夺去了生命。

不久，赵淳生的母亲也病故。母亲的离世，致使赵淳生在来到人世间短短几年内，就沦为"赵氏孤儿"。

不过，这个"赵氏孤儿"，不是历史上的"赵氏孤儿"，而是我们眼前一个活生生的"新赵氏孤儿"。

②
"新赵氏孤儿"的祖父辈

司马迁在他的《史记·赵世家》中，用他如椽巨笔书写了一段惊心动魄的"赵氏孤儿"的故事。

这个故事说的是，春秋时期晋重臣赵盾遭奸臣陷害，其子赵朔全族被戮（时赵盾已亡故）。门客程婴、公孙杵臼不惜骨肉，用"调包计"救出赵朔遗腹子。程婴的儿子被当作赵朔的儿子当场杀掉，公孙杵臼也壮烈牺牲。程婴携主人遗孤赵武隐居山中15年，苦心孤诣栽培教育。后与晋朝中亲赵大臣联合，为赵家冤案平反昭雪，赵武得复先祖原职并"复田邑如故"，程婴愿望了却，自刎而死。赵武卧薪尝胆，光大家族，其后人与韩、魏三家分晋，建立赵国。自此，赵氏益望，流布四海。赵氏门人忠肝义胆，传颂至今；"赵氏孤儿"的故事脍炙人口，饮誉世界。

赵淳生也是孤儿，这个孤儿与司马迁笔下以及纪君祥戏剧里的"赵氏孤儿"是相同的。不同的是，他是湖南衡山县白果镇瓦铺村人，不是皇亲贵胄，而是贫苦农民的孩子；他不肩负"国恨家仇"，而要面对艰难的生存环境。

赵淳生的太爷爷赵松年，育有四子，长子乃赵淳生的爷爷赵铁夫。

据湖南衡山《赵氏横天一字祠十修族谱》记载，爷爷出生于光绪九年（癸未）五月十八日。爷爷婚配时，娶的是当地农家陈氏日盛之女，名世秀，是个小脚女人，也就是赵淳生的奶奶。奶奶生于光绪十年（甲申）十月初九，为衡山县江东乡牛屁股潭人，育有八个子女，而赵淳生的父亲是家里唯一的男丁。

父亲出生于1911年的正月初六，名叫赵振寰。那年爆发的辛亥革命，虽然结束了延续2000多年的封建君主专制制度，但并没有从根本上改变中国内忧外患的处境。那个时期的中国，农民运动风起云涌，而湖南衡山岳北一带，恰是中国农民运动的发源地。这里长期军阀混战，税重租苛，农民的生活极其困苦，许多人被迫流浪到安源、水口山等地做矿工、当苦力。

赵淳生的太爷爷赵松年

而赵淳生祖父两代，恰是苦难深重的岳北劳苦大众中典型的代表。

从祖辈起，全家就上无片瓦，下无寸土。房子是租赵家湾地主赵恒惕的，由祖父辈兄弟四人每人出100元，才能把400元的租金筹齐。地也是租赵恒惕的，每年要交28担谷子，兄弟四人平均每人交7担谷子。

这个赵恒惕（1880—1971年），字夷午，号炎午，衡山县白果镇赵家湾人，1920—1926年任湖南省省长，1937—1948年为军事参议官和湖南参议会议长，1971年逝世。他既是解放前湖南省省长，又是当地最大的地主。在多山的湖南衡山白果镇，自然是山多地少，而赵恒惕一家就拥有良田千亩，房屋无数。

由于每年要交巨额租子，赵淳生祖父辈的生活之苦堪比黄连。一年365天，一家人起早摸黑地干，等交完了租子就所剩无几。遇到风调雨顺的年头还好，要是碰上个灾年就惨了。很多年景，全家仅仅为了填饱肚子。为了防止灾年，能用的土地都要用上，屋前房后都种上了蚕豆、红薯，但全家人还是时常吃不饱。

到了父亲这辈情况更糟。爷爷奶奶接连生育了八个子女，吃饭的人多，不管爷爷怎么劳作，把7担谷子交到地主家，所剩的口粮就非常有限。全家人只有在重要的日子，才能吃上一顿粮食。平时的饭，只能三分粮食七分野菜。到了青黄不接的时候，往往只有蚕豆、红薯，偶尔加几粒饭，做点豌豆、红薯饭，如果再拌点菜籽油，就算一种享受了。

"正月欢欢喜，二月无米粒，三月餐糊餐，四月难过关，五月莫奈何，六月盼大禾，七月收成好，八月交租了，九月米桶空，十月借过垅，十一月打毛栗，十二月当棉絮"，这首流传甚广的歌谣，便是当年岳北农民生活真实的写照。

为了摆脱穷苦的命运，爷爷决定节衣缩食培养自己唯一的儿子。因此，赵淳生的父亲很小就被送到私塾读书。

当时的私塾以传授儒家文化为主。儒家文化提倡的是"三军可夺帅也，匹夫不可夺其志也"。对"士"的要求是，舍生取义、见利思义、见危授命；要有"士不可以不弘毅，任重而道远"的历史使命感，以及"先天下之忧而忧，后天下之乐而乐"的忧患意识，这对赵淳生的父亲产生了重大影响。

1923年9月16日，赵淳生的父亲赵振寰还不到十三岁。这天，巍巍南岳，涓水之畔，古城衡山一个叫作"白果"的地方，也就是赵淳生的家乡，诞生了湖南第一个农民革命组织——衡山岳北农工会。

这是在中国共产党领导下的全国最早的农民革命组织之一，是湖南建立秘密农协的开始。因此，这个衡山岳北农工会可谓湖南农民运动的先声，为湖南乃至全中国的农民运动，播下了激情燃烧的火种，留下了浓墨重彩的足迹。

岳北，顾名思义，为南岳之北。历史上，岳北主要指衡山县南岳衡山以北的农村，以白果镇为中心，方圆数十里。这里正是赵淳生的家乡，也是大官僚、大军阀赵恒惕的"胞衣地"。

当时的岳北地区，土地占有极不平衡，像赵淳生爷爷那样没有土地的占大多数，而像赵恒惕那样拥有大量土地的是极少数。生产资料占有的两极分化，带来贫富的巨大悬殊。生活处于极度贫困的一方，必然对社会现实怀有深刻的不满。而从家乡岳北跑到水口山、安源做苦力的农民，当时都卷入那场由中国共产党领导的有组织的罢工浪潮中。罢工胜利后，一部分人受中国共产党的委托，重返家乡，成为当地农民运动的组织者；一部分人虽然身在异乡，但他们与家乡也有着千丝万缕的联系。他们的壮举，对岳北农民起来造反多少有些启发。加上当时的谭延闿和赵恒惕两个军阀，正在为争夺湖南统治权而展开激烈斗争。这样的社会政治背景，无疑为岳北农工会的诞生提供了最佳"土壤"。

有一天，刘捷三公祠门前的沙洲上人山人海，以白果镇为中心的方圆几十里的农民能来的都来了，他们聚集在这里，揭开了一场声势浩大的农民运动的序幕。4000多名农民及手工业者群情激奋，"打倒土豪劣绅！""实行减租减息！"的口号声、欢呼声一浪高过一浪，沉睡千年的衡山岳北呈现出前所未有的奇观。

坐落在白果镇的刘捷三公祠，是一座土木结构的四合院，至今已有200多年的历史，它离S314省道不远，与南岳衡山遥遥相望。如果不是挂上省级文物保护单位的牌匾，谁也不会想到这里曾经爆发过这样一个划时代的壮举。而在岳北农工会被镇压时，这里也一度成为火海，次年才得以重修。

据当地老人回忆，当时，白果镇的大地主们不顾农民疾苦，将囤积的粮食偷运到长沙等地卖高价。岳北农工会率领2000余农民，手持木棍、锄头赶到晓岚港展开了阻禁运动，将收缴的粮食全部平价分给了农民，农民欢欣鼓舞，岳北农工会因此名声大振。不仅当地农民积极响应，毗邻的衡阳、湘乡、湘潭等县的农民也纷纷加入，至1923年10月初，会员剧增至4万多人。

一夜之间乾坤巨变，岳北成了农民的天下。随即，岳北农工会开展了减租减息以及退押斗争，还筑路修桥，开荒造林，兴办学校。妇女解放运动也开展得如火如荼，"白果地方的女子们，结队拥入祠堂，一屁股坐下便吃酒"，这个岳北妇女闹祠堂的典故，至今仍被白果镇人津津乐道。

这一系列斗争震惊了赵恒惕，他不能容忍自己的"后院起火、屁股冒烟"，于是，从1923年11月25日起，赵恒惕带领全副武装的军队返乡，对农工会进行了血腥镇压。他逮捕了刘东轩和谢怀德等农会领袖，枪杀了农会骨干周德二、赵炳炎、廖芳炳、李玉邑（时称"岳北四烈士"），逮捕农工会干部和积极分子70多人，并放了一把火，焚烧岳北农工会会址。手无寸铁的农民当然不是赵恒惕的对手，农工会活动被迫转入秘密状态。

直到1926年5月，北伐军进入衡山后，岳北农民运动又得以公开化，并有了新的进展。

随后的一个月，即1926年6月上旬，岳北农民协会成立。是年，在广州参加过毛泽东主办的农民运动讲习所的岳北农工会书记刘东轩，以特派员身份回到岳北开展农民运动。这年秋，衡山的岳北和柴山洲农民协会夺取了白果、新桥河、油麻田访团局的枪支，组成农民纠察队，建立了农民武装。

手里有了枪的农民，"腰杆子"一下子硬起来。他们开展了打土豪、反压迫等一系列运动，气势恢宏，成效巨大。

始终关注农民运动的青年毛泽东，于1927年1月，亲临衡山进行了历时十天的农民运动考察，并撰写了著名的《湖南农民运动考察报告》。他对岳北农工会给予了高度评价："衡山岳北农工会成立不足3个月，虽然被赵恒惕用武力扼杀了，但岳北农工会诞生的意义较法国巴黎公社并不逊色。这是中华大地最早的农民革命组织之一，是湖南农民运动的先声。它在广大农民中传播的火种必然很快蔓延三湘四水。湖南农村大革命的风暴正在席卷而来。"青年毛泽东在他的《湖南农民运动考察报告》中，还给这场运动"好得很！"的评价。

声势浩大的农民运动，就爆发在赵淳生的家乡白果镇。赵淳生的父亲赵振寰，不仅是这场运动的积极参与者，还是组织者。

1927年，也就是民国十六年，只有十六岁的赵淳生的父亲赵振寰，就担任了白果镇农民协会的秘书长。

翻阅《衡山县志》，有这样的记载，"衡山县是革命老区，以白果为中心的岳北农村为中国近代革命输送了很多热血子弟，他们很多人跟随毛泽东上了井冈山，走上了武装夺取政权，解放全中国的道路。"

家乡仁人志士的壮举，无疑对赵振寰产生了巨大影响。加上在私塾受到的儒家文化的熏陶，以及受到湖南楚文化的影响，赵振寰心中的国事，要远远大于家事。

所以，他十六岁就投身农民运动，并担任农民运动的组织者。当受到血腥镇压，农民运动不得不转入秘密状态后，报国无门的赵振寰想到报考军校。1933年，赵振寰二十二岁那年，居然考上南京陆军学堂。陆军学堂是当年响当当培养军官的地方，也是后来黄埔军校的前身。

果然，1937年7月抗日战争全面爆发后不久，赵振寰一身戎装，回到了家乡。那年的赵振寰，高大英武，一表人才。

知道赵振寰回到家乡，十里八乡的媒人纷纷上门说亲。早年读过私塾的父亲，文武双全，尽管家里穷，还是被村里人看好。此时的父亲，经过正规军校的熏陶，与当年农民组织的领导人无法相提并论。他已从更高层面认识到个人命运与国家命运的关联，并立志以国家大业为己任。但二十六岁的赵振寰，毕竟到了谈婚论嫁的年龄，又是赵家的独苗，娶妻生子同样是人生大事。就这样，在家人多次催促下，1937年底，赵淳生的父亲在家乡完婚。

赵淳生的父母结婚照

1938年11月，赵淳生出生。就在同年同月，恰巧在他的老家衡山，蒋介石接受中共中央建议，两党共同创办"南岳游击干部训练班"。从史料记载学员来源分析，曾在南京陆军学堂学习过的赵振寰，即赵淳生的父亲，很可能就是南岳游击干部训练班的成员。

历史永远都会铭记湖南衡山白果镇，它是中国近代农民运动的发祥地；历史也无法忘怀湖南衡山，它是中国人民积极反抗外来侵略的大本营。而这两个近代极其重要的历史事件，都发生在赵淳生的家乡。正值青壮年又有点文化的父亲，受儒家文化熏陶具有"虽九死其犹未悔"牺牲精神的父亲，是无法与这样的历史事件擦肩而过的。换句话说，在这样的社会背景和家庭背景下，赵淳生的父亲参加革命，绝非偶然。

不过，在特定的历史环境下，在特殊家庭背景下，赵振寰无法把自己的决定明目张胆地告诉家人。

果然，1939年10月，在赵淳生出生不到一年的光景，有一天，父亲不辞而别。从此，再也没有回来过。

毫无疑问，父亲参加了革命。也毫无疑问，父亲后来牺牲了。据赵淳生的舅舅讲，父亲赵振寰是在辽沈战役中牺牲的。只是赵淳生年幼不知道，但从后来地下党暗中资助他读书这件事看，父亲的确是参加了革命，又为革命献出了生命。

解放初的一天，这位资助赵淳生读书的地下党到白果镇办事，他远远地看到一个军人，骑着一匹白马，向赵淳生家那边飞驰而去，马上想到了赵淳生的父亲。第二天，一见到赵淳生，他就兴致勃勃地问："淳生，是不是爸爸回来了？我昨天看到一个骑着白马的军人朝你家那边去了。"

"真的？！我的爸爸回来了？"赵淳生激动得两眼发光。这么多年，他还是第一次听别人提起自己的爸爸！

"难道，你没有看到他？"

"没有！我和奶奶整天想他，但就是见不到他。"当赵淳生肯定地摇着头时，那位地下党眼里竟充满了痛惜。几十年过去了，赵淳生至今依然记得当时的情形，也逐渐懂得那眼神的含义。

还有，赵淳生的小姑母记得这样一件事，哥哥离家不久，她的嫂嫂——赵淳生的母亲曾收到过一封父亲的来信。信上说："先救国，后救家。"叫她"能等则等，不能等则嫁人"。当时，只有二十多岁的赵淳生的母亲，是一边看信，一边痛哭不止。

父亲赵振寰，生于辛亥年，卒于哪年没有人知道。父亲对于赵淳生而言，是人生的一大遗憾，也是一个永远的谜。

③
奶奶只识"天下为公"四字

"先救国，后救家。"这是赵振寰留给妻子仅有的六个字。他留给母亲的，却是无尽的思念。

赵淳生祖父辈有兄弟四人，爷爷赵铁夫排行老大。光绪二十九年，爷爷二十岁的那年，娶衡山县江东桥牛屁股潭陈氏日盛之女世秀为妻，即为赵淳生的奶奶。

奶奶陈世秀生于光绪十年（甲申）十月初九。按公元算就是1884年，那是地地道道的清朝封建时代。那个时代的妇女，不仅受尽地主的压迫和剥削，还受尽封建道德伦理的摧残。在她三岁的时候，家人就用布把她的脚裹起来，硬是将四个脚趾骨裹断，最终成为符合封建社会审美要求、具有"三寸金莲"的小脚女人。

奶奶人长得瘦小，又目不识丁。但她一生只认识四个字，那就是"天下为公"。赵淳生成为孤儿后，就是这位目不识丁的奶奶将其拉扯大的。

奶奶自嫁给到赵家后，就成为这个穷苦家庭的"大嫂"，肩负整个家庭的生活重担。她不仅干农活，还要操持家务，从早到晚忙个不停。但由于接二连三地生女孩，公公婆婆极其不满，经常打骂她。白天只能忍着，到了晚上她就蒙上被子痛哭。等熬到分家时，奶奶已生育了八个子女，赵淳生的父亲是她唯一的儿子。在重男轻女的封建时代，这个儿子的重要性可想而知。家里只要有点吃的，儿子总是优先，哪怕只是靠野菜充饥，也是母亲让着儿女吃，大的让着小的吃，姐姐让着弟弟吃；在全家人都没有衣服可穿的日子，也要重点保护这唯一儿子的冷暖。

那时，经常有当兵的进村，他们放火杀人，无恶不作。为了保护儿子，奶奶每天都高度警惕，一有风吹草动，就带上儿子四处躲藏。她经常去后山的山洞，在那里一躲就是一天。每次都要等天全黑下来，再背着儿子，深一脚、浅一脚地摸回来。饿了，就在山里摘把野果充饥；渴了，就喝低洼地积下的雨水。有一个阶段，奶奶这个小脚女人，几乎天天背着儿子往山里跑。

后来，国民党经常进村抓壮丁。他们只要看到青壮年，不管是哪家的，抓了就走。奶奶整天提心吊胆，担心唯一的儿子被抓。这个儿子对她而言，既是家族的希望所在，也是自己一生的依托。

爷爷同样如此！以务农为生的爷爷，就赵振寰这么一个儿子，他暗自拿定主意，自己再苦再累，也要供儿子读书。为了不影响儿子学习，所有的农活他一个人干。闷热的夏天，蹲在田里的爷爷，戴一顶乌黑破烂的草帽，汗珠顺着头皮直往下淌。由于腾不出手擦上一把，爷爷便闭上眼睛，使劲摇着脑袋，让满头的汗珠飞溅而出，再睁开眼睛继续干活。作为农村最底层的佃户，爷爷在地主豪绅的欺压下，再怎么卖力，也无法让自家的日子好转起来。在沉重的家庭重担折磨下，他重病缠身，于1933年12月，早早地离开了人世。

爷爷死后，守寡的奶奶挑起全家的生活重担。白天，她同男人一样走到田间。但小脚的她干不了重活儿，就从家里搬个竹板凳，坐在斛桶旁磕打谷穗。斛桶是当地农民自制的土农具，里面有个"梯子板"，像搓衣板似的，谷穗与"梯子板"摩擦，受力后谷子会脱落下来。一个斛桶围着四人，两人收割，两人磕打。一天干下来，奶奶的两只胳膊酸痛得抬不起来。到了家，等孩子们一个个睡下，她还得借着昏暗的油灯，继续纺纱织布，直到鸡鸣狗叫才休息。总算六个女儿都出嫁了，儿子也娶了媳妇，随着赵淳生的出生，奶奶由衷地欢悦！但好景不长，就在赵淳生出生不到一年，她唯一的儿子却不辞而别。

他的离家出走，直接影响四个人的命运。

首先是赵淳生的母亲。这样的不辞而别让母亲陷入极度的悲苦中，并承受着精神和肉体的双重折磨。为此，她年纪轻轻就得了重病，三十一岁就丢下年幼的儿子赵淳生，早早地离开了这个悲苦的世界。

一个是赵淳生本人。这样的不辞而别使得他一岁不到，就失去了父亲，紧接着又失去了母亲，彻底沦为孤儿，饱尝了人间辛酸，日后成长又缺少一个强大的支撑。

一个是赵淳生的弟弟赵梅生。梅生是父亲赵振寰的"遗腹子"，在梅花盛开的季节出生，只活了三年就病死了。他生病时，家里一贫如洗，实在没钱给他治病，妈妈只能眼睁睁地看着幼小的孩子咽下最后一口气。父亲的不辞而别，不能说不是个重要原因。

一个是赵淳生的奶奶。守寡的奶奶又丧失了自己唯一的儿子，生活真是雪上加霜，命运也更加悲惨。她不得不将生活的重担再次挑起，不得不照顾重病中的媳妇，不得不负担年幼孙子的生活。

这可是她唯一的儿子！可想而知，赵淳生父亲的离家出走，对一无所有的奶奶的打击有多大！奶奶整日以泪洗面，白天哭，夜晚哭，不知流了多少泪；她春天哭，秋天哭，一直哭到全国解放，也没将儿子哭回来。

那时，赵淳生与奶奶住在瓦铺村中间瓦屋。这是地主家的一栋大房子，里面住了十几家佃户。

这个中间瓦屋在当地很有名，地理位置极佳，门前有一个大大的水塘，紧挨着水塘有条大路，直通瓦铺子小街，并连着四里八乡。与中间瓦屋只有一路之隔的王家村，就是赵淳生的夫人王凤英家所在地。王凤英和赵淳生青梅竹马，两小无猜，她至今都清楚地记得，当年赵淳生的奶奶经常坐在家门口的塘头上，拍打着自己的一双小脚，对着苍天大放悲声："我的儿呀！你到哪里去了？！你可知你年迈的妈妈和年幼的儿子挨饿受冻呀！我们的日子真的过不下去了！"凄惨的哭声，或在寂静的夜晚回荡，或在清晨的窗棂穿越，方圆十里的乡亲们都听得到，无不为之动容！

赵淳生更无法忘记奶奶的哭声。他在《悼念敬爱的祖母》中写道："奶奶唯一的儿子——振寰也不在身边，出外了。这唯一的希望也破裂了！这使她何等的伤心呀！她哭，在梦里哭，睡醒了又哭！真不知流过多少眼泪！做过多少次噩梦！度过多少个不眠之夜！"

儿子出走后不久，也就是1940年的3月，奶奶的第二个孙子赵梅生出生。没想到赵梅生在三岁时就得了重病，因无钱医治死了。这对奶奶同样是致命的打击。

后来儿媳又因病去世，只剩下孙子赵淳生。在湖南农村多山地带，已经丧失劳动能力的小脚女人，在自己没有生活来源的情况下，还得养活一个年幼的孙子。这一老一小，孤苦伶仃的，只能相依为命，过着极度贫困的生活。

表妹吴安喜回忆当年，最难忘外婆家的米坛子。别人家装米都用大缸，而外婆家却用一个小坛子。即便是个小坛子，有米的时候也不多。每年到了一、二月份，小坛子就空了，家里到了没米下锅的地步。那是一年中最冷的时候，没有足够的粮食，祖孙俩晚上就靠菜煮稀饭充饥。正在长身体的赵淳生，一碗菜稀饭下肚，不一会儿肚子就咕咕直响。奶奶知道孙子还没吃饱，就哄他早早睡下，这样可以缓解饥饿感。

为了填饱肚子，奶奶经常用红薯、芋头当饭。有时，连这些东西也没有了，祖孙俩就到处挖野菜、草根，到水塘里捞野菱角的叶子，把这些猪食当口粮。

实在没吃的了，就在村里讨要。可以讨要的人家毕竟有限，第一次还好开口，但让奶奶再向那些好心人家伸手讨要，真是难以启齿呀！奶奶又是小脚女人，走不了远道，所以赵淳生很小的时候，有时为了一口饭，要跑上几十里的路，到嫁到外村的姑姑家去讨。

但那个年头，贫穷是中国农村的常态，很多家也是顾了上顿、顾不了下顿。最穷的人家连饭锅都没有，只能在山上挖个坑，架上半块铁烧饭吃。

邻居桂嫂子家就如此。与赵淳生家一样，属于村里极度贫困的人家。她的丈夫桂老爷，有一年，年三十出去要饭，竟饿死在外，再也没有回来过。

而对门屋的胡家，靠做小担子生意谋生，七八个孩子常年挨饿。有一年除夕，天刚黑下来时，就见胡家嫂子瘫坐在门槛上哭泣，声音越来越大，原来，做生意的丈夫在外欠了钱，被人打瘫在田埂上，回不来了。

奶奶嫁出的六个女儿，各家的经济状况也不尽相同。对远道来讨要的侄儿，各个姑姑的态度也不相同，有给冷眼的，有不耐烦的，也有同情的，但更多的是心有余而力不足。运气好的时候，姑姑偷偷给赵淳生炒点豆子，或弄点锅巴给他带回来；不好的时候，只能空手而归。

有一次过年前，家里一粒米也没有了，奶奶只好让年幼的孙子到大姑母家去借点米，好把这个年过了。

那年，天气很冷，只有七岁的赵淳生穿着破烂不堪的衣服，赤脚跑了几十里的路。这个大姑嫁的是当地的小地主，家里地窖有的是粮食。但那天大姑父不在家，大姑母不敢做主。结果，满怀希望而去的赵淳生，竟然一粒米也没借到，只好饿着肚子，失望地回来。

奶奶见空手而归的孙子，黑黑的小脸，干瘪的肚子，沾满泥巴的小脚，想想这个孩子这么小就没了父母，年三十了，人家是大鱼大肉，可自己家连一粒米都没有，终于，她再也控制不住自己，伸手把赵淳生搂在怀里，把自己对一个幼儿无助的同情，以及对人世所有的悲愤，一股脑地倾诉给上天："老天，你睁睁眼，可怜可怜这个孩子吧！儿子，你快点回来看看淳生吧，为娘真的对不住他呀！"见到奶奶如此悲泣，赵淳生感到一阵心酸，眼泪不由自主地涌了出来。那个年三十，祖孙俩蜷缩在冰凉的被窝里，抱头痛哭了一整夜。

第二天早上，拿不出一粒米的奶奶，只能到菜园子里拔一把荠菜。就是靠着这碗没有油水的荠菜汤，祖孙俩过了一个对每个中国人来讲都异常重要的大年。

赵淳生小时候穿的全靠人家送。一年到头，他身上的衣服总是破烂不堪，没有一件合体的。有时，奶奶也会做衣服，用的是自家纺织的土布。直到赵淳生上中学，奶奶还坚持织布，为孙子缝制粗布衣服。上学住校没有被子可带，奶奶就用草编帘子当垫被，而盖被只能借。不管学校离家有多远，每次奶奶都要亲自送孙子去学校。

"外婆家穷得响当当！"表妹周小阳这样说。但贫穷的外婆却心地善良，尽管自己吃不饱，只要有乞丐上门，无论如何她也要找些吃的给他们。

"那是超级的贫困，是极度的贫困！"一旁的表妹夫这样补充。即使这样，奶奶仍会力所能及地帮助他人，实在拿不出什么时，她就把旧被褥拿给乞丐用。解放后，生活条件稍有好转，她总会尽己所能帮助有困难的邻居们，并借钱给他们，毫不吝啬。

"可以说是靠着糟糠野菜，他们撑到了解放前夕。要不是解放了，这祖孙俩就真的沦为乞丐了！"这是孙媳妇王凤英反复说的一句话。

是的，生活真正有所改善是在解放后，一无所有的奶奶分到了房，也分到了田，她还分到一件只有富家女子才会有的那种旗袍！奶奶仔细端详着那件旗袍，笑得合不拢嘴。作为军属（当时地方政府认定奶奶家为军属），村政府给奶奶送去了匾，上面写着"光荣军属"。因此，奶奶对毛主席的感情极深。她经常对孙子说的一句话是："毛主席他老人家是我们穷人的救命恩人！"家里至今留着她和孙子、孙媳妇的一张合影照，坐在晚辈中间的她，脸上呈现着慈祥的微笑。

那是1961年暑假，大学毕业参加工作的赵淳生，与还在北京师范大学读书的王凤英都回到了家乡，这是多么难得的机会。因此，他们决定去拍张纪念照。那天，奶奶穿上孙子买的新衣，与孙子、未来的孙媳妇一起，走了几十里的路，来到白果镇照相馆，往返足足一天，才留下她人生中最珍贵的照片，也是唯一一张照片。这张历尽千辛万苦拍成的照片，赵淳生格外珍视。他特地把照片放大，镶嵌在镜框中，挂在自家书房的墙上。

由于过去经常为儿子哭、为孙子哭，奶奶的眼睛受到极大伤害。哭得最长

1961 年 8 月摄于湖南衡山白果镇

的一次，是得知赵淳生被选拔为留苏预备生。那次，奶奶整整哭了三天！尽管被选为留苏预备生极其不易，尽管对孙子这样的苦孩子来说，能去苏联好比进了天堂！但作为奶奶，她只希望自己唯一的孙子，在当地当个小学教师。她担心孙子这一走，自己就永远地失去他，就像当年失去儿子一样，再也无法相见！这让她无论如何也无法接受。

不过，选拔留苏预备生这事，后因中苏关系破裂未果。

等赵淳生毕业留南京航空学院（现南京航空航天大学）工作那会儿，奶奶的眼睛全瞎了。每次赵淳生从南京回到湖南老家，她都用老树皮般干枯的手，把赵淳生从上到下摸一遍。即使看不见，也要感受一下这个与她相依为命、被她视为命根子的孙子。

这个孙子尤其令她骄傲。初中时，她参加过一次赵淳生的家长会，因为赵淳生学习好、表现好，奶奶受到学校特别的礼遇，被邀请到主席台就座，那是她有生以来最高的荣耀。中午还参加了学校的宴请，那是她有生以来第一次那么气派地吃饭，不仅有鱼有肉，还有无限的荣光。吃饭中间，奶奶一直笑得合不拢嘴。回去时，独自走了几十里路，还过了一条大河，但她一点儿都不觉得累。看到孙子这么有出息，奶奶高兴得什么都忘了。

孙子上大学那年，尽管她已七旬有余，人老眼花、腿脚不便，体力衰退，但仍记挂着孙子的冷暖。隆冬腊月，不顾手寒脚冷，依然坚持纺棉织布，给孙子缝衣做被；炎热的夏天，不停地夹棉线，为孙子编织蚊帐，那是她能为孙子撑起的最温馨的空间。

她的辛苦没白费，解放后，孙子赵淳生在党的培养教育下，在她的抚养下，不仅上了大学，如今还成了科学家。

1964 年 2 月，赵淳生与王凤英结婚。奶奶听了十分高兴，由于孙媳妇的到来，孙子终于有了属于自己的家了。

1966年7月，赵淳生有了第一个女儿赵颖，奶奶坚持让孙子把孩子带到老家给她看看。见到孩子时，她始终乐呵呵地笑着，不停地用手摸着孩子的小脸、大腿，嘴里念叨着："要是个男孩就更好了！"男孩，是她一生的期盼，也是她一生的痛。

1974年的正月二十八，奶奶永远地闭上了双眼。那年，这个饱经人间磨难的老人，坚强地走完了她九十一岁的漫漫人生路。

她一生只认识四个大字，那就是"天下为公"。

耳濡目染下，"天下为公"这四个字，也深深地刻在赵淳生童稚的心中。

④
家境尚好的母亲

赵淳生的母亲廖武懿，是湖南衡山江东桥豹子岩农户廖立诚之女，1916年9月15日生，是家里的老大。此外，她还有五个弟弟、两个妹妹。

在旧社会农村，男孩都不做家务。平时，两个妹妹都依赖大姐，外婆也依靠老大。在这样的环境下，母亲成为家里的主要劳力，不但擅长家务，还会缝纫，在当地出了名的能干。

赵淳生的大舅、二舅，均毕业于赫赫有名的黄埔军校。大舅廖赞勋，由于曾是国民党军官，解放后被判刑七年，刑满释放后回湘潭务农。二舅廖卓武在抗战中牺牲。三舅在家务农，农闲时，常常挑担家乡的瓷器，到湘潭集市上去卖。途经姐姐家，会过来看看，顺便歇歇脚。四舅廖迎光，解放前就读到初中，解放后在江西安福县严田镇医院做会计，现已退休。最小的舅舅廖文伟只比赵淳生大两岁，是赵淳生童年的玩伴。每次去外婆家，他们一起放牛，他总学赵淳生喊"妈"的发音，像牛"哞哞"叫。小舅也读了点儿书，后来当了医生，现已退休。

后经奶奶介绍，赵淳生的两个姨母中的小姨嫁到了离瓦铺村不远的泥湾村。原想让她嫁到瓦铺村，给姐姐做个伴儿，但没想到，她嫁过来不久，她的姐姐，也就是赵淳生的母亲就去世了。

外婆家地处封闭、偏远的小山坞，那个小山坞只有他们一户人家。家里有房，有地，有塘。塘里养着鱼，多得吃不完。也有足够的地方养牛、养鸡。鸡蛋也吃不完，就拿去卖钱，或换回像盐之类的物品。屋背后是绵延起伏的山，山上有自家种的竹子，还有大片大片的茶树和各种果树，每年茶籽多得只好用来榨油。虽然外婆家儿女成群，日常生活却丰衣足食，在当地算个富足之家！

1944年，日本人攻打湖南，血洗衡阳。由于外婆家住在地形隐蔽的山沟里，日本人想找都找不到，非常安全。为了躲避日本人的烧杀掠抢，廖武懿只好带着只有六岁大的赵淳生到外婆家躲避，一住就是数月。每天，他与小舅舅一起放牛，尽兴玩耍，其乐无穷！

外婆家住的小山坞

母亲廖武懿家境不错，但父亲赵振寰家却很穷，可以说两家门不当户不对，又隔了四五十里远，廖武懿怎么会与赵振寰结成夫妻呢？

原来，媒人赵步云是赵淳生家这边的小地主，又是赵淳生母亲家那边的亲戚。他是看着父亲赵振寰长大的，知道赵振寰家虽然穷，但读过书，有文化，将来必有出息。在旧中国农村，农家弟子读过书的，都会被人另眼相看。加上赵振寰又上了军校，人高马大，一表人才，所以，他极力撮合两家的婚事。

果然，一见面女方就相中了男方，婚事就这样定了。

然而，快到结婚的日子，父亲赵振寰还在南京陆军学堂学习。那时的交通实在不便，专程回老家结婚，来回耽误的时间太久。所以，两家就决定婚事照办，请父亲的大妹夫替他与嫂子拜堂。"婚后"不久，家人把母亲廖武懿专程送到南京，与父亲赵振寰团聚。

在南京度过短暂的蜜月后，1937年10月，赵振寰带着新婚妻子一起回到了湖南衡山白果乡瓦铺村中间瓦屋。一年后的1938年11月，赵淳生出生。父亲赵振寰家在他结婚之前是一贫如洗，一件像样的家具都没有。自从廖武懿嫁过来后，家里多了件精致的木床。这是当地上等的老式家具，床头和床柱都雕刻着精美的花鸟图案。还有两个实木衣柜。这些家具都是母亲的陪嫁，让原本空荡荡的家有了温馨的气息。不过，廖武懿和丈夫的日常生活并不富裕。但再怎么穷，只要全家团聚，只要丈夫在，就有希望。

然而，廖武懿，这个家境尚好的农家女，怎么也想不到，在自己二十三岁那年，在自己刚刚做了母亲不到一年，就失去了丈夫，而且是永远地失去。

1939年10月，蒋介石在南岳召开第二次衡山军事会议后不久，有一天，廖武懿把儿子哄睡，吹熄了油灯，像往常一样与丈夫一起上床休息。不到半个时辰，劳累一天的廖武懿与儿子就睡着了。此时，借着微弱的月光，丈夫赵振寰悄悄爬起，只见他蹑手蹑脚地下床穿衣，然后站在床边一动不动。熟睡中的廖武懿母子，像块巨大的磁铁牢牢吸引着他，足足五分钟后，他才慢慢挪动自己的脚步。不知怎么回事，平日轻快如飞的脚步，刹那间变得异常沉重。简单的几步，此刻竟走得如此艰难！就要到门口时，又被鼾声"磁铁"般吸引回来。只见赵振寰又回到床边，缓缓地行了个军礼，这才转身迈着千钧重的步子，走出了这个带给他短暂温馨与幸福的家门。

第二天，天刚蒙蒙亮，准备起床穿衣的廖武懿，发现身边只有熟睡中的儿子，丈夫却人走床空。廖武懿马上意识到，她最担心的事情还是发生了，不禁仰天长叹，与此同时，眼泪就像断了线的珠子，噼里啪啦地滚了一地。许久许久，她的情绪才平复下来。只见她低下头，贴着儿子的脸，轻声说道："儿子，你的爸爸走了！去干他想干的事去了！"

从此，这个家境不错的女子的生活，一下子从原来的"天堂"，掉进了"地狱"。

一个是嗷嗷待哺的婴儿，一个是小脚的婆婆，此时的廖武懿身边只有这一老一小，她不得不撑起这个支离破碎的家。在落后的乡村，支撑一个家要具备很多条件，自己虽然年轻，但毕竟是体力有限的女人，而且还怀着第二个孩子。这日子可怎么过？可以说丈夫走后，廖武懿整天都为日后的生活而忧愁！

就在丈夫走后不久，赵淳生的弟弟出生。在没有丈夫支撑的情况下，为了养活两个孩子，每天天蒙蒙亮她就得起床，挑水、种菜、耕地、浇粪，这些男人家干的活儿，她全都得干。好在廖武懿在娘家时就会做家务，还有一门好手艺，出自她手的衣服件件精致而时尚，在当地远近闻名。请她的人很多，有时上门去做，更多的时候在家里做。白天要干的活实在太多，通常她要等两个孩子都睡下时，再借着昏暗的油灯，缝制那些堆积如山的衣服，直到眼睛发花，胳膊酸痛得抬不起来，才躺下休息。终年如此！

就这样苦苦撑了三年，弟弟莫名得了白喉病。当时，母亲累死累活让一家老小吃上饭就很不容易，哪有钱看病？望着整日高烧的孩子，她焦急万分！东借西凑筹了点儿钱，请医生看了几次，仍不见好转，最后，只能眼睁睁地看着自己的亲生骨肉被病魔夺走了性命。那可是咿呀学语的幼儿呀！

　　弟弟被埋到屋后的小山包上。母亲隔三岔五就跑去，跪在弟弟的坟边，一哭就是小半天。她觉得自己无能，亏待了至亲的儿子，否则不会失去他！所以，瓦铺村的人都知道，赵家这对婆媳双双没了丈夫，没了儿子。柔弱的婆媳俩，只能以最无助的泪水，表达她们最不幸的遭遇！一个为离家出走几年没有音讯的儿子哭，一个为年幼病逝的儿子哭！

　　穷，是这个家庭的主题；哭，一度也成为这个家庭的主题。

　　对赵淳生的母亲来说，除了为病逝的儿子哭，更犯愁的是怎么养活唯一的儿子赵淳生。由于家里缺吃少穿，小小的赵淳生长得又黑又瘦，母亲看着就心痛。她整日愁眉不展，左想想不成，右看看不行，只好跟婆婆念叨着。念来念去，婆媳俩不约而同想到："把振寰找回来！"就这样，母亲开始四处打听丈夫的下落。

　　凭借自己与丈夫之间简短的几封书信，母亲知道丈夫参加了革命。他先是去了延安，1943年又到了山东沂水、莒县一带。那时，山东这一带，是中国共产党及其领导的军队坚持华北抗战的四大根据地之一，战火纷飞。父亲到了那里，母亲就更加担心了，整日忧心如焚。

　　后来，母亲想起了自己的大弟弟，也就是赵淳生的大舅舅，他在国民党部队当官，似乎知道怎么间接地与父亲联络。因此，在1946年，母亲请三舅舅代笔，给父亲写了一封家书。那封家书一直被赵淳生珍藏着，用的是旧式信纸，印着红竖条。舅舅是用毛笔写的信，字迹工整，一看字就知道是读过书的人。

　　信是寄出去了，但只能通过一个叫李洪勋的先生转交。李先生是地下党，在山东抗战后方开一家豆腐店做掩护。据赵淳生的舅舅讲，只有这位李先生，才知道父亲确切的住址。因此，与这封家书一同寄出的还有给李先生的托请函，仔细辨认后看到：

　　……老先生台前，伏乞费心访问其近来通信地址，附寄数字，亦请费心转交，倘能得获彼之居地，务恳老先生赐示，万胜感激。蛇雀有知，岂敢忘德，引领瞻望，不尽欲言。

　　敬请

　　冬安

　　廖武懿敬启

民国卅五年十月十一日

而同日写给父亲的尚存的家书这样写道：

……淳生年幼正在求学时代，需要缴纳学费。妹以病中更加愁闷不堪。家无资产生活实艰，谅兄自知，不待妹言也，是以特请兄束装返里，支撑家门，以慰老母余年。窃以再迟数年恐难尽孝养，斯则悔之晚矣！尚乞三思！见信即请。

　　妹廖武懿敬启

　　　　　　　　　　　　　　　　　　民国卅五年十月十一日

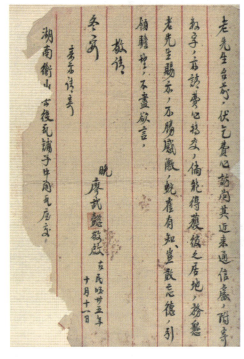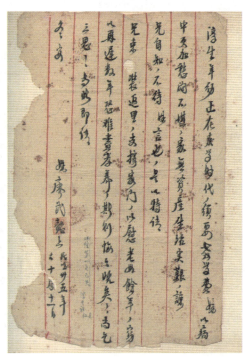

家书（1946年10月）

　　不过，那封兵荒马乱时写就的家书，最终还是没能转到父亲手里，它又被退了回来，并且只剩下残破的一页，另外几页都不知了去向。退回来的原因很多，最大的可能是这位姓李的地下党也遭到了不测。所以，唯一能与父亲联系上的那条线，就彻底地断了。

　　这是一封极其珍贵的家书。这封珍贵的家书，虽只剩下了片言只语，却透露出母亲带着年幼儿子生活的艰辛、她的重病，以及盼夫归来的急迫心情。

　　而那封给李先生的托请函，再一次证明赵淳生的父亲的确是参加了革命，但迫于形势的需要，他不能暴露身份，连家信都得通过地下党转交。

当母亲拿到这封投寄无门的家书时，她的心彻底地凉了！那个本该与她一道支撑这个家的顶梁柱，也顷刻间在心中倒塌，压得她喘不过气来。母亲是基督徒，每天清晨起来的第一件事，就是与儿子一道站在窗下虔诚地祷告。那时的母亲，微闭双眼，嘴里念叨着："仁慈的父呀，我知道你的大能，你创造了世间的万有，也创造了我们。你保护着万有，也一定能保佑淳生的父亲平安回来。感谢主！赞美主！阿门！"每天与上帝的对话，成了母亲重要的生活内容以及强大的精神支撑。

但母亲最终还是扛不住了！就在赵淳生读小学一年级的时候，原本健康的母亲得了"背花病"，后背长满脓包，疼痛不止。

最初，母亲也没把病当回事，加上家里没有钱，就硬挺着没去医治。但到了后来，母亲不吃不喝，越来越没有力气，这才迫不得已去看了医生。当时只有中医可看。第一次赵淳生陪母亲去时，她还能自己慢慢走。可没过多久，母亲连走路的力气也没有了，整日卧床不起。

赵淳生至今都记得，母亲的"背花"先是痛痒，接着从里到外地烂，脓血流个不止，擦什么药都不管用。没多久，整个背都烂了，散发着腐臭的味道。晚上睡觉时，为了不熏着儿子，母亲尽量离孩子远点儿，一个人躲在昏暗的角落，默默忍受着病痛的煎熬。

在那个年月，得上这种"怪病"（其实就是现在的癌症），不仅母亲自己痛苦，年幼的赵淳生也备受折磨。由于父亲不在，照顾母亲的重任就落在他身上。为了给母亲治病，只有八岁的赵淳生早上四点就得起床，这正是一个孩童睡得最香最沉的时刻。有时，母亲怎么叫他，他也起不来，奶奶就过来帮助母亲。奶奶的叫声，像是从睡梦中传来的，缥缈而无力。而睡梦中的赵淳生似乎正在被一个人追赶着，他赶紧加快了脚步，可是，不知怎么搞的，却一脚踩在热乎乎的牛粪上。他不禁一惊，一骨碌爬起来。睡眼蒙眬中，奶奶和母亲一个在抚摸他的脚，一个在掀他的被子。

"快起来，给妈妈抓药去。"赵淳生真的不愿意去，他就想睡觉。孩子的天性，对不情愿做的就用哭声来抗拒。但对于这极其特殊的家庭，赵淳生的哭声竟一点儿用没有，最后，他只能睡眼惺忪地从被窝里爬起来。

迷迷糊糊走了三十多里的山路后，天才放亮。这时的赵淳生也总算醒了过来，他来到位于棠兴桥山冲的老中医周梅魁家，"咚咚！咚咚！"赵淳生使劲敲打木质的门板。开门的正是周梅魁，他一身粗布长褂，戴着一副黑边老花镜，对大清早一个孩子的打扰，一点儿责怪的意思也没有。不知道怎么搞的，见到这位慈眉善目的老中医，只有八岁的赵淳生，眼泪竟一下子流了出来。

"我的妈妈，她病了！病得十分严重，请您救救她，救救她吧！"赵淳生一边哭述着母亲的病情，一边恳请这位医生爷爷救救自己的母亲："给我妈妈开个好药方吧！"这是赵淳生能想到的救母亲的唯一办法。

这个一大早替母亲问诊的孩子，骨瘦如柴，满脸悲戚。老先生被深深地触动了，他赶紧取出笔墨开方子，然后从口袋里掏出一把钱来："孩子，拿上这个药方，还有这些钱，到路那边棠兴桥药店，就能把药配齐。"老中医指着远方吩咐着。

赵淳生一把抓过药方，就像抓着一根救命稻草，飞快地向堂兴桥镇上那家有名的药铺跑去。

药铺掌柜的也是个好心人，他看到来抓药的竟是个孩子，个头实在太小，够不到柜台，就赶紧从里面走出来，弯腰从赵淳生手里接过药方，还有一把已经被抓得发绉的钱。只见他一边看方子，一边转身，开一个抽屉，抓出一把药，再用一把小秤称称，一点一点地增减。小抽屉上写着药名，密密麻麻地排列着，在赵淳生眼里多得不计其数。他心急火燎地看着，估摸有半个时辰的工夫，药终于配好了。来不及道谢，赵淳生提起药包，飞快地朝家跑去，母亲在家等着药呢！到了家里，顾不上吃口饭，抓起书包就朝"符氏竞存"小学跑去。

抓药这天，赵淳生从早晨四点起床，要忍饥挨饿到下午三四点钟放学，再走上几里的路，才到家吃上这一天唯一的一顿饭。

饿了一天，见到吃食自然狼吞虎咽。深知饿后暴食危害的母亲，总会在病床上提醒着："淳儿，你要慢慢吃。吃得太快太急，容易得胃病！"可怜天下父母心啊！自己重病在身，还时时记挂着儿子的健康！

小小年纪整天吃不饱，还得照顾重病的母亲？！有着菩萨心肠的老中医周梅魁，实在看不下去了！后来，他不仅免费到家为母亲看病，还时常把抓药的赵淳生留在自家，让这个可怜的孩子吃顿饱饭。在赵淳生童年记忆中，那段时间，他在这位老中医家吃过四五顿饱饭。直到七十多年后的今天，回忆起当年的场景，赵淳生仍记得每顿饱饭美美的滋味！而那位可亲可敬的老中医仁慈的情怀，也深深留在了他的记忆中！影响着日后长大的赵淳生，让他也像老中医那样，仁慈地对待身边每一个需要帮助的人。

此后，这样的日子撑了不多久，在赵淳生小学四年级的暑假，有一天晚上，母亲好像对自己的生死有知。那天，她突然提出让赵淳生到隔壁奶奶房间去睡。那是公元1947年7月盛夏的一个夜晚，被烈日暴晒一天的大地散发着股股热浪，空气闷热得让人无法入睡。正当人们感到快要窒息的时候，一道闪电在夜空中炸裂，然后，滚滚雷声一阵强似一阵。伴随着恨不能把整个天空撕裂的雷电，一场急雨从天而降。这雨好像在空中忍了许久许久，此时痛苦地倾泻下来，在接近大地的刹那，竟发出无尽的悲鸣。

老天也会哭泣！这天，一位只有三十一岁的母亲，走完了自己短暂的一生。她无奈地撇下年幼的儿子、年老的婆婆，离开了这个悲苦的世界！三十一岁，本该是一个女人一生最美妙、最灿烂的时刻，却成了廖武懿这个家境不错的女人一生的终点！

母亲走了。家里摆了灵堂，七八个穿着长褂的僧人，围坐一起诵经吹奏。平日异常冷清的堂屋，一下子挤满了人，他们三叩五拜，母亲任凭来访者喧嚣不止，只安静地躺在那里。那时的赵淳生，真的不懂"死亡"的含义。在奶奶的带领下，他学着大人的样子，向躺在床板上一动不动的母亲敬酒、叩拜。起初，他还以为在给母亲治病，这样母亲就能好起来。母子连心，他多希望母亲能快点好起来。但后来，他看到奶奶在偷偷地抹眼泪，姨妈她们围看着母亲失声痛哭！这才知道，自己可怜的母亲永远地睡了，再也醒不过来了！！

从此，只有九岁的赵淳生，成了地地道道的孤儿。与他相依为命的，只有年迈的小脚奶奶！

⑤
一个特殊的家庭

1939年10月，赵淳生的父亲离家出走。从此，全家除了赵淳生，就剩下一群女子。爷爷早在赵淳生出生前就过世了，坚强的奶奶一个人把八个孩子都拉扯大，七个女儿先后出嫁。在赵淳生父亲离家、母亲离世后，抚养赵淳生的重担自然落到奶奶的肩上。此外，还有只比他大十一岁的小姑。

小姑赵恒英，生于1927年农历九月初八。十九岁嫁到离家不远的湘潭县琵琶山的石壁冲，婆家也很穷。赵淳生至今都记得，有一次过小年，他去看小姑，恰好姑父不在家，他和小姑只吃了些黄豆和芥菜，连一粒米都没有！解放前，正值赵淳生的母亲过世不久，奶奶实在无力支撑这个家，小姑一家就回到娘家与他们一起生活。

小姑父名叫胡经端。自从他跟小姑过来后，奶奶家才真正有了劳力，日子也好多了。一年以后，小姑生下儿子，取名胡笔顺。那段日子，一度清冷的家一下子热闹起来。奶奶脸上的愁云终于散了，开始有了笑容。赵淳生也开心极了！看着小姑的身影，就像见到从前的母亲。而聪明、结实、可爱的小表

赵淳生（前排中）与小姑一家合影

弟，在赵淳生眼里就是自己的亲弟弟。从前，他与奶奶总是凑合着吃饭，奶奶为了让孙子多吃一口，从来不当着赵淳生的面吃东西。更多的时候，她只是把吃食准备好，看着孙子狼吞虎咽地吃。现在，全家终于可以坐在一起吃饭了！尽管饭桌连油漆都没有，碗里只是粗茶淡饭，但只要一家人在一起，不管吃什么，都充满着温馨与幸福！

可是好景不长。就在赵淳生初中快毕业的那年，有一天，小姑和姑父一次极为偶然的争吵，姑父竟然赌气跳塘自尽！家里的顶梁柱一下子没了，这上有老、下有小的日子可怎么过？后来，为了全家人的生计，小姑只好委屈自己，又找了一个相貌一般，但可以养家的男人结婚，就是后来的姑父。

后姑父周炳勋在县城有一份稳定工作。他很爱小姑，把小姑的儿子当成自己的儿子，对赵淳生也十分关爱，对奶奶就像对自己的父母，既尊重，又关心。解放前，他家也很穷，没读过什么书，很小就参加了革命，并入了党。解放后，他领导当地群众进行土改，有很强的组织能力。因此，土改结束后，被组织安排到衡山新桥镇银行任行长，后来上调到衡山人民银行。他为人耿直，热爱党，工作积极。平时，他经常鼓励赵淳生要好好读书，赵淳生在高中期间，很多生活用品、学习用品都靠他支持，是对赵淳生帮助最多的人之一。因此，赵淳生对这个姑父始终心存感激。

1956年赵淳生进入大学后，当时全国上下各种政治运动不断，这位姑父由于在所谓的反右运动中说错了话，被内定为"右派"，结果被开除了党籍和公职，回到老家和姑姑一起务农。本指望他的工资养家，这下不但指望不上了，反而家里又多了一张嘴，生活的压力更重了。后来，姑父在落实政策中平反，不但恢复了公职，退休后还享受离休干部的待遇。

姑父虽被开除了"党籍"，但他始终没有忘记自己是党员干部，自觉在当地群众中起模范带头作用，始终受到当地政府的关心，无论他遇到什么困难，组织都能及时帮助他。加上姑父姑母很能干，什么农活都擅长，日子虽不富裕，但粗茶淡饭总是有的。

正当生活一天天好起来的时候，一向活泼可爱、长得又结实的表弟胡笔顺（后改名为周笔顺，跟养父姓是当地的习俗），在上小学四年级时，不知怎么竟得了胸膜炎。由于治疗不及时，加上农村医疗水平欠佳，不久就离开了人世。这让姑父姑母十分伤心！虽然笔顺不是后姑父亲生的，但他下放回家时笔顺只有4岁，加上自己没有孩子，就把笔顺当成亲儿子一样！这下突然病逝，他怎能不伤心？小姑母更是悲痛欲绝！唯一的儿子，不仅活泼可爱，还是家里的好帮手，很多农活和家务都会做，怎么说走就走了呢？！小姑怎么也想不到，唯一的儿子竟先自己而去。因为悲伤过度，她整日精神恍惚，米都不淘就烧饭，抑或突然放下手里的活儿，跑到后山找儿子，天黑也不知道回家。每次都是后姑父把她从外边抱回来，一次又一次地劝慰，经过很长一段时间才恢复常态！

那时，赵淳生已到南京读书，得此噩耗也十分伤心，为此度过很多不眠之夜。以后，闲暇时就会想起表弟，想起他们一起度过的那些时光。

而小姑母一辈子都在思念这个儿子，一辈子都在为失去这个儿子而伤心、痛苦。由于自己中年丧子，后姑父又因某种原因不能生育，注定一辈子再无子嗣了。将来老了怎么办？在奶奶的安排下，就把自己六女儿的小女儿过继给小姑，取名为周小阳，为的是小姑将来的养老。在湖南衡山的乡下，这样的过继是受法律保护的。所谓的法律，就是首先需要本族最有名望人的许可，然后再办理过继手续。

奶奶真是有先见之明，幸亏那时给小姑过继了一个女儿。晚年的小姑就是在这个女儿的照料下，得以过上一段还算有保障的安宁生活。而奶奶由于和小姑、后姑父住在一起，再也不用下地劳动了，过上了人间美好而快乐的晚年生活。

自从表妹周小阳过继来以后，这个家一下子有了生机，恢复了从前的快乐。不过，这个家可是方圆十里最特殊的一户人家。奶奶、小姑、姑父、表妹和赵淳生，五个家庭成员分别来自五个不同的家庭。从此，赵淳生就生活在这个极为特殊的家庭中。但不管怎么说，这毕竟也是个家！这个家对孤儿赵淳生来说，无论从哪个角度，都显得尤为重要。小姑和后姑父在某种程度上扮演了赵淳生的父母，他们也把赵淳生当成自己的儿子，尽其所能在生活上给予赵淳生最大的呵护和关怀。

有一年，小姑为赵淳生做了一双布鞋，赵淳生那个高兴劲儿就甭提了。那是他有生以来拥有的第一双新鞋子，他多珍惜这双鞋子！晚上睡觉时，他都会把鞋子放在枕头边上，闭上眼睛的那一霎，小小的心房充盈的是满满的幸福。上学时，农村很多路坑坑洼洼的，赵淳生就把新鞋子脱下来用手拎着，等遇到好路时再穿上。过河时，他就把鞋子高高地举起，生怕被河水打湿。

有了鞋子，脚再也不怕被刺破了。原先常年赤脚走路的赵淳生，脚下的皮被磨得厚厚的，但那毕竟是皮肉，尽管自己已经很小心了，有时还免不了被路上锋利的碎玻璃之类的东西扎伤。鲜血从脚板底冒出，他就近抓上一把土敷在伤口上，血顷刻把土染红，他再继续敷土，过一会儿血就止住了。这是他自己发明的止血的土办法。而这样的皮肉之苦，他早已习以为常，因此从来不与家人提及。

很多时候，赵淳生不是跟着奶奶，就是跟着小姑去田里干活。每天，天还蒙蒙亮，赵淳生就在她们的呼唤声中醒来，一边揉着惺忪的睡眼，一边从蚊帐中钻出来，先去小解，再把奶奶早已准备好的稀饭三口两口地喝掉，就赤脚跟在小姑的身后，一起到田里插秧。

清晨，乡村的空气格外清新，还夹杂着泥土的芬芳。田埂上，小草舒服地伸着懒腰，叶片上的露珠晶莹剔透，像一颗颗璀璨的珍珠。赵淳生就用自己的脚拨弄那些小草，水珠滑落到脚面的刹那间，一股透心的凉让他感到很惬意。此时，干活麻利的小姑，早已把一簇簇秧苗摆放整齐，不一会儿，这些秧苗就在田里神气而有序地立起来，将白茫茫的一片水田装扮得郁郁葱葱。微风吹来，秧苗齐刷刷地摆动着腰身，好像一排排在大地上起舞的孩子。

夏季开始收割。赵淳生学着小姑的样子，手持铮亮的镰刀，顺着稻子倒伏的方向将其快速地割断，然后，再一把把理好，就地铺成一排。起先整片金黄的稻穗不见了，变成一截截整齐的稻桩。穿着短裤衩的赵淳生，赤裸着上身，深一脚浅一脚地奔走在田间，忙着将割下的稻子抱去捆扎。刚割下的稻秆锋利得像一把把刀子，稍不留意就会划破裸露着的皮肉。而稻穗最怕被雨淋着，如果淋着就会发霉变质。所以，收割时总得与老天抢时间。然而，六月的老天像孩子的脸，说变就变，刚才还骄阳似火，顷刻就暴雨雷鸣。一会儿是汗水，一会儿是雨水，滴到被划伤的皮肤上，是一股火辣辣的痛。

小姑是典型的中国农村劳动妇女，什么农活儿都会干，插秧、除草、挑水、筛米，样样是能手。特别是"筛米"这活儿，在当时全是男人干，没有一个女人能干。从稻谷中碾米，需要使用"堆子"，相当于碾米机。首先，把稻子放在堆子里推磨，让谷子脱壳；然后，用风车吹走谷壳，留下来的有米，也有尚未脱壳的谷子；接着，用带小孔的筛子继续分离。筛子悬挂在楼板中间，底下放一个大盘子。分离可是技术活，需要两手抓着筛子，左手往左边一扭，右手往左边一拐，然后右手往右边一扭，左手往右边一拐，这样一扭一拐的几个回合，谷子就一簇簇集中在筛子中间，马上抓出来，剩下的米就从筛子漏到下面的大盘子里。这样高难度的力气活儿，小姑却干得很棒！而赵淳生从小跟着她，不仅学会了干各种农活，也养成了爱劳动的好习惯。

上高中以后，赵淳生基本住校，回家的日子不多。尤其考上大学后，由于路途遥远，家里经济又困难，再加上学习任务繁重，赵淳生就更很少回去了。虽然他与小姑一家见面的机会不多，但在他的心中他们就是自己的亲人。无论走到哪里，老家那几间破屋，都是他永远的牵挂。那里住着奶奶，还有小姑、后姑父和表妹周小阳他们一家。那里，也是他唯一的家。所以，1961年大学毕业留校工作以后，有了收入的赵淳生，立即想到的是给家里寄钱回去。那天，收到赵淳生寄回家的钱，奶奶、小姑和后姑父激动得说不出话来。以后，每年他都想方设法从生活费中省出点钱给家里寄去，直到奶奶去世。对小姑、后姑父他们，也始终觉得同样负有责任，自己从小没有父母，受到他们的关心和帮助最多。小姑家里要办什么大事，他都当成自己的事，能出钱就出钱，能出力就出力。

2010年，与奶奶一直守着老家几间老屋的小姑，决定翻盖房子了。赵淳生得知后，立即给他们寄去1万元。那是从前奶奶租地主家的，解放后政府原封不动分给了他们。那几间房子是当年中间瓦屋中最小、最破的，由于没钱一直无法翻修。所以，相当长的一段时间，赵淳生和奶奶，以及后来回到这里居住的小姑一家，一直凑合着住在那里。

半年后，经过翻修过的老屋很像城里的房子，有三室一厅，面积近160平方米，只不过用材和结构简单些，但与过去相比却有天壤之别。然而，住上新房不到一年，也就是2011年，八十四岁的小姑却患上了肝癌，不久就离开了人世。一年后，后姑父也病逝了！

这个小姑母真是苦命！但她对赵淳生来讲可是至亲。她不仅照顾着赵淳生奶奶晚年的生活，也为孤儿赵淳生撑起了一个特殊的家。

⑥

"放牛娃"苦难的童年

赵淳生的童年，三代同堂，全家上无片瓦，下无立锥之地，生活条件极其艰苦。爷爷奶奶一代，兵荒马乱，吃不饱，穿不暖。爸爸妈妈一代，一个出门不归，一个英年早逝。自己则跟着小脚奶奶，在糟糠野菜中苦苦挣扎。

最难熬的雨季，雨水从屋顶滴漏下来，被淋湿了也没有衣服可换，风吹进来的那一刻，瑟瑟发抖。他和奶奶也没有接雨的用具，只能眼睁睁地看着，念叨着雨快点儿停下来。

　　冬季，幸亏有一条母亲留下的被子。她生前的物品都被姨妈带走，唯一没带走的是那条沾满脓血的被子。这污秽不堪的被子，奶奶都没舍得扔掉。如果没有它，祖孙俩冬天就得挨冻。真是家徒四壁！

　　每天，他看到奶奶、妈妈总是愁眉苦脸的，一会儿说没东，一会儿说没西，一时又急着没这没那……自己年纪虽小，但心与她们是相通的。为了赚钱贴补家用，除了白天上学，他早早晚晚以及所有的假期都在干活，无论是砍柴、放牛，还是打猪草、拾牛粪，只要人家能给点小钱，哪怕是给顿饭吃，无论多苦多累他都去干。

　　有一次，赵淳生砍柴累了，就地打了个盹，醒来揉揉眼睛打算继续砍，结果发现柴刀不见了。柴刀可是重要的工具，丢了它无异于丢了生计。赵淳生急得直冒汗，赶紧爬起来去找。他一会儿跑东，一会儿跑西，生怕漏掉哪块地方，结果一整天一口水没喝，一口饭没吃，柴刀依然无影无踪，仿佛掉进了茫茫大海。眼瞅着天要黑了，他更急了，回家可怎么向奶奶和妈妈交代呀？

　　正当他绝望之时，邻居赵福年出现了。他是赵淳生要好的玩伴，一天没见赵淳生，就忍不住一个人前屋后山慢悠悠地找他。赵淳生像见到救星似的一把抓住赵福年，求他帮忙。赵福年想了想："柴山是地主赵步云家的，肯定是他儿子趁你打盹的那会儿，悄悄把砍柴刀没收了。"赵淳生觉得有理儿，直点头。"我们把地主儿子喊出来盘问，如果他不承认，咱俩再一起揍他一顿，他就会老老实实交出柴刀来。"赵福年补充说。没想到赵淳生却摇起头来，他觉得自己这么小，即使与赵福年联手，也未必打得过人家。再说，万一惊动了地主赵步云，岂不是自投罗网？老人们常说："好汉不吃眼前亏""君子报仇十年不晚"，他决定忍一忍。

　　说话间，天全黑下来，白天喧嚣的柴山，一下子静得瘆人。赵淳生拉着赵福年的衣襟，两人深一脚浅一脚地朝远处的家摸去。

　　放牛比砍柴轻松些。最初，他只是利用一早一晚的时间，帮人家把牛牵到河边或山脚下吃草，他只负责看着就行。这样雇他的人家可以省下不少工钱，因为他的报酬是米。不过一个月下来，竟也能赚得几升米回来。从放一头牛开始，到后来的寒暑假、星期天，他一个人可以帮地主家放一群牛了。

　　牛群从一个山头跑到另一个山头，来来回回走个不停，赵淳生只好跟着跑东跑西，一天下来累得骨头像散了架似的。后来他发现，牛群里总有一头长得极壮的牛，经常抬头眺望前方，吃草、走路都快，它往哪里走，其他牛就往哪里走，这就是所谓的"头牛"。

此后，他就把注意力集中到"头牛"身上。学着大人的样儿，到附近山上砍些竹子做鞭子，边走边摇鞭吆喝，"头牛"就听自己的指挥。这样管好"头牛"，就等于管好了整个牛群。后来，赵淳生竟骑在"头牛"背上，有时还看看书，眺望绿草丛生的远山，像一幅镶嵌在大地上的巨画，美得让人陶醉。不过，更多的时候是遭罪，季节不同遭遇也不同。

阴冷的冬季，手开始长冻疮，像个冻萝卜红一块紫一块。有一天，雨雪交加，没有足够衣服可穿的赵淳生，在刺骨的寒风中瑟瑟发抖。忽然，身边有头小牛拉了一坨粪便，赵淳生看见后，立即把自己的小脚伸进去。温热的牛粪让冰冷的小脚感到了丝丝暖意，虽然那么短暂，但对赵淳生来说却是莫大的满足！

夏天，烈日当头，奶奶舍不得买草帽，几天暴晒下来，他的皮肤就黑得发亮，露出的眼仁白得耀眼。遇到多雨的日子，别人都穿着蓑衣，戴着斗笠，赵淳生全身无一遮拦，任凭大雨淋着。等雨停下来，把衣服脱下，拧干后再穿上。没想到，有一天夜晚竟发烧了，浑身发烫。无钱看病，奶奶只能到后山找些草药煮水，让赵淳生喝上一大碗，再闷头睡一觉，居然也就好了。真是穷苦孩子天照看啊！

抓鱼、摸虾很好玩，农村孩子们都喜欢，赵淳生也不例外。奶奶、妈妈也支持他，至少可以给家里添点儿荤，在没肉可吃的日子，也有个解馋的。

夏天是抓鱼、摸虾的好季节。天还没放亮，奶奶就把熟睡的赵淳生喊醒，去离家很远的塘里摸虾。估摸着上学的时间到了，急匆匆跑回家喝碗粥，再一路小跑去学校。放学回家就更忙了，有时要赶到地主家放牛，有时要下河抓泥鳅、鳝鱼。在乡下人眼里，它们都是尚好的补品，有钱人都爱吃，在集市上可以卖个好价钱，给家里换回油、盐以及豆腐之类的食材。

但抓鱼、摸虾对小孩子来讲，真是太危险了。

赵淳生家门前有个大塘，塘东是各家种的稻田，塘西是一条通往瓦铺子集市的土路。每到雨水较少的季节，大人就用水车将塘里的水往田里灌。水车一端停在深水处，日积月累将塘冲出一条沟来，引来一群群的泥鳅，还有鱼虾。一天下午四点多钟，天空飘着毛毛细雨，赵淳生打猪草回来经过此地，一抬眼看到坡边有猪草，就一脚迈了过去。谁知草坡很滑，一下子滚到水车碾出的沟里，那里居然有不少鱼虾游来游去，赵淳生就毫不犹豫地抓了起来。没想到水沟竟有一人多深，水一下子没了头，脚还悬在水里没有着落。身体失去平衡的赵淳生，本能地在水沟里翻腾着，结果却越陷越深。

在这千钧一发之际，对面村一个卖肉的大伯符雪卿从瓦铺子集镇收摊回家，路过这个塘边小路，远远地看到水沟里有人在扑腾，他说时迟，那时快，三步并作两步地跳到塘里，飞快地游过去，一把抓住赵淳生的小手，好不容易才把他拖上来。而此时的赵淳生，已呛进几口水，再加上受到了惊吓，竟全身发抖，说不出一句话来。卖肉的大伯见状，立即扇了他一个大耳光。

这是一种迷信，据当地老人说，孩子落水是"落水鬼"作怪，这一巴掌可以扇走附在孩子身上的"落水鬼"。

赵淳生一辈子都不会忘记那个巴掌，也无法忘记这个救命恩人。早几年回老家，赵淳生都会特意登门看望已九十多岁的卖肉大伯，还给他封个大红包，以报答他的救命之恩！

湖南衡山地处丘陵地带，家家户户都种竹子。作为当地重要的农产品，竹笋能卖上好价钱；竹竿可以盖房子、做农具，用途广泛。不知从何时起，当地传说竹子爱听哭声，尤其种竹子那天，如果有人哭，竹子就会长得更好！所以每到种竹子的季节，家家户户都寻找孩子到自家竹山上去哭，以求竹子长得更多更好，卖更多的钱。

在中间瓦屋住的十几户人家，无论是地主还是佃户，无论是穷还是富，谁舍得让自己的亲生骨肉无端地哭呢？有人就想到孤儿赵淳生，他没有父母的庇护，要种竹子就把他喊来，逼着他哭！

有一天，赵淳生被一个身材魁梧的中年男人摁倒在地，那人用脚拼命地踢赵淳生，只见他闭着眼睛，咬着嘴唇，屏住呼吸，就是不哭。旁边一个人见状，赶紧找来一根藤条，不由分说地抽打倒在地上的赵淳生。疼痛一阵强似一阵，可他还是不哭，嘴里还嘟囔着："你们就打吧，越打我，我越不哭。"种竹子的人也拧他不过，气得两眼冒火。但孤儿赵淳生就是这么倔强！这倔强的性格，让童年的赵淳生不知吃了多少皮肉之苦。不过，在两个成人轮番的鞭笞下，赵淳生最终还是挺不住了，嗷嗷地哭喊起来。两个喘着粗气的男人，这才停下手来。在赵淳生的哭声中，他们开始憧憬自己的好收成。而那个所谓的"好收成"，可是用孤儿无助的眼泪换来的！

在赵淳生家的厨房，有一扇小石窗，直对着屋前的水塘。赵淳生最喜欢趴在小石窗上，那里成了他童年的天堂。透过这扇小石窗，可以看到从这里经过的形形色色的人，他们有衣服可穿，这多少让赵淳生有点羡慕。也有与赵淳生一样衣不蔽体、沿街乞讨的穷人。

"富六嫂子"就如此，她是乞讨人中最特别的一个。平日，她手挂着棍子，腰缠着破被，破衣烂衫都卷在里面，用麻绳捆几圈，驮在背腰上，白天当箱子用。裤腰带是左挂一串、右挂一坨的，小袋子里装着针头线脑。晚上，将破被解开，铺开当床，夜夜蜷缩在别人家的柴堆里或屋檐下，过着牛马不如的乞讨生活。

不过，她乞讨的方式是唱戏。她会唱各种民间小调，尤其是湖南花鼓戏。每次来村里乞讨，孩子们都像过节那样，兴高采烈地跟着她满村跑。"富六嫂子"一家一家地乞讨，孩子们就一家一家地跟着听戏，有时还一起哼唱，使劲拍手叫好。

和"富六嫂子"穷得不分上下的赵淳生，也濒临乞讨边缘。每次，他夹杂在那些看热闹的孩子中间，却怎么也高兴不起来。相反，一种同病相连的感觉会油然而生，让他内心对这个世界充满了悲悯。

由于总有干不完的活儿，担心上学迟到，他只能起早摸黑地干。家族办的小学，教师都是当地有钱、有文化的人，他们对迟到、早退、不完成作业的学生都打手板。赵淳生学习好，作业很快能完成，从不会因为作业挨打。但早晚帮人家放牛，有时还被临时叫去割草，或做其他小工，即便特别小心，有时仍免不了迟到。对迟到的惩罚，同样是一个字"打"。打手板还好，打脚板就比较痛。而没鞋可穿、总赤着脚去上学的赵淳生，被先生打过几次脚板。

可以说，"衣不蔽体、忍饥挨饿、挨打受骂、日夜劳作"这十六个字，是赵淳生童年生活最真实的写照。不过，这样的境遇塑造了一个具有独特性格的赵淳生，也赋予他极其顽强的生命力！

回望那个苦难的童年，无论从哪个角度看，其实都应由衷地感谢那曾经的苦难。正是那些苦难，造就了他顽强不屈的意志品格。这种意志品格，使他有足够的底气迎接人生更大的困难和考验，即使生活、学习、工作中遇到再大的挫折和打击，他都不会因此而退缩，总是有一股勇气去克服它们、战胜它们。

苦难，其实是人生最大的财富。

在苦难中成长的赵淳生，不仅聪明可爱，还真诚守信。更可喜的是，赵淳生自幼好学向善，读书刻苦，成绩优异。同时，他虽然孤苦，却又非常有幸。有幸在地下党的资助下读完了小学，解放后，又在党的资助下读完了中学。

⑦
苦孩子的爱与恨

1938年出生的赵淳生，11岁之前生长在旧社会。由于老家衡山以丛山峻岭为主，起伏的山峦、茂密的植被，特别适合安营扎寨，操练兵马，是中国农民运动的发源地之一，也是毛主席撰写的《湖南农民运动考察报告》重点考察的地方。那份考察报告中有关农民运动的经验，也多源于这块宝地。

　　1944年，6岁的赵淳生又黑又瘦。那年，日本鬼子打进中国，所到之处不是杀人放火，就是奸淫掠夺。至今，人们都记得当年日本兵经过瓦铺村的情形。一进村，他们便吵吵嚷嚷的，叽里呱啦地喊叫。有一位穿黄军装、黑皮靴的军官，腰里斜挎着一把金光闪闪的长刀，威风凛凛的样子，见到有人靠近，就拔出手枪挥舞一通，把村里人吓得纷纷跑进山里躲藏。

　　那些兵荒马乱的日子，老百姓整日人心惶惶的，时刻害怕遇到日本兵。尤其是男青年，害怕被他们抓去做挑夫。赵淳生家对门屋王炳家的小儿子，当年只有十七八岁，不幸被日本兵抓着，一走就是几十年，也不知道是死是活，父母急断了肠。直到20世纪80年代，台湾与大陆有了联系，他们才知道小儿子被日本鬼子抓去后在部队挑担子，挨打受骂不说，还经常没饭吃。后来日本投降，他随大部队跑到了台湾，在那里成了家。几年前，专程回老家为父母修墓立碑，以尽孝道。

　　赵淳生的父亲如果当年不离家出走，也有可能被日本鬼子抓去当苦工。

　　还有人被抓后想逃跑，日本鬼子发现后先是喊话，如果不回来就开枪。后亭子屋的王乔生就如此，他逃跑时被日本鬼子追赶，结果未抓着，气急败坏的日本鬼子就开了枪，王乔生应声倒在瓦铺村前残破的桥头边，肠子从肚子里冒了出来，家人及村里的人都不敢露面，怕被日本人发现遭毒打，只好让王乔生暴尸野外。

　　村里的大姑娘小媳妇更怕被日本鬼子抓去，遭到奸淫不说，如果反抗那就是死路一条。

　　此时，赵淳生的母亲已带上赵淳生躲到外婆家了——江东桥豹子岩。这是个相对偏远的小山坞，日本兵不会去，比较安全。白天，赵淳生与舅舅、姨妈跑到山岗上，趴在草丛中偷偷观察从山脚边路过的日本兵。他们扛着的刺刀在阳光下很刺眼，看着让人心惊肉跳的。仗着手里的刀枪，日本鬼子进了村子，不是放火，就是杀人。这样的经历让幼小的赵淳生意识到，因为自己的国家贫穷落后，日本人才会如此放肆地在我们的国土上烧杀掠抢，任意践踏。所以，那个时候他就体会到，只有国家强大了，百姓才能安居乐业。

　　抗战胜利后，国民党兵也会来到村里，全村的男女老少同样十分紧张。每次他们来时，就会有人喊："老总来了！老总来了！"就见家家户户忙着藏粮食，还有饲养的家禽。粮食好处理，可鸡鸭牛羊之类的就不那么好藏。被突然困在旮旯胡同里的它们，会本能地扑腾着发出声响，把扛着枪的国民党兵吸引过来，他们见什么拿什么，老百姓谁也不敢吭声。

　　有时，这些国民党兵直奔村里的鱼塘。他们不用捕鱼工具，而是直接往鱼塘里扔手榴弹。手榴弹在深水塘爆炸，塘水四溅，被炸死的鱼也随着浮出水面。只见那些士兵兴奋地用网打捞，然后一筐筐运走，占为己有。

听老人们讲，国民党内部腐败透了，军饷被层层盘剥，拿不到军饷的士兵，只好跑到乡下，与本来就缺吃少穿的百姓抢食，弄得百姓不得安宁。

他们还与乡里的地主、土豪、劣绅勾结，做他们的靠山。尤其，赵恒惕既是省长，又是当地的大地主，是名副其实的官僚地主。依仗着权势，地主、土豪、劣绅也得听他的，而那些手无寸铁的佃户，处于被剥削、被压迫地位的贫穷农户，没有人敢反抗，只能忍气吞声，任由他们摆布。

家里只有赵淳生和奶奶的那几年，由于没有劳力，所租的土地无法产出足够的粮食交租子。到了秋天，地主只管收租子。有一年天旱，收成不好，赵淳生的奶奶怎么也无法把租子筹齐。催了几次，奶奶都交不上，前来催租子的"狗腿子"哪肯罢休。

有一天，有两个国民党兵闯到家里，他们都扛着枪，气势汹汹的，一个士兵不由分说将赵淳生抱起，放到一间闲置的房间，再用草绳将门拴上。房间漆黑一片，赵淳生不禁大叫起来。接下来，他们就向奶奶逼租。一边是大叫的孙子，一边是扛着枪的士兵，在这种情况下奶奶还是拿不出粮食，气急败坏的士兵就拿出事先准备好的绳子把奶奶捆起来，另一个就用枪托对着奶奶一阵暴打。然后，在一张写好的字据上让奶奶画押。这张字据意味着祖孙俩，明年还得交上双倍的租子。

奶奶可是个柔弱的小脚女人，在需要体力才能得以生存的农村，她自己都无法养活，还得养活一个小孙子。这一老一小的生活，该是何等的艰辛？！平时连饭都吃不饱的他们，哪有多余的粮食交租子？交不起租子就对奶奶下毒手，对这样的地主和国民党，赵淳生真是恨透了。但他没有能力反抗，也没有能力保护奶奶，只能眼睁睁地看着这一切的发生。那时的他，把满腔的仇恨埋在心里，盼着自己快快长大，也盼着穷人出头之日早日到来！

所以长大后的赵淳生每每看见弱者被欺凌时，不管是男是女，不管是认识的还是不认识的，他都会挺身而出。不畏强权、仗义执言的思想，早已渗入骨子里，只要看到不公的现象，他就会被激怒，就会站出来打抱不平。

有一次，王凤英与村里一帮孩子去拾柴。有个大男孩看到白白胖胖的王凤英很可爱，就故意把她的筐打翻在地，弄得周围乱七八糟的。王凤英一边阻止他，一边弯腰去收拾，那个男孩乘机把她绊倒，并抓住她的小辫子在地上滚来滚去，痛得她大哭起来……此时，赵淳生出现了，他大喊一声："你们干什么？！"吓得那个男孩连滚带爬地跑掉了！

还有一次，王凤英在瓦铺子附近的留笔塘读书，下午放学回来路过茶亭子时，被几个大男孩（杨海洪、胡再新等）围堵。他们事先商量好了，躲在亭子里，等王凤英一到，冷不防地跳出来，吓她一大跳。幸亏赵淳生与同宿舍的一个男同学及时赶到，把围堵王凤英的那几个男孩轰走，并一直把王凤英送到家门口。

一天傍晚，村里一群孩子在玩游戏，有个大男孩玩着玩着就动了歪点子，让另一个比他小的孩子趴在地上，把他当马骑着玩。赵淳生见到后，立即上前制止："你在干什么？还不赶紧下来！"玩游戏可以，但他不能接受这种骑人取乐的玩法。

久而久之，村里弱小的孩子总爱跟着赵淳生一起上山砍柴。他们本来力气小，一整天也砍不了多少，还经常被贪玩的大男孩欺负。那些大男孩打着砍柴的幌子从家里跑出来，可到了山里，哪有什么心思砍柴，而是满山滚上滚下地疯玩，把砍柴的事丢在了脑后。直到天黑才如梦初醒，知道大事不妙。为了避免回家挨揍，就动歪主意，去抢那些弱小老实孩子的柴，弄得他们伤心大哭。每次发生这样的事情，赵淳生一定会挺身而出，帮他们把柴抢回来。所以，赵淳生很快就成了孩子王，无论是在河边拾粪，还是在田边地角割草，总有一帮小孩子跟着他。

1949年9月，村里也来了共产党领导的军队。他们背着锅，自己烧饭。即使住到百姓家，也秋毫不犯。没有筷子，他们就用树枝做；没有炉灶，就用石头凑合，决不用老百姓的一针一线。如果吃了老百姓的饭，也要付钱。他们很少睡在老百姓家，最多只在屋檐下，弄块门板、草垫子当床。很多时候，共产党部队中的那些年轻战士都是席地而卧。离开之前，他们会帮老百姓打好水，把铺在地上的茅草捆好，并把四处打扫得干干净净。

对比日本鬼子、国民党兵的无恶不作，眼前的共产党严格执行"三大纪律，八项注意"，不拿群众一针一线，完全是为了让穷人脱离苦难，过上好日子。所以，赵淳生从小就知道共产党好，知道"没有共产党就没有新中国！"成年后，赵淳生总会由衷地说："没有党就没有我今天的一切！党的恩情比天高、比海深！"这短短的一句话，饱含他对中国共产党无限的感激和爱戴。

1949年10月1日，伟大领袖毛主席站在天安门城楼向全世界庄严宣布："中国人民站起来了！"那一天，他是何等地喜悦！

之后的1950年春天，家乡开始了一场轰轰烈烈的土地革命，打土豪、斗地主、分田地，穷苦人终于翻身了。

为了配合土地改革，村里把儿童组织起来，成立了儿童团。只有11岁的赵淳生，这个苦大仇深、最听党的话的"孩子王"，就当上了儿童团长。

那段时间，他整天扛着红缨枪，走门串户。白天，监督地主劳动；晚上，组织孩子们斗地主。因为读过私塾，也上过几年学，不仅参与乡政府的选举活动，还参与土地测量活动，帮助乡政府丈量土地，用所学的数学知识测量稻田里的三角形、梯形面积等。

原来知识这么有用！那是他第一次用所学为老百姓服务，为社会做贡献，感到由衷地骄傲。

每次斗地主时，他的情绪总是分外激动，口号喊得格外响。从前，他和奶奶受尽了他们的欺凌和剥削，他亲眼看到奶奶因为交不起租子，被他们捆绑起来抽打。而自己成长的每一天，也都饱尝饿肚子的那种难熬的滋味，根源就是地主、富农对穷人的剥削和压迫。他对地主是发自内心的恨，斗地主时就有一种为穷人出口气的豪情。

地主、富农把以前靠剥削获得的东西还给了穷人，他们从此与穷苦百姓一样，靠自食其力才能养活自己。而从前一无所有的农民，从此真正有了属于自己的生产资料。赵淳生家不仅分到了田、房子、农具，还分到像旗袍、家具这样的生活用品。

那时的赵淳生，每天都沉浸在无比的兴奋和幸福之中，他感到自己不再是个孤儿，而是有了亲人，亲人就是毛主席，亲人就是共产党。所以，听党的话，党叫干啥就干啥，这种信念在赵淳生的内心无比坚定。

由于赵淳生处处表现出色，参与土改运动也很积极，村政府干部认定赵淳生是穷苦人的好后代。加上他自幼喜欢读书，从小学习刻苦，成绩优异。土改结束，1951年春天就被村政府保送到县立初级中学（当时的衡山五中，现在的衡山四中）读初中。

得知自己被保送到县立中学读书的消息，赵淳生激动得几夜都没睡好觉。

⑧
顽皮的少年

赵淳生的童年是在没有父母关爱下度过的。他的少年与正常孩子相比，也缺少很多东西。别人家的孩子有衣服穿，他从来没有一件像样的衣服，别人接济的旧衣服不是大就是小，要不就破旧不堪；别人家的孩子有饭吃，他却经常饿着肚子；别人家的孩子可以尽情地玩耍，他却要背负沉重的家务农活。生活的艰辛虽然让他的童年少了很多快乐，却没有泯灭他乐观的天性。

他的玩伴都是同村大大小小的孩子。在孩子的世界里有友谊，也有争斗。

刚才还玩得如漆似胶，一句话不和，或在一件小事情上意见不统一，就会大打出手。打斗的双方都会使出吃奶的力气，在草地上一会翻滚，一会挥拳，分不出胜负就不肯罢休。

赵淳生力气大，一般比他小的孩子都不是他的对手。但有时也会遇到比他力气大的孩子，吃了亏的赵淳生也会大吵大叫。不过，过不了几分钟又嘻嘻哈哈地笑起来，被打翻在地的狼狈也被抛之脑后。

平时，放了学的赵淳生喜欢在田埂、山坡上玩。男孩子们玩法很多，摸鱼、捕鸟、爬树，什么都可以玩上半天。

赵淳生发明了一种玩法，用砍来的树枝做成一个"三脚架"，把它立在田埂上，一群男孩子站在10米开外的地方，用砍柴刀当飞镖，谁能把这个架子击倒，谁就赢一小把柴。在这样的游戏中，赵淳生总是赢家。不过，他从来不把赢来的柴自己拿回家，而是分给输得最多的小伙伴。他不能因为游戏，让输了柴的小伙伴回家挨揍。

爬树是他的拿手好戏。每次，带着一群孩子漫山遍野地玩耍，总会看到一些高大的果树。枣子、栗子、杏子，还有很多叫不出名字的。秋天，树上的柿子黄灿灿的，散发着诱人的芳香。夏天，一会是枇杷，一会是樱桃，数不胜数。有一天，七八个孩子驻足在一颗栗子树下，树上密密麻麻的栗子真馋人。孩子们仰着小脸看着，因为够不着只能干着急。这时候，赵淳生跑出来，大喊一声："看我的。"只见他的双手、双脚环抱着树干，用盘在树上的脚做支撑，双手往上伸的同时，双脚跟着往上蹬，并紧紧地夹住树干，这样轮番交换，上下配合，不一会就爬了上去。

树下的孩子们大叫起来，他们拼命喊着赵淳生的名字："赵淳生！赵淳生！丢给我一点！丢给我一点！"喊叫声此起彼伏。看着树下小伙伴那渴望的眼神，蹲在树枝上的赵淳生非常得意。他更加灵活大胆，像个猴子似的从一个树枝窜到另一个树枝，把摘下的果子一把一把地往下丢，小伙伴们抢着吃都来不及！

渐渐地，这个本领稍大的赵淳生，在孩子们心中得威望越来越高，成为他们的小领头。

这个小领头，不仅喜欢玩耍，喜欢在孩子面前逞能，还会在大人面前搞恶作剧。

有一次，奶奶要带他到姑妈家。去姑妈家的路上，有个戏子坟。这个坟在当地很有名气，据说经常到那里烧香，就可以消灾免祸，奶奶对此深信不疑。因此，她每次去姑妈家，都要顺路去那里拜拜。

戏子坟附近，有一个很大的池塘，旁边有一条长长的弄子，其实是让人可以通行的深沟。由于紧挨着坟地，整个弄子显得阴森森的。赵淳生知道奶奶害怕，那天，他就想逗逗她，故意一个人走在后面。

奶奶想见女儿心切，尽管是小脚，但却走得很快。不一会，她发现孙子不见了。

"淳牙子！淳牙子！"她一边喊着赵淳生的乳名，一边环顾四周。周围除了荒坟和几颗枯树，什么都没有。这人能到哪里去呢？原来，躲在一座小坟包后面的赵淳生，远远就听到了奶奶的呼唤声，但他故意不应答。

喊了几声，见没人应答，奶奶一下子慌了神，连忙跑到女儿家里，喊上女儿、女婿去找他。

此时，天快黑了，风吹过池面，一浪一浪泛着白光。而旁边的坟场，也静谧得出奇。这个时候，赵淳生才感到莫名的恐惧。正当他不知所措时，姑妈、姑父出现在他的面前。姑妈上前一把拽住他的胳膊，拉着他就走。赵淳生怕大人们责怪，又觉得这样很好玩，就告诉他们说自己走不动了才落在奶奶的后面，姑父连忙把赵淳生背起来。

在姑父背后的赵淳生，小脸紧贴着这个男人的身体，感受他体内散发的温暖，眼泪不由自主地流了下来。此时，他想到了父亲，要是父亲在自己的身边，那该多好！就这样，在坟地躲来躲去跑累了的赵淳生，懒洋洋地被姑父背回了家。

迷信的奶奶认为有鬼附在孙子的身上，这还了得。晚上，让家人特地从寺庙请来一个法师。只见他穿着黄袍，表情肃穆，一边念经，一边沿着桌子转圈，叩拜不停。

这样的仪式在当地很盛行，很多人坚信法师具有与鬼神沟通的神力，只有他们才能祛除附在人身上的鬼。

看着法师和家人忙上忙下的，赵淳生一个人躲在香案后面咯咯地笑起来。他知道，哪里有什么鬼神，是他自己在逗奶奶玩罢了。

这就是少年的赵淳生，一个地地道道的顽皮大王，淘气时把大人弄得团团转，他自己却毫不在乎！

说来也怪。尽管奶奶有些迷信，整日烧香念佛的，母亲又信奉上帝，每天都带着他祷告，但赵淳生从来都不信鬼神。母亲每天的祈祷，上帝从来都置之不理。尤其上学后，有了一点文化知识的他，更加明白那些都是迷信而已。他不信佛，也不信上帝，他只相信自己，只要自己努力读书，将来就有能力摆脱穷困，改变自己和家中的一切！

因此，他很小就自觉努力学习，还抓紧时间放牛挣钱，拾的粪、捕的鱼、捞的虾、砍的柴，都可以卖掉换钱，给家里买些灯油、食盐这样的生活用品。

利用寒暑假干活儿赚的钱，就买些学习用品。

在与那些苦难相伴的日子里，赵淳生也收获着喜悦。小小的年纪可以支撑他与奶奶的这个家，多少让他感到自豪。结果，这样的苦难不但没有压垮他，相反却造就了一个无比乐观、坚强、好胜的赵淳生。

所以，人们看到的赵淳生，不仅聪明、好胜，还总带着一副笑脸。这一点让顽皮、淘气的他从小就特别讨人喜欢。不管是私塾的先生，还是学校的老师，大家都喜欢他。

由于招人喜欢，再加上学习好，他经常会被老师们关注。由于受到老师们的关注，赵淳生就越来越大方、自信。除了课堂上表现出色，积极发言，与老师互动，课外活动也是个积极分子。只要是班里的活动，他都积极参加。与同学在一起玩的时候，他总有很多点子，是个不能缺少的灵魂人物。

因此，赵淳生少年生活的点滴，包括他整个学生时代，都给老师、同学们留下了深刻的印象。

1949年10月，新中国成立。一年后的1950年10月，美国联军大举进攻朝鲜。朝鲜一旦失守，中国必将陷入极其危险的境地。当时的国家主席毛泽东看到美国人的野心，为了保家卫国，他老人家决定让中国人民志愿军跨过鸭绿江，支援朝鲜战场。

这是一场全民性的战争，得到全国上下一致的支持，中学生也不例外。被村政府保送到初级中学的赵淳生，来到学校不久，就参加了学校组织的庆祝抗美援朝胜利的演出会。

很多同学都无法忘记赵淳生那次的表演，他扮演的"美国佬"实在是太滑稽了！

从来没有见过"美国佬"的他，想象他们的肚子一定是大大的。为了把"美国佬"演得更逼真，赵淳生从同学那里借来很多衣服，又特意从老师那里找来一条肥腿裤子。然后，他一件一件把这些衣服缠在腰上，再用大人的腰带把裤子系上。一个土洋结合的小"美国佬"出现在舞台上时，同学们都睁大了双眼。台下一下安静多了，只见赵淳生一会跑、一会跳，完全投入到角色中。由于他表演得太投入、太卖力，结果，让人意想不到的一幕发生了，那条借来的肥大裤子，尽管在上台前被赵淳生系了又系，但不知道怎么搞的，腰带居然松了，紧接着，那条肥大的裤子一下子掉了下来。

面对舞台出现的小变故，台下观众一阵骚动。赵淳生也愣了一下，不过他立马说道："看！'美国佬'就是这个样子的！"然后，一溜烟儿跑到了后台。那股机灵劲儿，还有几分镇定，让醒过神的观众爆发出长久的笑声。有人眼泪都笑了出来，因为这个"小美国佬"的样子实在是太逗了！

由于顽皮，他闯的祸也不少。最大的那次，就是下河捞水草，由于不小心，差点被淹死。还有，就是稍大点时，与同学打架。那次打架，让他在学校一下子出了名，似乎连老师都有点儿怕这个顽皮的学生。

顽皮，其实是孩子最可贵的天性。在顽皮中，他们表现的是一种探索精神，也是一种冒险精神，更是一种创新精神。不过，一般家的孩子，这种顽皮多少会受到父母的限制。但对于孤儿赵淳生来讲，他的各种顽皮，在少年时期却可以淋漓尽致地发挥出来。

所以，长大后的赵淳生，尤其上了大学以后的赵淳生，包括日后从事科学研究的赵淳生，都极其富有探索精神、冒险精神、创新精神。而这三种精神，也是他日后成为科学家不可缺少的内因所在。

⑨

青梅竹马的爱情

赵淳生的妻子王凤英，生于1936年4月13日，系衡山白果镇先锋村王子仙之女。早先，他们同住瓦铺村的不同生产组，赵淳生家属瓦铺村生产组，王凤英家属先锋生产组。两家门对门，门前各有一片水田，相隔不到一里路，站在各自的家门口，可以看到彼此的生活场景。

赵淳生家所住房子原先是地主家的，土改以后分给他家了。房子依山傍水，周围山上长满了翠竹，终年绿油油的。

两家房子中间夹着一条小路，路南边就是瓦铺子。每逢阴历初一和十五赶集，方圆十里的乡亲们拖老带小地跑到这里，交易各自的农产品。鲜虾、活鱼、鸡蛋、蔬菜、水果、鞋子、布料，吃的、用的什么都有。交易方式也很灵活，既可以买卖，又可以对换。

这个集市是瓦铺村人的乐园。东家的姨娘，西家的姑表，平时都忙于家务，只有在初一和十五这个时候，纷纷出来赶集，可以一双双、一堆堆地说说笑笑，好像有说不完的话。在集市相遇的大人，脸熟了以后就常去串门。

孩子们像是过节，向大人要上几个小钱，有的去看耍猴，有的去听湖南花鼓戏，有的花一分钱买根甘草，嚼嚼过把嘴瘾也格外开心。他们只要见一面，立即就会成为玩伴。趁大人们在交易、闲聊的时候，就三五成群，跑来窜去的。赵淳生家离瓦铺最近，抬脚的工夫就能溜过去，引来一大群孩子凑上来，弄得热闹的集市尘土飞扬。

作为孩子头，赵淳生不仅喜欢与男孩子打闹，也喜欢与女孩子嬉闹。在一起玩耍的女孩中，他最喜欢长得白白胖胖的王凤英了。他溜到瓦铺子，多半是冲着王凤英去的，好找她一起玩。为了引起王凤英的注意，顽皮的赵淳生想到很多"好主意"。

每逢赶集那天，他早早地趴在自家那扇小石窗上，屏住呼吸，目不转睛地探视对门王凤英家的动静。只要看到王凤英从她家那个小柴门走出来，赵淳生这边就开始准备了。

100米，50米，20米，快到他家门口的水塘了，只见他快速地拿出事先准备好的石头，半个身子从窗户探出来，然后，使劲将石头扔到水塘。只听"扑通"一声，水花溅到王凤英的身上，吓得她赶紧往回跑。赵淳生见了，笑得前仰后合的。不过，他内心可不愿单纯地取乐，而是希望王凤英能与他当面理论，哪怕是责骂也好。

有时候，赵淳生故意在家门口那条小路上挖个水沟，把塘里的水引出来，让到集市必经他家门口的王凤英，面对自己创造的"小河"，因为过不去而干着急。此时，他得意地看着王凤英，希望她能向自己求饶，他非常乐意帮她越过水沟，好继续到瓦铺子那边去。王凤英知道沟是赵淳生故意挖的，但她宁肯绕道走前面的田埂，也不去理会他。

解放前，王凤英只读过两年书。父母认为女孩子识几个字，会写自己的名字就行，反正将来要嫁人，做家务、干活比读书更重要。因此，解放前夕，只有13岁的王凤英就在家跟母亲学做活儿。

干得最多的是到塘里捕鱼。家人用纱布和竹子自制一米见方的小搬罾（便携式），里面放上诱饵。每天，她要赶在天亮前把搬罾放到水塘里，一刻钟后再把搬罾从塘里提起，里面就有因贪嘴而滞留下来的鱼虾，活蹦乱跳的。王凤英连忙抓一把，放进背篓里，这样反复数十次，到了九、十点钟，捞的鱼虾有大半斤左右。带回家后，妈妈马上清洗一通，然后放到铁锅用中火焖焖，再用烟熏干，什么时候想吃，妈妈就抓一把，放点辣椒炒炒，是父亲最喜欢吃的一道菜。

靠王凤英弄回来的鱼虾，加上地里种的青菜、南瓜等，王凤英家的日子比赵淳生家好多了。有时出于同情，王凤英的妈妈会叫赵淳生到家里来，吃一顿她们母女俩做的鱼虾饭。

王凤英有两个哥哥、两个弟弟，是家里唯一的女孩。由于妈妈在料理家务方面是个能手，王凤英跟着她练就了一手好活儿，加上勤劳、能吃苦、性格泼辣，虽然只有十三四岁，但在人们眼里是个能干的小农妇，受到村里人的称赞，被父亲视为掌上明珠。

王凤英的父亲叫王子仙，二十多岁就弃农，与姐夫学起了缝纫。姐夫40多岁，有一手好手艺。那时的农村人，无论是外套、棉袄，还是衬衣、裤子，都用手工缝制。家境好的请师傅到家里量身定做，但大多数人家是母亲带着女儿们，自己纺纱、织布、做衣服。

由于父亲是个土裁缝，擅长手工缝制衣服，他时不时会为宝贝女儿做条小裙子，再配上一件小圆筒衣，显得很时髦。但做这种衣服费工费时，父亲只给女儿王凤英做，对别人他可没有这个耐心。

手艺是跟亲戚学的，由于他很聪明，技艺很快超过了师傅。真是青出于蓝而胜于蓝。方圆几十里的人，都愿意请他到家里做衣服。由于请他的人太多，有的人家要等上好几个月。后来，实在忙不过来，就给买布的先做，或料子好的先做，但还是来不及。最后，即使增加一个徒弟帮忙，也忙不过来。

由于料子好的先做，结果大部分时间都花在地主富农家。地主家谷子多，钱也多，买得起皮毛、缎子等好料子。有一年冬天，王凤英父亲在泥湾一家姓周的大地主家，给他的全家老小做衣服，皮袄、长衫、军服，什么都有，足足做了两个多月。

他做的衣服，尺寸准，针脚细密，穿在身上就是好看。尤其皮袄做得非常精致，一般裁缝根本做不出来。很多人家一旦有了好布料，等再久也愿意请他来做，所以他在十里八乡很有名气。解放前夕，请他做衣服的人太多，而手工一针一线地缝实在太慢，他就托人到长沙市买了台缝纫机，很快自己就会使用了。那年头拥有缝纫机，可真是少之又少。无疑，这意味着家庭生活的极大改善。

可是好景不长。由于国民党和日本鬼子的双重干扰，老百姓根本无法安居乐业，他的手艺也受到冲击。寒冬腊月，日本鬼子、国民党的军服也找上门来，强迫他三天做出几百套。这怎么可能？王老师傅的拒绝，让他们气急败坏，冲到家就开始砸东西，结果把缝纫机的针弄断了。他派多少人出去买，就是买不到。一气之下，发誓不做了，不仅把缝纫机砸烂，也把裁剪用的衣摊拆了，人大病一场，直到解放以后。再后来，他年老眼花，手艺慢慢地丢了，什么钱也赚不到。

王凤英父母生育八个子女（六男二女），夭折三个（二男一女），剩下五个子女。自从父亲丢了手艺，家里就开始了半年糠菜半年粮的生活。但这丝毫没有影响他对子女的爱，尤其痛爱女儿。由于知道赵淳生家穷得经常无米下锅，再加上王家和赵家老一辈结过怨，王凤英的父亲就很忌讳女儿与赵家的孩子一起玩，特别见赵淳生不仅经常跟王凤英一起玩，还总是护着她，感觉苗头不对。有一天，王凤英父亲在饭桌上生气地说："孩子们，特别是妹子（王凤英的小名），我告诉你们，我们王家人不允许与赵家人多啰唆，更不允许与赵家人结婚，哪怕在一起读书也不行！"

正在吃饭的全家人懵了，不知道这话从何说起，都不敢吭声。王凤英低头不语，她心里明白父亲是针对她的，跟别人无关！她不同意父亲的观点，但看父亲态度那么强硬，只好把一切藏在心里。

1952年，土地改革早结束了。有一天，村里来了一批干部，他们挨家挨户走访，不管在哪家，只要遇到有孩子没去上学，就坐下来做他们父母的思想工作，让他们懂得提高文化的重要性。在这种情况下，同村停学在家的王凤英、赵玉英、赵国安等，就同弟弟妹妹们一起上了村小学。

所谓村小学，不过是一间固定的房间而已。全村大大小小的孩子都聚集在一起，一间房子就是一所学校。

解放前，王凤英读到小学二年级就停读了，如今15岁了还要从三年级读起，多少有点难为情。于是，她把弟弟三年级到五年级的课本拿来，只花了一个星期的时间就看完了，居然大部分都看得懂。遇到个别数学难题，就向弟弟讨教一下，完全可以跟上六年级的进度。这样，她只用了一年时间，就拿到小学毕业证，这意味着有资格继续考初中了。

而赵淳生小学毕业后，停学一年，1951年被村政府保送到县立初级第五中学。王凤英小学毕业时，他已经读到初二。听说王凤英想继续读书，就希望她上自己所在的中学，不仅可以经常见面，还可以帮助她。升学考试那天，赵淳生比王凤英还着急，他知道王凤英停学多年，复学只读一年，基础太差，担心她考不上。

其实，这种担心是多余的。聪明伶俐的王凤英，不仅长得白白胖胖招人喜爱，学习成绩也是棒棒的，不比同班同学差。那天，他悄悄跟着王凤英进了衡山五中，考题就写在黑板上，只见赵淳生蹲在教室外的窗下，把写着答案的小纸条揉成团儿，快速地扔给王凤英。当地称这种"帮助"行动为"打拍斯（Pass）"。

然而，小纸团却落到前排一个男孩子那里。

即使小纸团不偏不斜正好落到王凤英身边，她也不会去捡，因为所有的考题她都会做。不过，赵淳生为王凤英"打拍斯"的故事，还是村人皆知，一时成为村民们的笑谈。

从小时候的暗中保护，到上学后的公开相助，种种行为说明，赵淳生对王凤英就是不同于别人。

如果说，小时候对王凤英的恶作剧，是孩童对爱的幼稚表现，那稍大些的暗中保护和考试中的"帮助",就足以显露赵淳生的心迹了。

越是这样,王凤英就越要避嫌。她绝不接受赵淳生给予她的"帮助"。尽管他打了"拍斯",王凤英不但置之不理,还总想躲着他。但赵淳生却想方设法接近她。有时,知道王凤英要去县里,他明明可以不去,却总要找个借口同去,好帮王凤英拎行李,大有"讨好"的成分!

王凤英性格中也有湖南辣妹子的倔强。她有意躲避赵淳生,是避免同村人的闲言碎语,也避免被自己的同学轻视,怕被人说没有赵淳生的"帮助",她就考不上中学。她不但要自己考取中学,还要考上最好的。1952年,王凤英凭着自己的实力,果真考取了衡山二中这所全县最好的完全中学,有初中部,也有高中部。

1953年,赵淳生从衡山五中初中毕业,也考上了衡山二中的高中部,结果两个人又在同一所学校相遇,一个读初中,一个读高中。毕竟在同一所学校,免不了总会相遇,彼此互望的目光中,包含了各自都明了的心思。但为了"避嫌",两人相遇只是点头而已,但在擦肩而过的瞬间,每个人心里都会升起莫名的甜蜜感。

1955年初夏,王凤英快初中毕业了。赵淳生不知从哪儿了解到,由于家庭经济困难,王凤英不能继续读高中了。这意味他们马上面临着分离。赵淳生再也无法沉默了,他得与王凤英单独谈谈,否则,就会酿成终生遗憾。

约会的小纸条写好了,装在口袋里好几天了,都没有勇气送给她。有一天,他们在食堂再次相遇,此时的赵淳生也不知道哪来的勇气,十分麻利地将小纸条塞到王凤英的手里。王凤英连忙跑到无人的地方,打开纸条,只见上面写着:"吃完晚饭,我在学校后山小溪旁等你,我要与你谈谈。"而此时的王凤英,也有满肚子的话要对赵淳生说,比如父亲的态度,同学们对他的看法,她比他大两岁的现实情况,以及毕业后的去向。还有,弟弟与自己同时初中毕业,家里负担不起,她打算报考湖南第一师范学校,这样自己的学费、生活费有了着落不说,还可以支持弟弟读高中、升大学。她自己想读个中专(师范),毕业后当个小学教师也不错。

无疑,王凤英接受了约会。他们见面的地点是学校后边的白龙潭。要是在若干年前,王凤英无论如何不会接受这样的约会。但同在一所学校学习后,王凤英更了解了这个顽皮的同乡孤儿,他学习成绩好,上进心强,吃苦耐劳,身上有很多好品质,令同班很多优秀女孩仰慕,王凤英对他也比以前爱慕多了。因此,当她收到赵淳生的小纸条时,心里既兴奋,又紧张。

按照约定的时间,他们几乎同时到达了白龙潭,在小溪旁的一块青石上,一起坐了下来。碧绿的泉水从他们脚下潺潺流过,远处茂密的翠竹与盛开的山茶花相互映衬，微风吹来，带着小鸟的鸣叫，清脆而悠扬，一双美丽的蝴蝶闻风起舞，堪比人间仙境！想当年，电影《鸡毛信》就在这个白龙潭拍摄，王凤英多次参加群众场的拍摄，可见这里的景色有多美。

除孩童时的一起玩耍，他们还是第一次这样近距离地接触，不免都有些紧张。你看看我，我看看你，也不知道从何说起。此刻，突然传来一声呼叫："王凤英，王凤英，你家哥哥来找你，在宿舍等你回去。"那个年代极其封建，无论是赵淳生，还是王凤英，即使再相爱，也不愿意让这份感情被人知道。王凤英听到喊声，连忙站起来，与赵淳生连招呼也来不及打，就飞快地朝宿舍跑去。果真，二哥有事来县城，顺便看看妹子。结果，这让他们丧失了一次表白的最佳机会。

一个月后，王凤英毕业。她考取了长沙第一师范学校——伟大领袖毛主席的母校继续深造。那时的师范学校学费全免，这是王凤英选择去那里继续读书的重要原因。

那是1956年9月的一天清晨，王凤英像往常一样与同班女生在学校草坪上锻炼。草坪位于学校妙高峰的半坡处，站在妙高峰上可以俯瞰长沙全城，那是毛主席经常光顾的地方。当年，年轻的毛泽东在8班。如今，王凤英在132班。啊！自己与伟人在同一个地方学习，感觉靠得很近，学习起来竟有使不完的劲。

王凤英光脚在沙坑练习跳远，半小时后，她提着鞋子小心翼翼地往坡下走去，迎面而来的一个男孩冲着她大喊："工凤英！"

突如其来的喊声让她立即停下脚步，顺着声音抬头一看，原来是她最为熟悉的赵淳生。他被衡山二中选为飞行员的候选人，专程到长沙体检，刚好住在长沙第一师范学校附近的旅馆。听说毛主席在这里读过书，并经常在这里锻炼，一大早他就慕名来到妙高峰，没想到竟然看到了他一直想见的王凤英。

俩人一晃两年没见，彼此都有很多话想说，但一时真不知道说什么好。刚要打开话题，上课铃声响了，王凤英只好与赵淳生匆匆而别。望着王凤英远去的背影，一种莫名的惆怅从赵淳生心中升起，久久都无法散去。而那天的课堂上，王凤英也始终处于恍惚中，老师讲了什么好像一点都没有听进去。

这次偶遇，让王凤英回忆起自己与赵淳生之间的点滴，她觉得自己长大了，对赵淳生的认识渐渐加深。他自幼孤苦伶仃，却知道刻苦努力，有远大的理想，学习成绩一直优秀，真是品学兼优，将来一定有出息。不觉中，王凤英对赵淳生的情感中，又多了一份敬仰，她要向他学习，并与他保持联系。

就在这年的暑假，一封落款为"王祥辉"的书信，寄到了他们所在的湖南老家。王凤英怕用真名，引起村里人的注意。也怕家里人知道他们的来往，特别怕被父亲知道。这化名的背后，深藏着王凤英的顾虑、她的烦恼，还有对赵淳生的爱恋！

清晨的凉风徐徐吹来，东方太阳刚刚升起。汽笛、马达声远远近近地喧闹着；马路上、屋子里的人们在唱、在喊、在叫……学校无数的健儿正在操场上积极地锻炼身体。我在一群女孩子中间玩得津津有味，甚至顾不上看周围的一切。铃声响起，我赤脚转身想往教室跑。这时，突然一眼看到了你的身影。

一年前的今天，我还记得坐在家中过暑假的心情：等待、盼望、焦急交织在脑海……

我不但现在，而且将来都很愿意与你建立一种亲密的友谊……

今后不但愿意而且希望和你取得联系，能继续得到你的帮助，无论你在内地、边疆，在国内、国外……

这封信写于1956年7月24日，落款地址是长沙一师。信中王凤英含蓄地表明了自己的心意。信发出去后，她每天在都焦急地等待赵淳生的回复，可是左等右等也没有他的回音。也许，他没收到自己的信；也许，自己过去伤了他的心；也许，他已经有了女朋友……每天这样的思前想后，最后王凤英也灰心了。从此，她决定把感情的事放在一边，一心扑到学业上。

原来，1956年正值赵淳生考大学。高考后，校长让他在学校帮助管理留校加班教师的伙食，所以那年暑假没回家。上大学后，由于家庭经济等原因，赵淳生又一连几个假期都没回去，直到1959年回老家时，才看到王凤英写的这封信。这封信可不是一般的信，那是王凤英有生以来第一次大胆地向一个男生表露的爱情，在赵淳生看来充满了感情色彩，被他一直细心保存到现在。

缘分真是奇妙的东西，有时轻得像风，随时都会飘散；有时又固若金汤，不管有多大的外力，都无法将其拆散。

在上大学时，奶奶对孙子从小暗恋王凤英也有所闻，她当然不答应。相当长时期，奶奶总是游说赵淳生娶表妹吴安喜为妻。这个表妹不仅长得清秀，年龄又相当，是奶奶最喜欢的三女儿的掌上明珠，也格外受外婆的喜欢。但赵淳生不会接受。有一次，奶奶又与他提起自己的婚事，赵淳生非常果断地说："除了王凤英，我谁也不要。"奶奶亲耳听到孙子的心事，也知道了王凤英的名字，从此，为了孙子的婚事，她自己蒸了米酒，多次请三女婿吴克昌为赵淳生和王凤英算八字，看他们命中是否有缘。

　　吴克昌当然愿意为丈母娘尽孝，很是尽心尽力，半点都不马虎。他拿着八卦书精心测算四五次，所有说过媒的女生，人家介绍过的女孩，包括他自己的女儿，他都一一算过，居然每次结果都显示赵淳生与王凤英最相配。于是，他大胆地告诉了丈母娘：王凤英的八字大，可以包容赵淳生一辈子，可以为他解囊相助，可以与他同甘共苦，可以助他事业有成，可以包容他的一切错误，鼓励他的一切成功，甚至赵淳生生命有危之时，她都会千方百计挽救……三女婿的这番话，把丈母娘说得眉开眼笑，连连点头："那就是这个王家妹子了！"原来，孙子"要么不娶，要娶就要娶王凤英"是命中注定的。

　　从此以后，奶奶对孙子的终身大事可算放心了！她开始转变态度，嘱咐赵淳生与王凤英好好相处。赵淳生并不知道奶奶背着他所做的一切，还以为是自己态度坚定，博得了奶奶的支持，为此，他还暗自得意了一番。

　　王凤英当时更不知道奶奶的态度，以及她老人家在背后的那么多的"小动作"。只知道自己家人不支持，尤其父亲还反对。不过，她反正平时不在家，可以不与父亲谈及此事，加上当时学习任务又重，就打算往后拖拖再说。

　　多年后，那是2006年7月，王凤英已经七十出头了，与赵淳生一起在南京生活多年后，想回老家长沙看看。赵淳生奶奶的三女婿吴克昌老先生已经80多岁了，碰巧住在他在长沙工作的大女儿家。小时候，王凤英和他的女儿、女婿都是同学，现在又是亲戚了，多年不见彼此也很牵挂，就邀请王凤英到家里来玩。一进门，吴老先生出来热情迎接。王凤英过去只是听赵家人说过他，却从未见过面。初次见面就说："我们都上了年纪了，还未见过，您认识我吗？"吴老先生哈哈笑起来："我不但认识你，还知道你叫王凤英，1936年4月13日生，是我的侄媳……"嘿，真奇怪，他怎么连生日都知道？此刻，吴姑父的话匣子彻底打开了，把奶奶多次请他测八字的事倒了个底朝天，过往的一切如数家珍。眼前这位80多岁的老姑父，思维清晰，说起几十年前的事，有条不紊。比对赵淳生和王凤英几十年走过的路，还真有点八九不离十。他们结婚后的坎坎坷坷，碰到的一个又一个困难，特别是赵淳生20年前生的几场大病，差点命归黄泉，那期间在无人帮助的情况下，他还坚持工作，研究出新型超声电机；无钱买设备，面对梦想无法实现的现实，就一步步艰难推进，一步步努力克服，最终由放牛娃成长为中科院院士。也许是巧合，他们的经历与老姑父算的命，竟然如此吻合，真是不可思议呀！

　　更不可思议的事还在后头。在大学三年级时，经父亲生前好友介绍，赵淳生曾想去醴陵拜见一个在湖南医学院学习的女学生。大人的意图是不言而喻的，但由于途中发生的意外，让赵淳生与这个医学院漂亮的女生无缘相见。

那是1959年，他第一次回家过暑假，同行的还有几位同学。几个农村长大的孩子，要到大城市去了，多少有些激动。尤其赵淳生，他性格有些大大咧咧，不仅讲话大嗓门，动作也毛手毛脚的。一上车，看见对面座位上坐着一个穿着时髦的中年女人，她一个人和一个行李占了一排座位，而她的旁边居然站着老老少少一堆人。一向爱打抱不平的赵淳生，二话没说，上去就与那个女人理论，直到对方妥协为止。火车经上海到醴陵站时，赵淳生连忙下车。走到检票口时，才发现自己把钱包丢在火车上了。

身无分文的赵淳生，不仅无法去醴陵与医学院的女大学生约见，连回家都成了问题。没办法，只好让车站管理人员为他开了张证明，按原路返回。

几乎是同时，已上湖南第一师范学校的王凤英，经哥哥介绍与他最好朋友的弟弟认识。显然，大人都有明确的意图。王凤英也不是不知道，但由于自己读书都是由哥哥资助，如果在这件事上违背哥哥的意愿，从情感上也说不过去。就这样，王凤英与哥哥介绍的那个男孩，有了书信往来。然而，王凤英本人并不喜欢那个男孩，他又远在东北的部队工作，两人也没什么共同语言，感情一直发展不下去，不久还是停止了联系，真是有缘无分啊！

两年后的1958年，王凤英从长沙第一师范学院毕业，由于品学兼优，被校方保送到北京师范大学继续深造。她多想把这个消息告诉赵淳生呀！但怎么告诉呢？上次在学校草坪遇到赵淳生，由于分别匆忙，也没留个联系方式，后来只是听说赵淳生被保送到了南京航空学院，但具体情况比如在哪个班级、联系方式等都不知道，王凤英只能干着急。

大学一年级暑假的一天，在校园散步的王凤英，遇到一个外地来的女学生。两个人随便聊起来，王凤英知道了这位女生叫李赛，是从南京航空学院来的，眼睛顿时一亮，她自然想到了同乡同学赵淳生。结果一问，这个女生居然认识赵淳生，他们同系同年级，只是不同班。那个年代时兴出黑板报，一个年级负责一块，他们是在出黑板报时认识的。赵淳生不仅能写稿子，还擅长板书，样样都行。于是，王凤英托她带一封信，特意交代不用面交，只需放到赵淳生班级信箱里。在这封信中，她告诉赵淳生自己在长沙第一师范毕业后，被学校保送到北京师范大学学习，并留下具体的通信地址。王凤英想借这个偶然的机会，抱着试试看的想法，毕竟与赵淳生失联几年了，以前有许多话未讲透，暑假给他写的信也不知是否收到？那时的赵淳生已经读大学两年了，说不定已经有了女朋友……请这位李同学带封短信，互通一下消息总比不联系好。

没过半个月，王凤英就收到赵淳生一封洋洋洒洒的长信，字里行间都透露着赵淳生无法抑制的喜悦和激动！原来，几年来他也一直在找王凤英，王凤英那年暑假寄到家里的信，由于那年暑假他刚巧未回家，加上信上署名是"王祥辉"，家人不知道就是王凤英，也没把信转给他。信中，他详细诉说了这么多年的进步，以及生活的情况。总之，千好万好比不上党的关怀和帮助好！否则就没有他赵淳生的一切。

从此，他们一直以书信交流。至今，赵淳生仍然保留着那些书信，足足有一尺厚。每封信的页面，都被岁月侵染得发黄，很多段落还被他用红笔标注。仔细看才知道，那些被标注的段落，都是他们感情发展的重要阶段。

翻看这些老式的书信，知道这长久的缘分真是上天注定的。同乡、同学、同志，三个"同"字，把他们的一生紧紧地联系在一起。所以，哥哥介绍的男友也好，父亲生前好友介绍的女友也好，那不过都是插曲。这青梅竹马的姻缘，牢固得可以扛得过一切外力的干扰，仅仅凭借着书信，就可以鸿雁传情。

从最初的同志相称，到后来的直呼其名，再到最后的"淳""凤"，两个人的关系发生了质变。与所有的恋人一样，他们之间虽然也发生过激烈的争执、误解，甚至矛盾，但最终他们还是回到同一轨道上来，并决定把对方作为终身伴侣。

1959年的1月12日，在给赵淳生的一封信中，王凤英这个北京师范大学的高才生，用普希金的一首《我曾爱过你》的诗，含蓄地表达了自己的爱情。

爱情
也许在我的心灵里
还没有完全消亡
但愿它不会再去打扰你
我也不想再让你难过悲伤

我曾经默默无语地
毫无指望地爱过你
我既忍受着羞怯
又忍受着嫉妒的折磨
我曾经那样真诚
那样温柔地爱过你
但愿上帝保佑你
另一个人也会像我一样的爱你

借用这首诗是想试探赵淳生，毕竟，读大学的赵淳生身边也不乏美女、才女，对她的感情是否变了，王凤英心里还真的没有底。她只知道，他在多封信中都说自己在大学没谈恋爱，一直在找王凤英，他不敢给王凤英的老家写信去，是怕王凤英的父亲发现，如果他拿到赵淳生写来的信，肯定会撕毁它。但从小立下的"非王凤英不娶"的誓言，始终没有动摇过。

通过一年多的密切联系，王凤英确定赵淳生爱得很坚贞，她再也没什么疑虑了，连忙写信给长沙的大哥，告诉他自己的决定，请大哥再征求一下母亲的意见，而父亲的意见以后再说。

长沙大哥认为赵淳生不错，家里虽然穷，但本乡本土知根知底，尤其他孤身一人却知道刻苦读书，如今上了南京航空学院（现南京航空航天大学），足以说明是个好孩子。大哥在回信中明确支持，并说母亲及家人也没有意见，只是父亲有些想法，但家人都知道那是老观念。的确，现在父亲再也不公开说反对的话了。

1960年寒假，在赵淳生的邀请下，王凤英来到地处六朝古都的南京航空学院。古朴的校门、高大的梧桐，所见到的一切都让她惊讶。更惊讶的是目睹了赵淳生的生活现状。1956年进校发的棉袄，穿了整整4年，中间棉花都磨没了，赵淳生也舍不得扔。当时的赵淳生半脱产学习，因为学校缺教师，还没毕业就被选为教师，每月虽然有43元工资，但原来的助学金取消了，这40多元还得负担奶奶的生活，经济很是拮据。白天趁赵淳生不在，王凤英便在教师单身宿舍替他翻新棉衣，赵淳生穿上时高兴极了，觉得全身暖洋洋的，这不仅是恋人王凤英的劳动成果，也代表着他们之间情深意浓的爱情。后来，王凤英拼拼凑凑又为他缝了几件衬衣、短裤，这样凑合着总可以勉强过冬了。最初只是想利用寒假来南京看看赵淳生的王凤英，没想到还能帮他做这些生活上的实事，也感到无比的快慰。

1963年暑假，王凤英从北京师范大学毕业，被分配到北京市小汤山中学。而此时赵淳生留校已经三年了，这年寒假他正好带学生赴沈阳航空工厂实习，实习结束后学生返校，他中途可以到北京看看王凤英，同时向她提出结婚之事。

1960 年寒假合影

1964年青苗留影
上海迁京国宾照相

他们的结婚照

对于结婚，王凤英觉得还没考虑成熟，刚好有个亲弟弟在西北工业大学与她同时毕业，被分配到北京核工业部工作。王凤英找弟弟商量后，才同意赵淳生来北京商量结婚之事。

当赵淳生只身来到北京汤山第一中学时，王凤英立即向校长汇报了情况。听完王凤英的汇报，校长觉得他们恋爱多年，条件成熟，可以结婚，立即开了证明，让王凤英到小汤山镇派出所领取结婚证，顺便带些糖果回来。当时学生已放假，全校教师还要召开大会，就在大会结束时，校长突然宣布："告诉大家一个好消息：今天，南京航空学院青年教师赵淳生和我校青年教师王凤英要结婚了！"几个青年教师马上跑到门口，把事先准备好的糖果发给大家，随即，大家兴高采烈地把新郎新娘送入"洞房"。所谓的"洞房"，其实就是王凤英的宿舍，与她同住的另一位女教师放假回到北京的家，宿舍就成了他们的洞房了。

寒假变成了婚假，学校也成了"家"。在单身宿舍里，王凤英把两张单人床一并，就成了"婚床"。接下去的日子可怎么过呢？北方天气寒冷，屋里靠煤炉取暖、烧饭，而生炉子是门技术活儿。南方农村出生的赵淳生、王凤英，什么苦活儿累活儿都干过，但生炉子的活儿可从来没干过；棒子面做窝窝头，没干过；包饺子、擀面条、包包子，也没干过。新婚后的第二天，俩人傻傻的不知从何下手，这个时候有人敲门，原来是留校的白洁云老师，手里还端着一大盘热腾腾的饺子。进门看房间冷冰冰的，立刻动手生炉子。"关键要把煤烧透，炉门不能开太大。"白老师边说边做，十分麻利。不一会儿，火苗就窜出来，越烧越旺，屋子也开始暖和起来了。赵淳生和王凤英开心极了，连连道谢。临走，白老师还说改日过来教他们包包子，食材由她负责带过来。

这位热心的白老师，解了他们的燃眉之急，真是好人啊！但这不是长久之计呀！王凤英决定一日三餐她自己做，烧饭、炒菜她都擅长。不过，当时大米、蔬菜、肉类、鸡蛋、鱼，还有很多副食品都要凭票购买，而王凤英是集体户口，各种票证都拿不到，有劲也没处使。

一天，天气很好，他们在学校附近散步。走着走着，他们发现马路下边有条小河，河水浅浅的，还有不少小鱼。赵淳生灵机一动，马上脱下鞋袜，卷起袖子，下河用泥巴堵水，上河堵一节，下河再堵一节，把水往下挤，很快中间那节水就干了，留下各种鱼，鲫鱼、泥鳅什么都有，不一会塑料袋就装满了。王凤英还在河边挖了些野菜，后又到镇上买来西红柿、地瓜，不要票的米和小电饭锅，回到房间把炉子勾勾，不一会炉火就旺了，他们就把从河里抓的、地里挖的、市场买的各种食材一起烧上，那顿饭吃起来真香呀！

这件事一下子传开了，十几位留校老师纷纷来询问。看到大家赞叹、羡慕的样子，加上当天还剩不少鱼和菜，王凤英决定第二天中午来个大会餐，有什么带什么。结果有的带饺子，有的带面条，有的带烧饼，王凤英和赵淳生提供一大盆米饭、一大盆鱼，还有炒野菜，等等，真是丰盛极了！这种自助式的会餐是王凤英的独创，大家从未体验过，吃得高兴极了。

不知不觉，寒假生活就要结束了。这个假期可以说是赵淳生和王凤英人生的一个重要转折。他们完成了人生结婚大事，同时也开始了异地生活。赵淳生仍回南京航空学院工作，王凤英被借调到学校所在的区教育局工作。一个在南京，一个在北京，但并不影响他们以书信互相鼓励、关怀、爱恋。

1965年4月，王凤英在区教育局工作暂告一段落，被要求回到正缺数学教师的学校带课。但她知道自己不可能长期在北京，丈夫赵淳生在南京，而现在的工作单位既不靠老家湖南又不靠南京，将来工作、生活中必定有不少困难，所以，趁此机会就向组织提出工作调动。经过反复向组织申请、协商，终于在1965年10月调入南京市物资学校（中专）任数学老师，并在1966年7月生下了大女儿赵颖。此时，史无前例的"文化大革命"也开始了。

南京物资学校本来是江苏省物资局筹办的一所物资管理技术学院，因筹备工作紧，第一届招8个班作为中专班试办，但课程全部是大专内容，"文化大革命"结束后，并入现在的江苏省财经学院。

初建的学校各方面都未步入正轨，加上"文化大革命"的干扰，上上下下不知如何开展工作。王凤英到学校报到只上了几个月课，学生就全部散了，参与社会大串连、大造反，成立各派组织……教师则全部下厂劳动改造，接受工人阶级再教育。到"文化大革命"中期，全校师生员工都到南京轴泵油嘴厂和工人一起劳动。"文化大革命"末期，学生全部留在厂里当工人，教师回校复课。而王凤英留在了厂办公室，后来又被调到南京市机械局人事处工作，直到退休。

1969年9月，二女儿出生。从来没有一个完整家的赵淳生，第一次感受到了天伦之乐的幸福。

尽管20世纪整个60年代，受到"文化大革命"的影响，国家经济建设停滞不前，老百姓生活都不富裕，但早已习惯过苦日子的赵淳生，从来没有感到苦。

中国超声电机领域的
开拓者赵淳生

南航航空宇航学院为赵淳生院士70华诞举行了隆重的庆祝会（2007.11.07）

相反，因为他与王凤英长达十年的爱情终于修成正果，他们共同经营的这个小家，给了他从来没有的幸福与快乐。

这种坚固的爱情力量非常强大，无论发生什么天灾人祸，无论发生什么分歧；无论年轻，还是年老；无论健康，还是疾病，都不曾将他们分开。尤其，在他们中年丧女、在赵淳生身患重大疾病期间，这爱情经受了更为严峻的考验。但无论发生什么，他们都一路相互扶持，相濡以沫地走了过来。

晚年的王凤英，因为这样的爱情也焕发着勃勃朝气。她在年近八旬的时候，用了整整3年时间，用38万针将丈夫赵淳生的半身照，一针一线地绣了出来。为了逼真，她用的线非常细，需要不停地换线，每一针都不能出错。每天，赵淳生出去工作，她在家做完家务，就戴上一副老花镜，对照着20多页的图纸，一针一针地绣。每一针都是王凤英的心，真是"慈妻针针线，线线连妻心"。

绣品的尺寸很大。这幅大尺寸的绣品，被老年的他们郑重地挂在客厅最显眼的位置。此时的他们，经常坐在沙发上，相互依偎着，尽管满头白发，但脸上却绽放着幸福的微笑。如果不是有人介绍，谁都无法看出，这幅画像是用针线绣出来的。这逼真的背后，饱含王凤英长达70年的真情，也让每一个局外的人，对这样的爱情肃然起敬。

王凤英为赵淳生绣制的人物像

　　2007年11月7日是赵淳生70华诞，南航航空宇航学院为他举行了隆重的庆祝大会，时为校长的王福平教授在会上对赵淳生做了高度的评价和热烈的祝贺。参加会议的除校内的领导、老师和在读研究生外，还有来自全国各地赵淳生培养的博士、博士后和研究生们，共80余人。

　　2015年6月2日是王凤英八十大寿。女儿赵颖将他们接到美国，亲自为妈妈烫发，为她做寿。在家短暂休息一个星期后，安排了庆祝母亲八十大寿之旅：从旧金山出发，先到丹麦、瑞典、挪威、德国、爱沙尼亚、俄罗斯、芬兰，再回到瑞典，然后再回到旧金山的家中。沿途浏览了很多景点，拍了上千张纪念照。赵淳生从这上千张照片中，精心挑选了80张，制作了一本专辑，作为他们一辈子的纪念。

在瑞典（2015.5.23）　　在德国柏林墙（2015.5.27）　　在游轮上（2015.5.30）

　　回顾八十年来赵淳生与王凤英携手走过的历程，风风雨雨，坎坎坷坷，从美好的童年——相恋的青少年——结婚后的中年、壮年——相濡以沫的晚年，俩人的一生是有所成就的一生！是令人羡慕的一生！是让人快乐的一生！也是最最幸福的一生！！

中国超声电机领域的 开拓者赵淳生

⑩
中年丧女之痛

1965年的2月，赵淳生终于与王凤英结婚了。从此，这对伉俪携起手，开始他们既充满温馨幸福，又充满波折艰辛的家庭生活。

此时，赵淳生仍然在南京航空学院飞机强度教研室工作，直到1965年10月，王凤英从北京调到南京，他们才结束两地分居的生活。他们的家就安在王凤英单位职工宿舍一间不大的单元内。

1966年7月，大女儿赵颖出生。那年，正赶上"文化大革命"。几乎是在一夜之间，"左"倾狂热以迅雷不及掩耳之势席卷了整个中华大地。"停课闹革命"成为势不可挡的洪流，学校无法上课，很多老师一下子成为被批斗的对象，王凤英也在被批斗的范围之内。

单位住房北面的窗前，有一棵高大的梧桐树，"文化大革命"一开始，几个"红卫兵"就爬到树上，装上一个大喇叭，每天都对着窗户喊叫："大老保王凤英，你被小老保保住不出来，你快点滚出来，接受批斗！"有一天，在家坐月子的王凤英，被冲进来的"红卫兵"猛批一顿，临走前，他们还把王凤英那个小小的家，从里到外，从上到下，都贴上了大字报，然后扬长而去。此时的赵淳生也被打成"保皇派""反革命""开除了党籍"。"文化大革命"中，这对夫妇受到了严重的"冲击"。

1969年9月，小女儿赵舸来到这个世界。两个女儿的到来，让这个家庭充满了温情和快乐。对孤儿赵淳生来讲，这一切是多么的可贵。

转眼到了1978年。这一年召开的党的十一届三中全会做出了改革开放的重大决策。同年，我国开始派遣科教界精英赴海外留学。1979年，全国掀起了出国热潮。同年，南京航空学院（现南京航空航天大学）根据"重点培养，鼓励冒尖"的方针，选拔骨干教师去国外进修或攻读学位。1980年，赵淳生成为学校选拔的首批出国进修的骨干教师，到法国进修两年。

那个年代，出国手续极其复杂。所以，从被选拔出国，到真正走出国门，办理各种审批手续就拖了近两年。显然，这段等待的时间不能浪费。为了学习法语，他每天都要从三牌楼的家，骑车去南京大学与法语老师练口语。一直到1981年的6月，出国日子终于定下来了。全家人十分高兴，王凤英忙着为即将出国的赵淳生准备各种物品。为了欢送他出国，全家还专门到照相馆拍了张合影。

而此时，小女儿赵舸恰好考上初中。这一天，一向喜欢花草的赵舸，身穿妈妈为她做的的确良裙子，手握一把小锄头，蹲在自家院子里侍弄花草。这时，

全家欢送爸爸出国（1981.6）

正要去学校的赵淳生看到女儿，心想自己下月就要出国，到学校的机会不多了，女儿刚好放假在家，可以带她到学校借书看看。

听说爸爸要带自己去南航的图书馆借书，赵舸非常高兴，她二话没说，跟着爸爸就走。

赵淳生骑着一辆二八自行车在前，赵舸骑着一辆二六自行车在后，父女俩一前一后上了路。行至原南京军区总医院时，后面跟着一个骑车男青年，他先从左边超过赵淳生，又挤到右边要超赵舸。此时，赵舸刚好跟上来，对前面突然冒出的骑车人，只有12岁的赵舸不知道怎么躲。正在这时，那个男孩向左一歪，一下子碰到赵舸右车把。如果是大人，对这样的冲击是可以掌控的，但赵舸毕竟只有12岁。谁都没有想到的是，就在赵舸顺着惯性向马路中间一侧摔倒的刹那，一辆大卡车正好从她的身后开过来……

就这样，只有12岁的小女儿赵舸，就在赵淳生去法国留学前夕，被这场意外的车祸夺去了生命。

"出车祸了！一个小姑娘被撞倒了。"看见马路四周男男女女向自己这个方向跑来，赵淳生也不禁回头望去。这一望不要紧，只见身后一辆大卡车的车轮下，竟然躺着自己的女儿。此时，赵淳生脑子"嗡"的一下，眼前发黑，双腿发软，大脑一片空白。几秒钟后，等他缓过神，马上扔掉手握的自行车，向车祸现场跑去。

"没气了！可怜的孩子！""太惨了！太惨了！"人们你一句、我一句地议论着。

他用尽力气挤进人群，用最快的速度，抱起被车轮压倒的女儿。边哭边喊："赵舸，我的孩子！赵舸，你醒醒呀！赵舸，我的宝贝女儿，你醒醒呀！"然而，不管赵淳生用多大的力气呼唤，一向天真活泼的女儿，此刻却变得出奇的安静，随你怎么叫她、怎么摇她，她都安安静静地躺在父亲的怀里，一声不吭，一动不动。

此时，赵淳生感到心脏好似被人猛地戳了一下，一阵揪心的痛袭来，一下子晕了过去。

以后发生了什么，他似乎都无法记得。但在意识到女儿已离他而去的那一霎，从他心口反射出来的是一阵强似一阵的剧痛。那种痛是从来没有过的，以至于让他刻骨铭心，永远无法忘怀。无论何时何地，只要想到小女儿死于车祸，一直乐观坚强的他，顿时就会泪花闪闪，哽咽难语。

"悲喜人生"。有人这样给人生下了定义。的确，在改革开放初期，能被第一批选拔出国的人凤毛麟角，这对一向以事业为重的赵淳生来讲，真是天大的喜事！然而，人生莫非就是悲喜的轮回？大喜过后，就是大悲。对赵淳生而言，中年丧女是他一生中最伤心、最痛苦、最不愿意提及的悲事。这悲事，随着这喜事，就这样接踵而至。

1981年7月25日这天，巨大悲痛顿时笼罩在赵淳生家。得知女儿车祸死了，王凤英顿时晕倒在地。陪同她回家的机械局领导，以及闻讯赶来的同事、邻居们，连忙把昏倒在地的王凤英抱到床上，按住她的人中穴。只见王凤英一时晕、一时醒，醒来时一边哭、一边喊："赵舸呀！赵舸呀！活生生的女儿，你到哪去了，你回来吧，回来吧！"

"我的舸儿死了！可她才刚刚12岁呀！老天呀，她才12岁呀！"王凤英伤心得近乎发疯。正在床上看小说的大女儿赵颖，被这样的哭声吓得脸色发白。那是一种撕心裂肺的哭泣，更是一种无所顾忌的哭泣。长这么大，赵颖还是第一次听见妈妈这么放肆地哭。

就在当天早上，赵舸刚刚穿上她期待已久的的确良裙子。以前家里生活困难，他们夫妻俩工资加起来只有112块。这些钱，他们既要养小家，还要时不时支持湖南老家的亲人。很多时候，全家四口一顿只有两个鸡蛋可吃。赵舸的衣服总是捡姐姐穿旧的，盼了很多年的的确良裙子，只能在考上初中后兑现。这么多年，孩子跟他们没过什么好日子。现在，日子刚刚有些好转，小女儿就这么走了？她实在无法接受这突如其来的车祸。有些丧失理智的妻子，不停地声讨、谴责着丈夫，有时甚至是捶打！

"你还我赵舸！你还我赵舸！"她一遍一遍不停地哭诉着，揪心地哭诉着。

这个世界什么东西都可以偿还，唯有生命真的无法偿还。因此，赵淳生无法面对捶胸痛哭的妻子，也无法面对妻子的谴责和声讨，自己活生生的骨肉就这样悲惨地失去了。

第二天，人们含着泪水，无助地看着这个小小的生命被火葬。处理后事的那些时辰，他们伤心、他们难过、他们悲痛欲绝，让最后的告别声嘶力竭。

此时的赵淳生，目光茫然而麻木。他的灵魂似乎随着女儿飘走了，顿时失去了所有的力量和支撑。面对悲痛欲绝的妻子，与妻子有着相同感受的赵淳生，无法开口说一句话，只有沉默、再沉默，只能看着妻子眼睛在流泪、心中在流血的可怜样子！

　　沉默中，赵淳生不止一次地问自己："人类忍受痛苦的极限在哪里？谁能告诉我？"他不知道，那一阵阵袭来的锥心的痛，何时才能消失？那是真正意义的痛，从前遭遇的所有皮肉之痛，与此时此刻从心里迸发出的痛，简直无法相提并论。这痛就像茫茫大海，他被深深地淹没其中而不能自拔！

　　时间一天一天过去了，离出国的日子也越来越近。怎么办？怎么办？只要稍微理智一点的时候，他就会思考另一个更为严峻的问题——出国深造毕竟是他从青年起就梦寐以求的。

　　"谁又能告诉我，我该怎么办？"一边是伤心的妻子，一边是难得的求学机会，赵淳生陷入失去女儿的伤痛和事业冲突的巨大漩涡之中。只有四口人的家庭，死掉一个，如果再走掉一个，这让妻子如何承受？又让自己如何忍心？去，还是不去？去，需要多大的毅力；不去，又需要多大的决心。赵淳生真的难以抉择。

　　当妻子沉沉睡去时，赵淳生独自在书房，一坐就是一宿。他想的事情很多，他想到自己的女儿，想到自己的理想；他想到自己的小家，也想到自己的国家。作为男人，他对这个小家有不可推卸的责任，但作为党培养的知识分子，他对于党所领导的这个国家，同样具有不可推卸的责任。

　　按常理，悲痛万分的赵淳生完全可以取消这次行程。亲朋好友也劝他：家里发生这种事，出国学习就算了吧！但从事人事工作的王凤英，深知公派出国机会难得！当时，大学教师一个月工资只有56元，而去法国来回的机票国家就要掏4000多元。那时中国经济落后，科技也落后，国家太需要科技人才，太需要尽快把科技搞上去，把经济搞上去。而这一切，靠的是具有国际视野、掌握先进知识的科技人才。面对难以抉择的丈夫，王凤英含悲隐痛地说："淳生，我知道你很难！这些日子，我也天天在想，天天在哭，但我们必须理智一点，共同面对这个难题。为赵舸放弃这次出国学习的机会，大家都可以理解，但赵舸却无法复活呀！所以我们只有坚强，按计划去法国学习。我在家好好带大女儿赵颖，让她学业有成，弥补我们失去舸儿的损失！"妻子的一番话，让犹豫不决的赵淳生一下子坚定了信心。

　　"我不能就此崩溃，也不能就此消沉。我还有责任，对党、对国家的责任。"一心想要用知识报效祖国的他，在妻子的理解支持下，最终选择抓住这次难得的学习机会。

　　就这样，带着人生莫大的悲痛，赵淳生毅然走出了国门，到法国深造。他

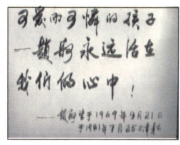

爱女赵舸车祸丧命

要用学到的知识，为国效力。

临行之前，细心的赵淳生特意跑到新街口百货大楼，买了一个精致的衣箱。回到家里，他亲自把女儿生前用过的物品，一件件放进去，装了满满一箱子。箱子里有一本精致的相册，收集了女儿生前每一张照片。在相册的扉页上，他这样写道："可爱的可怜的孩子——赵舸永远活在我们的心中！"以后，他们搬了几次家，每次，他都把这个小箱子带上。直到现在，赵淳生依然完好地保管着那个小箱子，不离不弃。因为，那里不仅存有他小女儿的气息，还有她短暂的生命！

赵淳生既是南京航空学院首批出国的教师，也是赵淳生所在单位——振动研究室首个出国的教师。出国临行前，研究室为他举行隆重的欢送会。

和张阿舟教授告别留影　　　出国临行前，赵淳生（前排右1）受到全研究室
　　　　　　　　　　　　　　　　同事们的热烈欢送

1981年10月11日，是赵淳生告别家人的日子。为了这一天，他足足等了漫长的一年。但一场天大的意外，让本来既焦急又兴奋的赵淳生，变得凝重而悲伤。这天，距女儿赵舸出事不到三个月。

前来为赵淳生送行的人，心情也有些复杂。毕竟，伴随着这样的远行，一个年轻的生命从他们的视线里永远地消逝了。人们站在火车站台，低声嘱咐着即将独自奔赴异国他乡的赵淳生。

时间呀，你再慢点儿，让我们多看看这位带着祖国和人民重托却失去了爱女的父亲几眼！

人间有爱，火车无情。它终于发出残酷的"呜呜"声，车轮伴随着鸣叫，也"咔嚓咔嚓"转动起来，由缓渐急。此时的赵淳生，从绿色铁皮车窗中探出身来，不停地挥手向前来送行的亲人告别。当他看见夫人王凤英与大女儿拥搂在一起时，一直忍着的眼泪不禁流了下来！

爸爸经过一年漫长的等待，终于踏上了出国学习的征程，去完成祖国和人民交给他的重任。车站告别的情景至今仍深深地印在我的脑海里。爸爸强忍着痛苦，微笑着向众多前来送行的同志告别。当我最后和他握手时，我感到他的手是那么温暖有力，一股暖流在我的周身涌动……妈妈含着眼泪，默默地望着爸爸，当火车远去，爸爸的手还在挥动着，而妈妈的泪却滴了下来，不停地流啊……

——赵颖高二时写的一篇回忆文章

而夫人王凤英在赵淳生去法国后的第一封信中这样写道：

离开您的那时刻，我把眼泪掖在肚子里。火车徐徐移动，看着您的招手，眼泪夺眶而出，再也忍不住了。一直到出站，眼泪都不停地流。心里真不是滋味呀！

希望您能以理智、毅力战胜一切忧伤，把精力和时间真正用到学习上去。

——1981 年 10 月 28 日

赵淳生到法国后给家里的第一封信，女儿也是个不得不谈及的话题，为了安慰远在国内的妻女，他这样写道：

凤英，这次我们发生了如此不幸，我又忍住悲痛，离开了您，这使您更加伤心和孤单。这是我们人生中最痛苦最艰难的时期。尽管我内心是痛苦的，但我要以坚强的毅力加以控制，把思想集中到学习上……

——1981 年 11 月 19 日

在法国很多夜晚，只要一闭上眼睛，眼前就是那辆大卡车以及女儿凄惨的面容。然后，就是流泪，直到入睡。睡梦中，不是女儿在深渊挣扎，就是大声呼叫爸爸来救她。结果，从噩梦中惊醒的赵淳生，只能蒙上被子哭，免得惊扰住在隔壁的人。到了白天，他把巨大的悲痛深藏心底，全身心投入到学习中。他惜时如金，如饥似渴，以至于没有人能看出，这是一位刚刚失去爱女的父亲。

而此后的王凤英，在很长一段时间内都陷入失去女儿的巨大伤痛中不能自拔。一家四口，突然之间少了一半，一个远走，一走就是三年；一个永别，一别就是一世！

这场车祸让王凤英精神受到极大的刺激。每当夜深人静时，小女儿赵舸就会浮现在眼前，她的一颦一笑，怎么都挥之不去。还有，她期待多年的的确良裙子，在出车祸的那天竟然穿着！一想到这些，王凤英就会流泪不止。有时，一觉醒来的她，依稀记得梦中的自己也在哭泣，醒来时枕头还湿着。

从那时起，她就不停地流眼泪，几十年下来，眼睛受到了极大的伤害；从那时起，她的睡眠也出了问题，从害怕睡觉，到睡眠减少，再到入睡困难，无时不折磨着她。

很长一段时间，她整天都提心吊胆，生怕大女儿赵颖也出事。每天要是到了五点大女儿还没走进家门，她门也不关、煤气也不关就冲出去找女儿，经常是隔壁邻居张阿姨帮她关上。一路上，她手脚发凉，胡思乱想，直到见到女儿，握住她的小手，一颗悬着的心才能落地。

大女儿赵颖的班主任是位女老师，很能理解王凤英失去女儿的心情。那时，这个家唯一的男人赵淳生又远在法国，要真出了什么事，这一家可怎么办？为此，他们不让赵颖参加一切课余活动，放学就催她早早回家，好让母亲放心。

大女儿赵颖同样为失去妹妹而伤心。她在一篇回忆文章中这样写道：

去年7月的一天中午，我正在家里读小说，突然，妈妈的两个同事来到我们家，在里屋同妈妈说了些什么，于是我听到妈妈撕心裂肺的哭声："我的赵舸！"不幸降临我们家，我天真可爱的妹妹惨死于一场可怕的车祸……

从前妹妹活着，我动不动就与她闹点小摩擦。然而，现在我虽然得到父母双倍的爱，失去妹妹的孤独却是他们所不能给的。人们常说，珍贵的东西只有失去，才能体会到它的美好。我现在深深地懂得了这话的涵义。

——赵颖高二时写的一篇回忆文章

在一封写给赵淳生的信中，她这样写道：

爸爸，二十五号快到了，妹妹离开我们快一年整了。这几天，是我们很伤心的日子。特别是妈妈。那天晚上，她做梦哭了。我心里难过极了。到了今天我才懂得，让你忘掉一个曾经给你带了快乐的人，是不可能的事情。爸爸，你别难过，如果你的女儿提起让您伤心的事，就原谅我吧！从今天起，我不仅要做个好学生，还要做个好女儿，我们这些做儿女的，对父母有着永远还不完的债。

——1982年7月16日

就在这次家庭重大变故中，赵颖更加懂得了父母对孩子的那种爱。也知道，这个妹妹无论对于父母，还是对于自己都是那么的重要。

父母的悲伤告诉我：父母对于儿女的爱是多么真挚而热烈啊！爸爸对我说："孩子，你不懂，爸爸妈妈是多么爱你们。我从小没有了父母，没有体会到爸爸妈妈的爱，我知道没有爸爸妈妈日子的艰难。所以，我全心去爱你们，让你们不再像我那么苦。生了你们两个，是想让你们将来有个伴，爸爸妈妈不在时，好互相有个照应，可现在妹妹不在了，以后只有靠你一个人了！"

——赵颖高二时写的一篇回忆文章

更深地懂得父母之爱的赵颖，在以后的日子里，用自己的行动，给予父母最大的安慰和爱。

赵淳生在法国期间，大女儿赵颖经常给他写信，交流思想，汇报学习情况。尤其在高考前夕，她更加努力，分秒必争，不仅高中成绩优异，高考也取得"高分"，1984年考入南京大学数学系。女儿的成长和进步，给异国他乡的赵淳生莫大的慰藉。

而赵淳生在法国的三年，不仅要克服语言障碍，克服学习、生活等方面的不便，还要承受失去小女儿的痛苦折磨。但凭借与生俱来的顽强毅力，他于1984年4月，一举拿下法国高等机械学院（巴黎）工程力学博士学位，回到原来的教学岗位，继续从事教学科研工作。

他深深地懂得，人生关键那几步一定要走好。为此，他开始引导在南京大学读数学的女儿。只要见到女儿，就滔滔不绝地讲西方发达国家的成就，尤其青少年对科学追求的精神，那里的科技、艺术、文化、教育、人文素养等，对中国人来说难以想象，只有身临其境才能体会到其中的博大精深。在他的启发下，女儿果真萌生了出国深造的想法，父女间的共同语言更多了。他们一起制定出国深造的计划。首先，他要求女儿把眼下的功课学好，力争大三就考托福；

然后，根据托福成绩报考学校，争取一毕业就到国外深造。

为帮女儿实现这个目标，赵淳生全力以赴。有一次，他骑辆破自行车去学校复印参考资料。途中，天空飘起了毛毛雨，地面也变得又湿又滑，结果拐弯时连车带人摔倒在地。由于屁股先着地，痛得半天都无法动弹。想到女儿在等资料用，他强咬着牙，慢慢爬起，忍痛骑回家，对女儿只字不提摔倒的事，生怕影响她的学习。也不去看医生，一直忍痛多天。那段时间，他成了女儿学习英语的陪读。每天早晨，父女俩就到楼下小树林里，放声朗读。晚上，等女儿做完功课，再带她背单词，每天要熟记200个单词，天天如此。

父女俩准备充分，不过临考前赵颖还不免紧张。结果，第一次参加托福考试时，她居然忽视了填报申请表这个重要环节，以为提前一个小时就够了。谁知那天拿表要排队，等排到她时表格却没了，无法参加五月的考试。面对这个意外，赵颖哭着跑到学校去找爸爸，赵淳生一边安慰她，一边帮她擦干眼泪，还带她到学校五龙桥旁的味芳小店，吃她最喜欢的牛肉锅贴。一边吃，一边安慰女儿："这次没考，可以多补习几个月，是好事。等下次考试，爸爸帮你排队去。"果然，第二次赵淳生早晨四点就起来，帮女儿排队拿到了表格。这次，赵颖不仅顺利参加了托福考试，还考了605的高分。之后，他们就开始联系学校，准备报考手续，忙个不停。

全家福（2011.12，南京）

美国学校是他们的首选。赵颖先自选了8所，填好表后让爸爸看是否合适。8所学校居然没有美国麻省理工学院（MIT）？赵淳生立即问赵颖是怎么回事。赵颖告诉父亲，考MIT太难了，申请表填了，但让她扔了。赵淳生说，投表才有希望，不投希望等于零。立即与女儿翻垃圾桶，把那份申请表捡了回来。没想到，居然被MIT录取了！

拿着MIT的录取通知书，赵颖激动得热泪盈眶，那可是美国一流大学的应用数学系呀，多少人连想都不敢想，如今她就要去那里硕博连读，这是何等的骄傲！

不过，没有父亲在她人生关键阶段的引导、帮助、扶持，就不会有今天的结果。赵颖决心用成绩回报父亲赵淳生！经过五年的拼搏，1992年夏季，她终于获得了 MIT 博士学位，并在美国工作至今。而她的丈夫，就是她在美国攻读博士时认识的，他们1989年结婚，生有两个儿子，大儿子随母亲姓，名叫赵辛波，毕业于美国加州伯克利大学；二儿子随父亲姓，名叫周士杰，2017年毕业于美国圣地亚哥大学。现在，一家四口其乐融融。

1988年，在美国麻省理工学院，女儿给赵淳生寄来这样的一张贺卡，赵淳生一直保存至今。那里，满是女儿对父亲的挚爱。

爸爸，爸爸，爸爸，爸爸，亲爱的爸爸
爸爸，爸爸，爸爸，爸爸，心爱的爸爸
啊，爸爸，爸爸，满口没牙，满头的白发
一天到晚嘻嘻哈哈，像个洋娃娃……
您为我付出了无尽的心血
我永远找不到合适的计量
您从不要我丝毫的回报
只是鼓励我不要彷徨
您时时把我的人生照亮
但又让我自由地飞翔
您让我感到自豪和幸福
因为在我的心中
您是那么完美和高尚
您以鲜明的鞭策和赞扬
教导我分辨丑恶与善良
您以无私和神圣的父爱
让我感到您总在我们身旁
多少次我总想让您知道
但总找不到机会对您讲：
"不论我到天涯海角
爸爸，您永远在我的心上！"

——1988年周楚新／赵颖贺于 MIT

当赵颖也成为母亲后，似乎更理解了父母之爱。作为赵淳生唯一的孩子，她要把妹妹的那份爱承接过来，双倍地爱着自己的父母。

每个人的一生，都有最艰难、曲折的时候。帮助赵淳生走出人生最灰暗日子的，除了亲人、朋友、同志、他自己，还有一位举世闻名的科学巨匠居里夫人。

很小的时候，他就从课外书中读过居里夫人的故事。刚去巴黎时，他开始进修的大学——巴黎第六大学就是居里夫人生前所在的学校。后来，又从各种渠道了解了这位不平凡的女性坎坷而辉煌的一生。他和居里夫人一样，都曾失去人生挚爱，也都有过极其艰苦的生活经历。居里夫人以顽强的毅力战胜了一切，最后成为名垂史册的科学家。

那时的赵淳生，时时把居里夫人当作一面镜子、一盏明灯，让他走在人生最黑暗的隧道时，依然可以见到远方的光明！

正是居里夫人，不仅帮助异国他乡的赵淳生在短时间内走出那段情感的阴影，也让他更加明确了自己的人生目标，那就是科技报国！

第二篇　求学

①
胖先生的启蒙

在中间瓦屋的后进，住着一位胖先生，名叫赵竹青，人称竹青胖子。他是晚清时的秀才，曾与从衡山走出的湖南省省长赵恒惕有过交往，并在当时的政府就职。六十岁上下时，回到了家乡。起初，在赵恒惕为家乡捐建的祠堂做事，后来，祠堂也不去了，干脆在家办起了私塾。

私塾是村里人向往的地方，能被送到那里读书的孩子都非常荣幸，而先生的要求也极其严格。跟他学习的都是白果镇附近的孩子，少时三五个，多时二十几个。不管什么年龄，先生不分班级，也不分科目，主要以认字、习字为主。一般，先生当天教过的内容，每人当天都得背熟。次日，逐一背对先生背诵。若既能背又认得字，就算过关。否则还要继续背诵，直到倒背如流为止。此外，每天还要写一篇毛笔字，也是根据水平，进度不一。

当时的私塾是一年为一学期，即正月十五开学，十月初一放假。由于学生各个年龄层次的都有，因此各人读的课本也不尽相同。有的读《三字经》《百家姓》《千家诗》《幼学故事琼林》；有的读《论语》《诗经》《四书》《左传》《尚书》《易经》；也有读《大学》《中庸》，基本上可以把中国古典书籍读个大概。

胖先生的教学不是义务的，但学费不收银子，而是"酒、肉、米"之类的实物。一般在每年的春节、端午、中秋三个节日交纳。米是半年交两斗，也就是100斤；酒肉就没有固定的斤两，由家长参照两斗米的市价酌情交纳。每次上课，他都念一遍他自编的顺口溜："平生写字笔墨酒，无酒写字字就丑，有酒写字字就好，请诸君自带笔墨酒。"由于竹青胖子经常诵读，以至于每个学生都能倒背如流，终生不忘。

白天交不起学费的赵淳生，只能在胖先生家的门口徘徊。从胖先生那间神秘房间里飘出的琅琅读书声，像磁铁牢牢地吸引着赵淳生。有人念"床前明月光，疑是地上霜。举头望明月，低头思故乡"；有人念"千山鸟飞绝，万径人踪灭。孤舟蓑笠翁，独钓寒江雪"；也有人念"贫居闹市无人问，富在深山有远亲"，或是"位卑未敢忘忧国，事定犹须待阖棺"。声调不一，此起彼伏，赵淳生真羡慕那些孩子们呀！

白天没有资格听胖先生的课，但晚上就可以与他近距离接触了。解放前，中国湖南的农村几乎没有什么娱乐，夜晚对孩童赵淳生来说显得很漫长。胖先生没来之前，天一黑下来，赵淳生只能趴在窗户上看夜空中的星星。它们一眨一眨的，就像宇宙的眼睛，亮晶晶的；它们一闪一闪的，像万盏天灯，让夜晚的天空呈现出流光四溢般的美丽。

自从这位胖先生住到了中间瓦屋后，夜晚的时光不再只有那些璀璨的星星，还有更为有趣的故事。原来，傍晚的竹青胖子只要喝上几口酒，顿时就会口若悬河。酒对这位旧时秀才而言，相当于"引子"，在它的催化下，才能让他肚子里的那些"干货"变成精彩的段子，牢牢吸引村里那些淘气的孩子。那时的赵淳生，就盼着早点儿天黑，他好坐在胖子先生身边，听他天南海北地胡侃。

赵淳生永远是孩子中对胖先生最痴迷的那个。每次，喝过酒的胖先生要开讲了，他就飞快地跑出家门，抢坐在中间瓦屋进门处那个大石墩子上。石墩子离胖先生最近，坐在上面赵淳生有种"一览众山小"的感觉，可以把胖先生每个表情、每个动作都看得清清楚楚。但最吸引他的，还是胖先生讲的那些段子，每个段子，每个故事，他都听得入神。

胖先生讲得太精彩了。从这位胖先生嘴里，赵淳生知道衡山以外的世界，知道从衡山出去的赵恒惕，除了担任湖南省省长，还带兵作战；知道湖南出了个青年才俊毛泽东，他带领学生专门反对赵恒惕在湖南推行的那些改良政策，让赵恒惕极为恼火。为此，毛泽东一时成为赵恒惕追杀的对象。但这个毛泽东是真的厉害，敢于与权贵叫板，太了不起了！每次胖先生讲到毛泽东，都会竖起大拇指来。

孙子的好学，奶奶都看在眼里。但家里不仅拿不出酒肉，更拿不出两斗米的学费。怎么办？不能眼睁睁地看着孙子被家门口的学堂拒之门外，只能在晚上蹭点故事听听，孩子将来要有出息必须读书。"万般皆下品，唯有读书高"的道理，奶奶似乎也懂。有一天晚上，小脚奶奶独自一人敲开了胖先生的家门，一进门，她就向胖先生弯腰叩拜不止。

"这个孩子可怜，先生看在他好学的份上，照顾照顾他吧！"在奶奶的再三请求下，胖先生总算答应了。他破例让没有酒肉和米可交的赵淳生，到自己开办的私塾里学习。

知道自己能进私塾学习是奶奶求来的，赵淳生就格外珍惜这来之不易的学习机会。那时，只有5岁的赵淳生就表现出对知识强烈的热爱与渴求。每次，只要一听说私塾的胖先生来了，他保准第一个抢坐到第一排，读起书来特别起劲，嗓门特别大，朗诵声都将屋梁上的蜘蛛网震得直颤。

"人之初，性本善，性相近，习相远……"每天在私塾里的赵淳生，跟着胖先生摇头晃脑地背诵着。以调皮出名的赵淳生，读起书来立马像换了个人，神情格外专注。胖先生要求背的课文，他都一字不漏地背下来。

有一天，从窗外飞进一只迷路的小鸟，孩子们一下子炸开了锅，目不转睛地盯着小鸟，书也顾不上读了，有的孩子说抓住，有的孩子说放飞。而此时的赵淳生，却完全沉浸在书本中，对身边发生的一切毫无察觉。刚才还是大家一起诵读，由于小鸟的来访，整个房间就剩下他一个人在高声朗读了。那声音抑扬顿挫，还带着磁力，一下子把看鸟的孩子们又吸引过来。那天，小鸟自顾自地在梁上跳来跳去，孩子们与赵淳生一直朗诵着。下课时，一向严厉的胖先生走到赵淳生面前，用手摸着赵淳生光光的头，不无感慨地说道："你这个伢子将来必有出息呀！"

这位赵家族里读书最多的胖先生，不仅知识渊博，对中国传统文化研究很深，还写了一手好字。因此，他除了教古书还教书法。他教书法从来不讲理论，一开始就让学生用毛笔填描字帖。赵淳生写字时，他经常站在旁边看，有时就抓起他的小手带着他写，让赵淳生体会他是如何运笔的。

走笔运笔皆学问，一撇一捺有乾坤。这样的学习的确非常有效，很快赵淳生就对书法入了迷。家中没有笔墨和纸张，赵淳生就在自家那张破桌子上"干练"，体会中国书法的博大精深。

所谓的"干练"，就是用手指当笔，清水当墨，木板当纸。有时，趁牛在安静地吃草时，他就蹲在地上，随手捡一段树枝就地写上一阵子。这样最原始的书写，也能让赵淳生废寝忘食。偶尔，捡到几张废纸就如获至宝，在上面一遍一遍地写，直到把纸写烂为止。

这样的学习只持续了半年。虽然只有半年，但胖先生以中国传统文化为依托的启蒙教育，无疑对赵淳生的成长产生了重要影响。同父亲一样，在私塾教育的熏陶下，他不但获得了知识，也收获了不一样的家国情怀。

　　半年以后，丰氏祠堂办起了洋学堂，奶奶和母亲决定送赵淳生去学习。为了支付学费，母亲必须日夜帮人缝制衣服。可没多久的1944年，日本鬼子来了，他只好随同母亲到豹子岩外婆家去躲避！1945年，抗战胜利后，他和母亲又回到了中间瓦屋。然而，此时丰氏祠堂停办小学，只能到离家更远的牛皮塘符氏竞存小学。偏偏这时母亲又患上了重病，活不能做了，不仅拿不出自己看病的钱，连孩子上学的钱也拿不出来。没有钱就不能去上学了！赵淳生听说后，扯着母亲的衣襟，苦苦地哀求着："妈，让我去读书吧！让我去读书吧！"年轻的母亲弯腰为儿子揩去泪水，愧疚地看着自己的孩子，什么也说不出来。

　　然而，恰恰在这个时候，一个名叫符绍先的地下党员向他们伸出了援助之手。

　　这个地下党员，同时又是符氏竞存小学的校长。他知道赵淳生父亲参加了革命，也知道在母亲生病期间这个孩子尽孝床前，就以褒奖孝子孝孙的名义，免去了他的学费，一直到小学毕业。

　　一个男孩在最需要母亲照顾、呵护的年龄，却反过来照顾、呵护母亲，这样的孝子的确不多！也值得褒奖！

　　结果，四年小学他没缺过一次课。哪怕是天蒙蒙亮就起床，到老中医那里拿药方，为母亲抓药，每天只吃一顿晚饭，赵淳生也没有耽误学习。课堂上，他全神贯注地听讲，每次考试成绩总是名列前茅。

　　此外，他知道抓紧在学校的一切时间，老师布置的作业基本都在学校完成。这样回到家里，就有时间帮奶奶和小姑干农活儿。再有时间的话，他就跑到后屋赵竹青老先生那里，和他一起练习书法。

　　这位赵竹青老先生，不仅是赵淳生教育的启蒙者，也是他书法的启蒙者。从小就打下牢固书法基础的赵淳生，至今闲暇时仍会拿起毛笔写上一阵。偶尔，他也会选一些警句格言，写好后送给周围的学生、同志以及院士朋友。现在的机械结构力学及控制国家重点实验室一楼门厅内，就悬挂着他书写的一幅字——"崇德效山　求是学海"，内容是原南京航空航天大学校长胡海岩院士提供的。两位院士一题一书的佳作，不仅激励着他们自己，也激励着这个国家重点实验室的每一个人。

　　而挂在南京揽翠苑家中书房

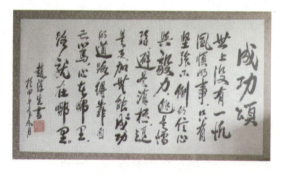

赵淳为自己写的座右铭

的那幅《成功颂》，也是他亲自书写的："世上没有一帆风顺的事，只有坚强不屈的信心和毅力。逃是懦弱，避是消极，退是无能。成功的路靠自己闯，心在哪里，路就在哪里。"笔锋苍劲有力，让人难以置信这样的书法竟出自一位年过八旬的中国科学院院士之手。显然，赵竹青胖先生的启蒙教育功不可没！

②

挑担粮食去上学

孤儿赵淳生连吃饭都成问题，上学更是奢望了。但村里人都知道，这个放牛娃从前曾在家里读过一段私塾。后来，又与村里的孩子一起上了小学。四年小学毕业，又继续读完高小二年，全是地下党资助的，否则他连小学也无法读完。

在读小学期间，妈妈生病。随着母亲的病越来越重，家里也越来越穷，穷到赵淳生每天只能吃一顿饭。而所谓的饭，也是奶奶做的豌豆、红薯之类的东西。为了节省纸张，赵淳生把字写得小小的，每张纸都用到极致，找不到一点儿空白，正反面都密密麻麻地写满。这种节约习惯一直保持到现在，他后来与妻子王凤英所有的通信，每张纸正反两面都得用满。

那是1951年底，农村土地改革运动即将结束。13岁的赵淳生长得虎头虎脑的，浓密的眉毛、黝黑的脸。虽然单眼皮，但由于清瘦，眼睛看起来仍大大的，很招人喜爱。加上他在土改运动中表现出色，不仅立了功，还受了奖，得到村政府干部的关注。

那时，全国各地大兴劝学之风，以"开门办学，来者不拒"为方针，扩大招生，吸收贫苦农民子弟入学。有一天，白果区区长李云光正好到瓦铺村访贫问苦，了解到这个"新赵氏孤儿"的情况，决定由政府资助这个遗孤继续深造。

那时的政府也没钱，只有粮食。因此，他建议农会出4斗谷约160斤，资助赵淳生上初中。

这个初级中学最早由当地人民政府创办，校舍选在"横天一字"赵氏祠堂。这个祠堂从前是地主赵恒惕家的，土改后归地方人民政府所有，取名为"衡山三忠初级中学"，就是现在衡山县第五中学的前身。

所谓祠堂是族人祭祀祖先及先贤的场所，如此神圣的场所在建筑装裱上也堪称富丽堂皇。在这样的地方办学，足以说明湖南人对教育的重视。不久，这个初中又并入了"私立杨氏焕新职业学校"。学校从原来的祠堂搬到新的校址，位于松柏村晓岚港新屋湾，距县城有三四十里地。学校也由原来的平房，变成二层四合楼，也是从前一个大地主家的。房子的风水不错，前临涓水，背靠丘陵，周围的空地也比较多，可以种各种蔬菜。

报到那天，赵淳生就是挑着160斤谷子去的。这是他能交给学校的全部学费。同时还带一罐泥鳅，是奶奶为孙子准备的，食材是赵淳生自己抓的。抓泥鳅可不那么容易！这种鱼身体滑溜溜的，靠手硬抓不成，只有将它们赶到低洼的地段，再把水弄干，或者用网围捕才行。奶奶负责加工，每次她都放上足够多的辣椒，既营养，又下饭，赵淳生喜欢极了。他几乎每星期都从家里带一罐泥鳅，有了这种美味，离家住校的每顿饭吃起来都很有胃口。

那时，学校不仅收学生交上来的谷子，教师工资也发谷子。解放初期，由于多种原因全国各地居无定所的文化人，很多人就冲着这口粮食，从外地跑到这个小小的乡村任教。他们各个年龄段都有，非常有学问，不仅教学热情高，对学生也格外爱护。

不过，有一个语文老师批改学生作文时，总按照自己的思路大刀阔斧地修改。每次赵淳生拿到手里的作文，都被他改得面目全非。赵淳生就带头向学校提意见，不久，学校真给他们换了一位语文老师。

这件事让心直口快的赵淳生懂得，有什么想法直截了当地提出来，这是解决问题最有效的办法。

新换的语文老师与原来的果然不同，每次批改学生的作文都以鼓励为主，结果效果出奇地好。赵淳生正是在他的指导下，作文水平提高很快。

"这篇《丰收》是谁写的？请站起来。"有一天，语文老师一到课堂，先朗诵一篇作文的开头，然后这样问道。

这篇《丰收》是赵淳生写的。起初，他怯怯地站起来，心里"咚咚"直跳，以为自己犯了什么错误。没想到老师却说："请赵淳生同学朗诵，大家安静。"

哦，原来自己写的作文被老师肯定了。赵淳生还真有点儿激动！他"嗵"的一下从座位上站起来，用力清了清嗓门，然后大声朗诵道：

秋天到了，地里的稻子熟了，在阳光照射下，每个稻穗都泛着金色的光。稻穗也变得沉甸甸的，弯下了原来挺直的腰杆，在秋风的吹拂下向我招手。雪白的棉花一片片的，远远看去像极了雪，不过摸起来不像雪那么冰冷，而是带着温暖的柔软……

赵淳生声情并茂地朗诵着，全班三十多位同学全神贯注地听着，好一幅美丽的丰收场景呀！

原来，赵淳生不仅作文好，朗诵也饱含激情，富有感染力。一下子，赵淳生在同学中出了名，老师也开始格外关注这个学生。以后，这样的朗诵在课堂上还有很多次，每次对赵淳生的激励都是巨大的。他不仅把语文学得棒棒的，其他功课学得也不错。

这样，靠着这担粮食，赵淳生以优异的成绩，读完了他初中的第一个学期。并从第二个学期起，就拿到了学校颁发的奖学金。

那时的奖学金分甲、乙、丙三个等级，甲等20元、乙等10元、丙等5元。由于学校招收的农家子弟多，家庭经济状况都不太好，为了使更多的学生能拿到奖学金，学校不设甲等，只设乙、丙两等。

离校很远的赵淳生只能选择住校。他分秒必争，把所有的时间都用于学习，还常跑到老师的住处去请教，更多时候是与老师讨论，直到把问题弄得一清二楚为止。每次考试，他各科成绩都很优秀，拿到乙等奖学金。那时，每学期学费七八元，生活费每月一、二元就够了，这样到了学期末，一向节约的赵淳生，还可以剩点儿钱买买鞋袜。

在这所初级中学，赵淳生一共读了两年半。那个时期，整个国家经济状况很差，地处湖南农村的县立初级中学，条件更加艰苦。学生们三四十人挤住在一间宿舍，没有自来水，也没有电灯。吃饭的时候，十几个学生围坐一桌，吃的菜都是自己种的。虽然少有荤菜，但吃饱不成问题。而且，一个星期还能改善一次伙食，同学们叫"打牙祭"。不过，这里的一切在赵淳生眼里，就好比天堂！那时的他，尽管一年四季都穿着奶奶用土布做的便装，睡在奶奶用草编织的床垫上，但终于能吃饱肚子的赵淳生，却感到莫大的满足。

白天课余时间，几百名同学在土操场上一起跳"踢踢舞"，或几十个人围坐一圈，做"老鹰捉小鸡""丢手绢"之类的游戏。每次活动中的赵淳生，会从头笑到尾。黝黑的小脸总挂着灿烂的笑容，有时，还会发出"咯咯"的声音，那是他发自内心的笑声！

晚上，三四个人共用一盏煤油灯。在微弱的灯光下，他们如饥似渴地学习。那真是一段幸福的时光！这段幸福的时光，有几位老师给赵淳生留下了深刻的印象。

一个是地理老师兼班主任赵椒梧。他不停地咳嗽，大口大口地吐痰。每次，见到老师的痰盂满了，赵淳生从来不嫌弃，主动帮他倒掉。他对赵淳生也非常关心，知道他是孤儿，常给他点零花钱。这位班主任字写得好，给赵淳生很大的触动，他暗下决心好好练字。没多久，他就写得一手好字，让同学们非常羡慕。所以，两年多的初中，班上的黑板报他全包了。可惜，这位老师在反右斗争中，被批斗致死。

一个是政治老师叫赵聚钧，兼任生活指导老师，晚上经常到宿舍查房。宿舍是用木板隔出来的，只要有人在上面走动，就会发出"吱嘎""吱嘎"的声音。每次，同学们只要听到"吱嘎"声，就知道政治老师来了，他们便马上熄灯装睡。时间长了，老师知道孩子们的小把戏，他不上楼，而是站在楼下用手电筒晃几下。同样很灵，只要他的手电筒一亮，叽叽喳喳的说话声立即消失，整个校园顷刻变得鸦雀无声。

一个是语文老师王顺华。他古文功底极深，受他的影响，赵淳生作文很好，每次作文比赛都能拿第一名。尤其他的作文《丰收》受到老师赞扬后，给赵淳生极大的鼓励。课堂上，他经常点名让赵淳生朗读。每次朗读，赵淳生都很投入，声情并茂。他文章写得好，加上声音洪亮，极富表现力，每次演讲比赛也能得奖。直到现在，赵淳生做报告都有演讲家的风范，充满激情和感染力，时常赢得阵阵掌声。

还有历史老师，他虽然年纪不大，但对自己的民族爱之深切。每次讲起近代史时情绪总是很激愤："中法战争，法国不战而胜，有了《中法新约》；中日甲午战争，有了不平等的《马关条约》……"讲着讲着，老师就会泪流满面，台下的赵淳生也会跟着老师伤心地哭。落后就要挨打，要想不被别人欺凌，我们国家就必须强大。这样的历史课，也将民族尊严的种子深深地种在了赵淳生的心里。所以，成人后的赵淳生所做的一切，都是在圆他年少时就萌发的科技强国之梦。

为了这个梦，他永远都是班上学习最刻苦的学生，也永远都是学习成绩最好的学生。由于学习成绩优异，各方面表现突出，初中的他就作为学生代表，到衡山县参加表彰大会。这事现在看来也许不算什么，但在当时的农村中学，可是件了不起的事，赵淳生因此被很多同学钦佩。

这就是赵淳生所在的初级中学。地处湖南涓水河畔，只不过是一个小小的乡村学校，竟能培养出一位院士校友？！毕竟，科学院院士全国不过千人啊！像赵淳生读过的初级中学，仅湖南恐怕就数以万计了。原因肯定是多方面的，但其中必然有一条，就是名师出高徒。

看看这个乡村中学的任课教师：

数学　刘垂纪　西南交大毕业（任过衡山火车站站长，给英国人做过翻译）。

语文　王顺华　中央政法大学毕业。

外语　彭美儒　中央政法大学肄业（读了三年），与王顺华一样，是学法律的。

理化　方云程　广雅中学毕业，曾任日本化工厂工程师。
生物　符泌之　中国公学肄业（系著名学者符定一长子）。
地理　赵椒梧　三师毕业，长于书法、绘画、足球、钢琴（兼班主任）。
历史　廖　玮　广益中学毕业。
政治　赵聚钧　武汉大学肄业，曾任报社记者，解放前去过台湾但后返回大陆。
音乐　赵亦吾　刘海粟弟子，擅弹《梦铊铃》。
体育　刘启力　毕业于国立师范学院（今湖南师大前身）。

"我不能选择那最好的，是那最好的选择我。"这是泰戈尔的一句诗。20世纪70年代前的乡村中学，竟然有一批名牌大学、重点大学的毕业生在那里教书。他们选择了那里，也选择了赵淳生。作为孤儿，赵淳生是不幸的，但遇到良师，他又是极为幸运的。

赵淳生非常感激母校——衡山四中的培养。他获得院士称号后的第二年（2006年），看望了已退休的刘启力校长——当年的体育老师！ 2012年11月拜望他十分尊重的赵聚钧老师——当年的政治老师。同时，对母校其他老师表示了深深的怀念。

看望母校刘启力校长（2006.10）

看望母校赵聚钧老师（2012.11）

好老师犹如灯塔。正是有那些良师的引领，才让赵淳生一生都走在寻求知识和真理的康庄大道上，最终成为中国科学院院士。

③
高中被选拔为留苏预备生

1953年，赵淳生从衡山五中考入衡山二中，开始三年的高中学习生活。这个中学的前身是国立师范学院附属中学（简称"国师附中"）和湖南省第十二中学，1953年改为衡山二中，1961年改为衡山一中，1966年，从衡山县析出湘江以东地区成立衡东县，学校也就改为衡东一中。

这座国民党时期就有的中学地处衡山县城边上，在两条路交叉口处，因此那个地方叫"两路口"。学校建在离县城一里远的山脚下，背后有条小溪（洣水），水浅浅的，清澈见底。溪里总有小鱼游来游去，还有很多圆润的鹅卵石。午后阳光充足时，那些鹅卵石看起来闪闪发光。走出后校门不远，就进了山。山里有座古庙，沿途有个亭子。这个地处静谧山林中的亭子，总有成群的鸟儿光顾，它们清脆的鸣叫声犹如天籁，是个非常适宜读书的地方，因此被很多学生当成"后书房"。

学校南面有座很高的青山，主峰巾紫峰下有个白龙潭，常年泉水不断。学校师生日常饮用水就是从山上用南竹一节节引渡下来的。炎热的夏天，行人可随时走到竹管边，用手捧一捧清澈的泉水，深深地吸一口，整个心田都会感到一股清凉。

学校西面有一道缓缓的山梁，由高而低。周围都是绵延起伏的小山，远远望去，像个绿色的屏障。山上到处都是山茶树，每到花开时节，蜂飞蝶舞，空气中弥漫着诱人的芳香。

学校前面通向两路口的马路，大概有4米宽，是进出学校的必经之路，也是师生散步的最佳路段。路两边栽种着垂柳，每到春天，柳树冒出油绿的嫩叶，枝条变得柔软起来，随风飘动时，像婀娜起舞的少女！

而学校的主教学楼，就在这山坳里一块空地上，是一座二层红砖小楼。楼前带有坡度的大坪，就是操场。靠近操场最近的右边，还有一栋三层红砖楼，是高中部学生教室和教师办公室。

学校不仅地理位置好，自然环境好，学生素质也高。电影《鸡毛信》曾经在学校附近选景拍摄，许多学生都当过群众演员参加拍摄。20世纪50年代，这所学校是当时湖南省属六所重点中学之一，全省各地的优秀学生都汇聚于此。大部分学生都来自偏远的乡下，隔着几十里甚至上百里的山路，所以学生们都住校。

宿舍面积很大，一间通常要住30多名学生，都是上下连床。人多，加上南方环境潮湿，臭虫也格外多。小小的臭虫繁殖力极强，为了消灭它们，学校每

高中毕业时高21班团支部合影：二排右四为班主任彭会贞（女）、右五为团委书记曹云瑞、右六为校长孟庆德、右七为政治理老师孙兴诚、右八为教导主任谭韶、右十为团委组织部长曹怡（他是赵淳生入团介绍人，也是赵淳生高中时最友好的同学）。其余都是学生团员，赵淳生为团支部书记（二排右一）

星期都得把学生的草垫子拿到大锅里蒸煮，然后到太阳下暴晒。否则，只要有一个臭虫活着，就会搅得人无法入睡。由于住校的学生多，而锅又有限，所以，除臭虫的炉子一天到晚都热气腾腾的，从没有停下来的时候。

学校周围空地很多，学生利用劳动课开垦出大量荒地，种上各种蔬菜、瓜果。红薯、南瓜、马铃薯种得最多，每到秋天，薯蔓遍地，就像铺上了一张绿色的地毯。

有一天，在班主任的带领下，赵淳生与同学们扛起锄头，来到群山环抱的山坳里劳动。极目远眺，远处的山坡，树木茂密，色彩斑斓，红、绿、黄相互衬托，油画一般绚烂。此刻，天空湛蓝，日光杲杲，几朵白云悠闲地漂浮着，有时像一群绵羊，有时像一座高山，不断变化着形态。

大自然真美呀！望着这一切，赵淳生心里无比的喜悦。他不由想起从前与王凤英在一起玩耍的情景，要是哪天能碰到她，那该多好啊！

与初中一样，学校也有助学金。每个人每月可以拿到七块五毛钱，足够一个人的生活开销。

伙食也不错，每餐都能保证二菜一汤。最初，菜定量供给，饭可以随便吃。但到了1954年，国家首次推行粮食统购统销政策，学生的口粮实行定量，每人每月只有30斤。吃惯了大锅饭，一旦定量供应，很多学生难以接受。一度，在学校食堂发生了抢饭风波。后来，学校决定口粮定量到人，实行分食制度，食堂风波也平息下来。

最初赵淳生分在高15班，全班40多人，有从县城来的，也有从农村来的。县城来的多少有点儿优越感，对农村来的很瞧不起，甚至还欺负他们。从小就爱打抱不平的赵淳生，看不得弱者被人欺凌的赵淳生，哪能视而不见？有一天，班上两个同学一起值日，负责打扫卫生。从县城来的同学长得白白净净，而从农村来的长得又矮又黑。两人不知道为什么争吵起来，声调越来越高，从县城来的最后居然动手打人，赵淳生见状上前就去制止。这下，三个人你一言我一语地吵得更凶了，吵着吵着就厮打在一起！弄得全校上下没有不知道的。班主任戴汉秋老师感到这个班不好管理，向领导提出不当班主任只教课，这个班级只好解散。这样进校半年后，赵淳生就从原来的高15班转到高21班。

新班主任名叫彭会贞，她工作细心负责，了解到赵淳生不是去打架，而是去劝架的。在劝架过程中，来自农村的赵淳生，对县城来的那位同学很是看不惯，就简单地批评了人家。彭老师仔细帮他分析，告诉他做同学工作，不能简单生硬，不能意气用事。通过这件事，彭老师发现赵淳生为人正直，敢说、敢为、敢担当。加上赵淳生学习时的那股拼劲以及棒棒的成绩，彭老师认定这是个难得的好学生，就让并到21班的赵淳生继续担任班干部。不到半年，他还加入了共青团，当上班级的团支部书记。

这段当班干部的经历，对赵淳生的影响很大。由于工作关系，赵淳生与班主任彭会贞老师的接触自然多，从她那里他不仅学到做思想工作的方法，还学到做人的道理。这对他在大学期间担任班长，以及工作后从事行政管理工作，都起着很大的作用。

彭会贞老师是个教育家，她不仅擅于做学生的思想工作，教学水平也很高。站在讲台上的她，总是侃侃而谈，听她讲课简直就是一种享受。她对学生的思想、生活也很关心，工作做得很细致。也正是在班主任彭会贞老师这位有经验、有能力的女教育家的精心教育下，赵淳生逐渐懂事起来，而且变得愈加自律、自强。

人生关键时期的关键点，都需要长者的引领。可以说，高中遇到的这位彭会贞老师，对赵淳生的成才、成长起到了至关重要的作用。

后来，彭会贞老师调到湖南师范学院任教。1974年，赵淳生回湖南长沙时，专门去看望过她，当时她身体仍然很健康！

高中阶段赵淳生遇到的好老师很多，除了上面提到的班主任彭会贞老师，还有教导主任谭谿老师，以及校长孟庆德老师。

谭谿主任在师生中威信极高。每次全校开大会，一千多学生齐聚会场时，总有蜜蜂采蜜似的嗡嗡声，但会议主持一宣布谭谿主任讲话，全场立即安静下来，静得如置身于深山幽谷中，以至于每个人都能听到自己轻微的呼吸。接着，就从话筒里传出谭谿主任的慢声细语，那声音亲切感人，只有在极安静的情况下，才能听得清楚。没有人愿意漏掉从谭谿主任嘴里吐出的那些美妙的句子，哪怕是一个字，也不愿意漏掉。

谭谿主任虽然没有直接给赵淳生上过语文课，但他身为学校领导，对赵淳生这个班很关心。整个高中阶段，赵淳生负责学校的黑板报工作，由于白天学习紧张，他一般都在晚饭后抄写。很多时候，谭豁主任就站在赵淳生身后，仔细看一阵子后，便和赵淳生讨论，从内容到形式乃至标点符号，一一给予指点。开始，赵淳生还有几分畏惧，久而久之，就觉得这位大名鼎鼎的谭豁主任其实非常和蔼可亲。他抓住一切机会，教育学生从各方面成才，明确提出"黑板报是教育全校师生的学习阵地，一定要高质量办好"。因此，每期的黑板报，他从内容到形式给予全方位的指导。

对这位谭豁主任，赵淳生敬重有加。1959年暑假，当时还在南航念书的赵淳生，专程去看望他老人家，得到他热情的接待。与许多老师一样，谭主任在20世纪60年代爆发的"文化大革命"中，也受到不小的冲击。

而孟庆德校长是个不能不提及的人物。这位毕业于中山大学物理系的老校长是个地下党员。早在1949年5月，受中共湖南省委的派遣，回湖南衡山县一带开展地下工作。后来在政治斗争中被打成右派，深陷囹圄，英年早逝。作为县城一所完全中学的灵魂人物，他管理水平很高，很多事都身体力行。学生们总能看到他在校园各处转悠，从早到晚。甚至半夜，起夜的学生也能看到他在校园四处查看的身影。这样的教育家因历史问题未查清而被迫害致死，真是可惜啊！

在高中最后一年，赵淳生与孟校长接触频繁，他要求赵淳生参加党章学习小组，亲自带领宾正清（在航天部湖南分局工作，现已去世）、赵福庆（现在不知在什么地方）和赵淳生等六人学习有关党的基本知识，还经常找他谈心。一直到1956年暑假，他还让学校为孤儿赵淳生提供必要的生活费用。就在那个暑假，赵淳生还和他见过几次面，他常问起赵淳生奶奶的情况。当赵淳生接到大学录取通知书去向他辞行时，他说："大学的学习任务更为艰巨，更要努力学习，还要争取早日入党！"孟校长语重心长的嘱咐，赵淳生一直铭记在心，也激励着他在大学里更加刻苦学习，积极要求进步。

高中班里有个长得非常清秀的男生，名叫曹怡，是学校团组织委员。这个男同学给赵淳生留下的印象很深，他在高中就入了党。当年，他多次提醒和帮助赵淳生，让他积极向党组织靠拢。

还有一件终生难忘的事，就是1956年7月高中毕业那年，他被选拔为留苏预备生。

"留苏预备生"是20世纪五六十年代最响亮的名称，是刚刚成立的新中国"恢复千疮百孔的国民经济，迅速建立起自己的工业，尤其是重工业体系"对人才的迫切需要。

1950年，《中苏友好同盟互助条约》签订，国内迅速掀起全面学习苏联老大哥的高潮。"以苏为首、以俄为师"成为新中国成立之初的奋斗目标,"苏联的今天就是我们的明天"的口号响遍全国。在此背景下,中国希望借助苏联的力量培养出我国自己的科技人才。于是,作为科学教育发展十年规划的一部分,中央决定大规模向苏联和东欧各社会主义国家派遣留学生。

1951年的大规模派遣活动,虽然拉开了中国留学大潮的序幕,但由于时间仓促、准备不足,中苏两国在留学生的派遣和教育管理上出现了一些问题。1951年10月,林伯渠作为巡视组成员赴苏联看望首批留苏学生后十分忧虑。他回国后立即给刘少奇和周恩来写信,反映留苏生因语言不通及饮食、气候等原因,情绪波动很大。他建议,以后再派留学生,须在国内进行预备教育6个月或以上时间,也可以到苏联后,先集中教育一个时期。

周总理随即做出批示,指定钱俊瑞(时任教育部副部长)、安子文(时任中共中央组织部部长)、伍修权(时任外交部副部长)三人负责筹备留苏预备学校,一年办一期。后经慎重研究,决定在北京俄文专修学校内部筹建留苏预备部。1952年3月,刚刚筹建的留苏预备部开始招收留苏预备生。

两年后的1954年8月,赵淳生所在母校省立衡山二中学被湖南行政公署确定为唯一保送留苏预备生的学校。

那个年代,到苏联留学是走出国门的唯一途径。苏联老大哥在国际共产主义同盟中的地位,以及在世界经济、科技、教育、文化发展领域具有的绝对优势,在中国人眼里,这个苏联就是域外的天堂。

因此,能被选拔为留苏预备生是多少人的渴望。然而选拔的条件极其苛刻,不仅学习成绩要好,现实表现要好,家庭出身还要好,这"三好"被留苏预备生们称之为过"三关"。

高中时代的赵淳生,多次被评为学校的"三好学生"和"优秀干部"。作为班上的佼佼者,1956年高中毕业那年,他被选拔为学校6个留苏预备生之一。全校1000多人,最后只选出6个人,这个结果本身就代表一种荣耀!

一天,全校师生聚集在大礼堂。赵淳生与其他5名学生被安排坐在前排正中间的位置。只见德高望重的孟庆德校长缓步走上主席台,他郑重地宣布了本校留苏预备生的名单。话音刚落,台下立即响起一片雷鸣般的掌声。在长久不息的掌声中,赵淳生等6名同学疾步走上主席台,那一刻,台下上千双眼睛凝视着他们,每双眼睛流露出的那种神情,像一幅凝固的画面,被岁月永远定格于他的脑海之中。

主席台不是什么人都可以去的地方,记忆中,每次能走上主席台的,不是德高望重的谭豁主任,就是声名显赫的孟庆德校长。所以,在赵淳生的心目

赵淳生被选拔为留苏预备生

中，主席台永远是最神圣的地方，只有最杰出、最优秀的人才配在这样的地方驻足。今天，作为学生群体中优秀的一员，他带着无上的荣耀站在了这里。

夜里，躺在上铺的赵淳生，翻来覆去怎么也无法入睡。一闭上眼睛，好像就到了苏联，然后，被一群大鼻子的苏联人包围着……就这样想着，憧憬着自己到苏联以后的学习生活，越想越激动，直到晨曦乍现。

消息很快传到农村老家，亲朋好友都很高兴。他们怎么也没想到，从前的穷孩子现在这么有出息！唯一不高兴的是奶奶，听到这个消息后竟然接连哭了三天三夜。她完全无法接受孙子离开她的事实！自己盼星星、盼月亮，好不容易盼到了解放，可儿子始终没有一点儿音讯，让她伤心到了极点。眼前，经过自己千辛万苦抚养大的孙子，又要跑到那么远的苏联去学习，要是他万一再也回不来，那可怎么办？！但最后奶奶还得接受这个现实，她擦干了眼泪，打算送这个孙子远走高飞。

这以后的一段时期，"留苏预备生"也成了同学们谈论的主要话题。无疑，被冠以这样的标签，意味着一个地道的农家子弟，拥有去异国求学这样难得的机会；意味着从前一个失去双亲的孤儿，如今成为国家的栋梁之材。不过，后因中苏关系破裂，这个曾经的"留苏预备生"的头衔，也成了历史的遗憾，6个人都没能落实到苏联深造。

不可否认，与留苏预备生失之交臂，是赵淳生人生一次莫大的遗憾。不过，这次被选拔为留苏预备生的经历，无疑在他心中埋下一颗种子，那就是只要有机会，一定要走出国门深造。

带着深深的遗憾，赵淳生就要结束自己既荣耀又难忘的高中学习生活。这里的一切都令他难忘。尤其难忘那些恩师，他们中有北大、清华毕业的高才生，也有从苏联来的教员，多数人还留过学，教学水平极高，后来这些老师纷纷调到大学做了教师。可以说，高中时的赵淳生实际享受着大学的师资。加上他自身的勤学不辍，因此，高中时期就打下了坚实的学业基础。

到1956年，赵淳生这位烈士的后代，作为留苏生未能去苏联的优秀学生，顺理成章地被保送到了南京航空学院空气动力学专业。从此，走上了将学术作为毕生追求的道路。这既是一条充满光明的道路，也是一条充满艰辛的道路。

④

大二就搞起了科研

1956年8月底，赵淳生被保送到南京航空学院，即现在的南京航空航天大学。这是一所应抗美援朝急需成立的学校。学校建在历史名城南京市的东南隅、紫金山西南麓明故宫遗址上。这座规模与格局与北京故宫相同的皇宫，在清朝咸丰年间毁于兵火。学校最初是南京航空工业专科学校，创办于1952年10月。当时的明故宫遗址是一片废墟，十分荒凉，只有几户人家散落在旷野上，中间夹杂着几块菜地。1956年4月，这最初的专科学校经高等教育部批准升为本科，改名为南京航空学院。

改院以后，随着国家政治与经济形势的变化，学校的规模、学制与专业设置也几经变化。最初，第二机械工业部决定1956年招收五年制本科生210名，专科仍保留，逐渐过渡。这一年春季招收专科生990名，秋季又招收730名。而赵淳生是学校转本后招收的第一届本科生。

那年，只有18岁的赵淳生只身一人来到学校，全部行李只有一只奶奶为他订制的没有油过漆的小木箱。

入学时，正值学校改制建院。此后，学校不仅致力于本科教育，还启动了科学研究。1953年，从国家层面第一个五年计划提出了经济建设的目标，这之后的1956年，我国全面进入大规模的社会主义建设时期，而第二个五年计划则提出了向科学进军的号召。

1956年10月，就在赵淳生进校不到两个月的一天，44岁的钱伟长偕两位外国学者一起到南京航空学院访问。被周恩来称为中国科技界"三钱"之一、时任清华大学副校长的钱伟长，应邀在学校大操场为师生员工做了一场关于"向科学进军"的报告。之后的1993年，已成为我国著名科学家的钱伟长，受航空航天工业部聘请担任南京航空航天大学的名誉校长，直到2010年7月30

刚入南航之照（1956.9）

日在上海家中逝世，钱伟长一直与这所新中国自己创建的航空院校有着密切来往。

钱伟长"向科学进军"的报告给年轻的赵淳生留下了深刻的印象。从此，"科学"二字就深深地刻在他的心中，与他中学就萌生的科学家梦想一道，一生都挥之不去。

时间过得飞快，转眼就大二了。那是1958年，这一年国内掀起的"反右""大跃进""灭四害"等一系列政治运动，在新中国历史上是无法抹去的一笔。这一笔也留在赵淳生的人生轨迹中，为其日后走上科学的康庄大道奠定了坚实的基础。

1958年初，共青团中央发表《关于在学生中提倡勤工俭学的决定》，号召"教育为无产阶级政治服务，教育与生产劳动相结合"。

1958年2月，《人民日报》发表了"鼓足干劲，力争上游"的社论，明确提出国民经济要全面"大跃进"。

1958年5月，中共八大二次会议提出，中国要在15年或更短的时间内"超英赶美"；之后，又提出"两年超过英国"。为此，毛主席号召全国人民要破除迷信，解放思想，发扬"敢想、敢说、敢干"的精神。

在那个激情燃烧的岁月，有志青年一切听党的话，党叫干啥就干啥！赵淳生更是如此！

就在社会上轰轰烈烈地搞"大跃进"的时候，南京航空学院党委向全校师生发出"破除迷信，解放思想，大搞科学研究"的号召。那个时期的校刊，也展开了铺天盖地的宣传攻势。作为31604班班长的赵淳生，立即想起钱伟长那场"向科学进军"的报告。对，立即行动起来，用实际行动向科学进军！

于是，他主动找到本校空气动力教研室的汪乔森老师。

汪乔森，教授，安徽黟县人，空气动力学试验技术专家。1951年毕业于交通大学航空工程系。历任南京航空学院讲师、教授、系副主任，中国空气动力学研究会第一、二届理事，中国力学学会江苏省分会副理事长。1958年以来主持设计、建造了多座风洞，其中0.6×0.6平方米的跨音速、超音速风洞达到国内先进水平；还研制成高速气流观测用的光学仪

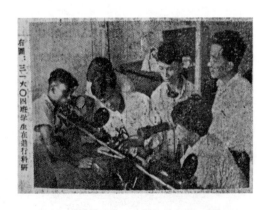

课题组同学正在调试高速气流光测仪

电动六分力天平

将天平安装到风洞中

器——纹影仪以及超音机机翼颤振主动抑制试验装置等多项空气动力试验设备；合译著作有《航空工程力学》等。

这位汪老师学识广博，不仅熟悉空气动力学方面的理论知识，在试验及其测量仪器方面也是专家。当听说赵淳生他们要搞科研，他当即表示支持。

在汪乔森老师的指导下，班里组成3个科研小组和1个科研突击队。"科研突击队"无疑是领头羊，时任班长的赵淳生担任了突击队队长。

那么，具体搞什么呢？经过一番讨论，大家提出一要与教学科研相结合，二要与生产实际相结合，而当时汪乔森老师所在的风洞实验室，正缺少一种用于测量空气动力的仪器。因此，他们将研究制作这种教学科研常用的仪器——"高速气流光测仪"作为科研突击队的主攻方向。

对一点儿专业知识都没有的大二学生，设计制造这样的仪器谈何容易？仪器所需的点光，就把他们难住了，因为真正的点光源是找不到的。怎么使一个光源接近于点光源而使它的强度不减弱，这是一个难题。他们先去请教了物理教研室的一位老教师，但这位老师平时多关注课堂教学，对这个实际问题束手无策。他们又满怀希望找到一位空气动力学老教授，没想到这位老教授对这个问题也是一筹莫展。

有人提出从英文书籍中去找答案，结果，他们把找来的好几本英文书都翻遍了，还是找不到解决方案。他们就一边自学，一边研究。在整个过程中，没有试验设备，就自己设计制造；没有材料，就变"废材料"为"材料库"；没有现成的东西，就边实验、边摸索。十几次实验失败了，坚持的结果是实验质量一次一次地提高，实验设备一次一次地改进，其中的困难一个一个地被克服。

就这样，在赵淳生的带领下，经过一个多月的苦干加巧干，"高速气流光测仪"终于制造出来。经过实验表明，其性能良好，各项指标达到国内先进水平。而这次的成功，大大鼓舞了他向科学进军的信心。

有一天在课堂上，有位老师提到南京某厂某机型气动模型在进行气动力学实验时遇到一个难题。这个模型的纵向气动力实验已经在某单位测过了，但横向气动力因缺少一种实验设备还不能测，导致那个飞机气动模型无法实验！所缺的实验设备就是"电阻应变天平"，当时国外已经有了，但我国还没有人能造出来。

说者无意，听者有心。成功研制出"高速气流光测仪"的赵淳生，很长一段时间都沉浸在科学研究带给他的巨大幸福中不能自拔，以至于深深地迷恋上这项高深的智力活动。一听说我们国家还没有这种"电阻应变天平"，他决定设计制造中国自己的"六分力电阻应变天平"。之前，有老师做过"四分力"和"三分力"的"电阻应变天平"，都以失败而告终，显然这是个十足的难题。

没有参考资料，他就跑到图书馆，企图从大量的关于"电阻应变分力天平"方面的论文中发现有价值的东西，真好比大海捞针！

一天，听说学校科研处有一份"电阻应变天平"方面的资料，他想尽一切办法居然弄来了。打开一看全是英文，只学过俄文、对英文一点不懂的赵淳生，一下子傻了眼，只好靠着手里仅有的一本英文字典，一个单词、一个单词地查，硬是把全部内容翻译出来并弄懂。

可这些资料只有一般原理，对实际结构一点儿都没涉及。怎么办？赵淳生想到发动群众，依靠集体的智慧来解决这一难题。他让突击队的四名成员每人提出一套方案，由他把4套方案汇总，再进一步修改完善成最终的方案。

接下去就是设计。由于没有一点参考数据和计算方法，每设计一个零件都很难，而诸多零件在有限空间如何布局就更让人伤脑筋。赵淳生想到，一架飞机上那么多零件被设计师排布得紧凑合理，一定有参考价值。于是，他带大家参观学校的仪表库和飞机库。回来后，他感到科研的灵感像泉水那样喷薄而出，一下子冒出很多新奇的想法，很快设计出一个小巧玲珑的调节机构。紧接着完成第二个、第三个零件的设计，很快全部设计完成了。

面对这样的神速，有人提出质疑：连老师都没搞成的仪器，学生哪能轻而易举地搞成？最多当个教学模型而已。

"越说我不行，我偏要做成给你看看。"这就是赵淳生，倔强而执着，只要是他认准的事，非要做成不可。

接下去就是一个"干"字，他发动全班同学苦干了五天五夜。而以赵淳生为首的几个骨干，连续多天都没有脱衣睡觉。最后那天，他们个个眼睛红红的，睁都睁不开，硬是把"电阻应变六分力天平"研制成了。

实验开始的那一刻，赵淳生感到自己的心脏"突突"地跳个不停。它是否能成为真正的仪器？还是只是个教学模型？它的刚性够不够？六个力会不会相互干扰？这一系列问题只有实验才能回答。

几个同学把仪器抬来，再把飞机模型装到仪器上，然后小心翼翼地放入用于实验的风洞。有人按下电钮，风洞产生的巨大风力冲向飞机模型，几乎就在同时，那个"电阻应变六分力天平"开始变形。赵淳生的心跟着缩起来，好像变形的不是那部仪器，而是他自己的心脏。紧接着，更惨的景象出现了，原本完整的仪器，瞬间竟扭成了一团。毫无疑问，他们失败了。

有人开始抱怨："还没学会跑就想飞，真是异想天开。几个星期的辛苦不是白费了？"有人说："人家老师都搞不出来，学生要能搞出来，那要老师做什么？"也有人安慰说："真的不行，当个教学模型也不错。"此时，连续三天三夜没合眼的赵淳生，揉着布满血丝的眼睛，对那些泄气的同学说："一次失败算什么，666粉不是经过665次失败吗？"

他要从头再来！然而，第二次、第三次还是失败，一次又一次。但每次失败后，细心的赵淳生会根据受力情况进行仔细的分析，找出原因所在，并有针对性地进行修改。就这样经过多次反复的调整和实验，不仅解决了刚度问题，还消除了六个力的互相干扰。

这期间，时任南京航空学院副院长的范绪箕，对他们的研究非常关注和重视。在他们干得最辛苦的时候，有一天夜里十一点，他一个人来到加工厂，勉励同学们加油干！

范绪箕，是赵淳生大学时认识的第一位校领导。1956年7月，他从原华东航空学院副院长岗位，调到刚刚从专科转到本科的南京航空学院任副院长。他父亲是晚清政府选派的第一批留俄学生，早年在美国加利福尼亚理工学院获机械工程和航空工程双硕士学位。他还是钱学森的好友，与钱学森同是著名科学家冯·卡门教授指导的博士。1943年受聘清华大学航空研究所；1945年受聘浙江大学教授，创建了浙江大学航空系；在南

范绪箕在大会上动员大搞科研（1958.5）

2012 年南航 60 年校庆会上，赵淳生与范绪箕交谈

航主持建成了风洞实验室；1979 年在上海交通大学担任副校长、校长。

2015 年 11 月 21 日，这位南京航空学院前任副院长、上海交通大学前任校长与世长辞，终年 102 岁。他是我国杰出的教育家和科学家，相继在几所大学担任领导工作，进行学科与专业建设，培养了航空、航天领域大批人才，是我国航空教育事业的奠基人之一。作为科学家，他不倦地推动航空科学技术研究，是我国无人机事业的开创者，是航空热结构领域的一代宗师。

这么一个学识渊博，在空气动力学、结构热力学方面有很深造诣的人，能够在深夜时看望"破除迷信""敢想敢干""大搞科研"的学生，对赵淳生这样的普通学生态度友善，一点官架子都没有，这给赵淳生留下极深的印象。因此，范绪箕对赵淳生的影响，同样不能忽略。

大家往往就是这样一批人，他们执着、友善，眼里只有使命，没有阶层、权位、等级这样的观念，这是他们能成为大家的关键所在！

现在的赵淳生也是这样，只要接触过他的人，都感到这么一个大 家，总是那么平易近人，一点儿架子都没有。

1958 年的 10 月 30 日，按照预定计划完成装配后，赵淳生与自己的同学再一次将这部精密仪器搬到风洞中。这次，小马达带动螺杆竟然"哒滴、哒滴"响起来，当秤锤在秤杆上蠕蠕移动的时候，赵淳生悬着的一颗心终于降了下来！实验证明，这台仪器完全可以用于生产和科研。

就这样，在空气动力教研室汪乔森老师的指导下，赵淳生带领着自己的突击队，在大学时就研制出我国第一台"电阻应变六分力天平"。该仪器原计划 1958 年底完成，但为了向江苏省第二届社会主义建设积极分子表彰大会献礼，他们赶在十月底就完成了。仪器不仅成功用于某厂某型号飞机模型的横侧向气动力实验，还为"南京一号"、横侧向飞机模型的气动力实验创造了条件，不能说不是一次壮举！

为此，校报《南航》在 1958 年 11 月 4 日头版头条进行了报道：

政治挂帅干劲足　发动群众力量大
31604班集体制成"电动空气动力天平"

〔**本刊讯**〕31604班同学继试制成"高速气流光测仪"以后，再一次以冲天的革命精神，苦战五昼夜，制成了"电动空气动力天平"。经初步试验，质量很高，精密度由一般气动力天平的20克误差范围降为1克。此项科研题目原准备于年底完成，但是为了向江苏省青年积极分子大会献礼，全班同学人人动手，连夜苦干，终于在短短的五天中将原来一窍不通的仪器制了出来。

……不少同学如赵淳生、李培玉、黄琼标等，就一连数夜开通宵。他们是采取边学边做，边研究边生产的方法。没有机工的技术，但需要使用刨床，于是就一边学习，一边做；他们不会刻度，于是立即跑到老师那里去学；没有学过电工，电路安排不好，立即跑到四系的教研室去请教老师。就这样，终于以最快的速度，在极短的时间内，制成这架仪器。　　（王维翰）

——原载1958年11月4日《南航》

之后，他们苦战了七天七夜研制出的又一新成果，是向全国青年社会主义建设积极分子大会的献礼。1958年11月18日《南航》这样报道：

献给全国青年社会主义建设积极分子大会
三一六○四班研制成"流场阻力测定仪"

〔**本报讯**〕光荣被评为江苏省青年先进集体、并已推派代表出席全国青年社会主义建设积极分子大会的我院红旗班31604班，继"高速气流光测仪""电动空气动力天平"试制成功之后，自7日至13日苦战七昼夜，研制了极其发展而又非常精密的空气动力仪器——流场阻力测定仪。这是他们向全国青年社会主义建设积极分子大会的献礼。

——原载1958年11月18日《南航》

随后，在学校提出的向"高、尖、精、缺"进军的号召下，赵淳生带领全班又掀起了一次大搞科研、大闹教育革命的高潮。

而一年前的1957年，苏联研制成功第一颗人造卫星的消息，对当时科技落后的中国激励很大。毛主席在1958年先后表示，"我们也要搞人造卫星！搞原子弹、氢弹、导弹，我看有十年功夫是完全可能。"随后，把卫星、原子弹、氢弹、导弹制造出来，成了新中国一届政府和国民共同的目标和愿景。

被这样的愿景所激励，在前面几个科研项目成功的基础上，赵淳生想到自己也要造卫星。那天，回到宿舍的他一直处于亢奋状态，感到党需要自己的时刻终于到来了！他连夜代表班级给党组织写信，提出"让卫星上天"的目标，第二天向所在的系党支部庄严地表了决心。

站在当时的角度，可以说这是激情澎湃；站在今天的角度，可以说这是头脑发热。但必须承认的是，搞科学研究还就要有那么一股子不信邪的劲头。也许，有人认为这是个笑谈，但必须承认恰是这样的"异想天开"，成就了今天的一个院士。也可以这样认为，当年赵淳生提出的"让卫星上天"的目标，让他日后在科研之路上走得如此坚定，激励他用一生的光阴将理想变成实现！不是吗？2013年我国成功发射的"嫦娥三号"上，就用上了他坚持研究20年的超声电机！

那段时间，他每天都奔跑在工厂、实验室、设计室之间，除了学习，把全部精力都用在科学研究上。从选题、立项、方案，到绘图、计算等；从分析、修改，到最后制成产品，全部是自己动手。此外，经常为了零件的精加工，或者需要的材料，往市里的工厂跑。

那时的交通很不发达，幸好班上有个会骑摩托车的同学，如果到市内工厂联系业务，赵淳生就与那个同学共骑一辆摩托车。有一次，为了抢时间，在南京大行宫最繁华地段，他们骑着摩托车从两辆汽车中间穿过去，差点儿出了车祸。

这样拼命的结果，让他们用不到一年的功夫，就完成了"高级无线电航模飞机""液压床""二元风洞""大型滚筒机""闪光设备"等15项产品。这些硬邦邦的科研产品，使"向科学进军"从口号变成了一个又一个实实在在的成果。

"虽然这几台仪器，现在看起来算不上什么发明创造，但却培养了我敢于探索、勇于实践的创新精神，为我以后的科学研究奠定了思想基础。"很多年以后，赵淳生对自己的大学生活这样总结道。

⑤

31604 全国红旗班的班长

1956年9月，赵淳生进入南京航空学院飞机系学习。由于他在中学时就担任过学生干部，一到南航就被选为班长。在他和全体班干部的带领下，他所在的班很快成为红旗班。

1958年10月14日《南航》（校刊）中，刊发了学院团委《关于表扬红旗班、红旗手的决定》（1958年10月10日），全院受表彰的红旗班只有5个，赵淳生所在的班——31064班就是其中之一。

红旗班合影（后排左起第 7 人为赵淳生）

在紧接着的1958年11月，受到学院表彰的31064班，不仅走出校园，成为省级先进集体，还走出省内，成为江苏省唯一的全国红旗班。11月底的一天，团支部书记王维瀚代表班级到北京参加了全国第二次青年社会主义建设积极分子表彰大会，并带回一面特大的锦旗。

赵淳生清楚地记得，那面锦旗的旗头写着"全国青年社会主义建设积极分子"，中间一行为"坚决为社会主义和共产主义实现而奋斗"，落款为"共青团中央委员会"。

这面从北京带回的锦旗用红缎子做成，长这么大赵淳生还是第一次近距离接触绸缎。在宿舍桌子上，他把锦旗轻轻展开，当"坚决为社会主义和共产主义实现而奋斗"金黄色的字映入眼帘时，赵淳生心潮澎湃，围着他的同学个个都很兴奋，大家决定拍照纪念。于是，在一个阳光明媚的午后，全班同学把自己最好的衣服穿上了，来到雨花台，在烈士公园"死难壮士万岁"碑前进行了合影。第一排站立的三位同学，每个人手里拿着一面锦旗，"一、二、三！"当摄影师按下快门的瞬间，同学们脸上洋溢着自豪的笑容。

桑可同学特意作诗一首，表达全班同学共同的心情。他在诗中这样写道：

我们的代表从北京回来了！
欢迎你啊，王书记！
你满载着全国青年的欢笑，
你带来了北京的阳光。

我们双手接过带回来的红旗。

今天太阳好像格外明亮，

看！"坚决为社会主义和共产主义实现而奋斗"！

红旗上几个大字闪闪发光……

——原载1958年12月13日《南航》

半个世纪后的2012年3月10日，《南京航空航天大学报》发表了一篇由孙建泉撰写的回忆文章，标题就是"回忆我们的红旗班"。

孙建泉，南京航空航天大学理学院退休教授。1956—1961年就读于南航，先学飞机设计，后奉命转学计算数学。毕业后留校任教，一直从事《高等数学》与《工程数学》的教学与研究，兼教《计算几何》。他在文章中这样写道：

上大二时，我被编入31604班。

全班33人，仅有一名女生周全解，还是一身小伙子打扮。男生住在学生宿舍27幢二层的4个寝室（后来增加了3位复学的，但不住在这里）。班上的主要干部是：班长赵淳生，团支书王维瀚，班主席黄泽民（曾任过团支书）。他们品学兼优，工作积极，在班上享有较高威信。全班同学团结互助，好学上进，充满着青春的朝气与活力。

1958年，学校开展评选红旗手与红旗班的活动。我们班认真准备，积极参与申报和激烈的评比。由于各项工作成绩显著，尤其在教改与科研方面成绩突出，我们班先被评为系"红旗班"，接着又通过了院（校）级评选，成了全院的"红旗班"。从此，31604与红旗班便连在一起，同学们非常高兴与自豪，同时也感到责任重大，要自觉维护集体荣誉。不久，团省委选定我们班作为先进集体出席"第二次全国青年社会主义建设积极分子代表大会"。在欢送代表王维瀚的班会上，大家心情激动，踊跃发言，纷纷表示要珍惜荣誉、高举红旗继续前进。我也朗读了即兴写的小诗，最后一段是这样的：

"我们向首都北京遥望

怀仁堂内灯火辉煌

全国优秀青年欢聚在一起

畅谈共产主义伟大理想

王书记啊，请把我们深情的祝福

献给伟大领袖和党中央。"

……

光阴荏苒，50多年过去了。当年朝气蓬勃的青年，如今都是年逾七旬的老人了。回顾这段青春岁月，感慨万千。可以欣慰的是，毕业后我们都在各自的岗位上努力为国家和人民服务，有的还作出了较大贡献。例如：王维瀚担任过上海飞机公司的负责人，李培玉当过某研究所的领导，申屠新林曾荣获"上海十佳科技精英"称号……最突出的当然是老班长赵淳生，他是我国超声电机技术的开拓者，2005年当选为中科院院士。他是南航第一位土生土长的院士，是学校的光荣，也是31604班的骄傲。

——原载2012年3月10日《南京航空航天大学报》

从同学们的只言片语中可以发现，"共产主义社会""共产主义理想"是那个时代最鲜明的符号。

那是一个特殊的时代。处于那个时代的他们，无时不被崇高的信仰所激励。这样的信仰使得他们没有私心，只有集体；没有索取，只有奉献；这样的信仰，也使得他们能够自觉地将个人的前途与国家的命运紧紧地捆在一起，处处为国家着想，替国家分忧。这些在赵淳生身上，表现得格外突出。

尽管自己家里很穷，还要靠国家助学金才能完成学业，但在国家经济最困难的时期，全国倡导节约闹革命，为了响应党的号召，赵淳生带领全班同学向全院（校）发出了"取消助学金，开展勤工俭学"的倡议，并第一个带头放弃了助学金。

1958年1月23日的《南航》一版，以"提倡节俭风气培养刻苦精神"为引题，对"31604班的助学金由70%降低为40%"的事实，给予了报道。

他积极带头做的，还有很多。

赵淳生所在的南京航空学院，有一条被称作"明御河"的小河。所谓的"明御河"，是明朝流经皇宫的河流。不过到了1958年，经历战乱、火灾等毁灭性的破坏，明御河的水变得乌黑发臭，两岸杂草丛生，腐木垃圾随处可见，活像第二个龙须沟。"大跃进"那年，这个处于校园中的"龙须沟"，就变成了学生们的劳动课堂。

淤泥是导致河水变黑发臭的主要原因，但对农作物而言却是好肥料。把河里的淤泥挖出来，既支援了农业生产，又改善了校园环境，岂不是一举两得？为此，一场全院性的清理河道淤泥的劳动拉开了序幕。在1959年春节，在吴继周院长和范绪箕副院长亲自带领下，学校不分男女老少，无论学生还是教师，工人还是干部，都投入到这场大规模的清理校内河道淤泥的集体劳动中。

当时恰值初冬，气温很低。面对黑臭的污水，穿着单薄衣服的赵淳生第一

1959年春节大战明御河的动人场景

个带头跳进了河里。他光着脚板，裤腿深陷在污泥中，不一会儿，两手就冻得发青，身上、脸上也沾满了泥巴。只见他一会儿用脸盆舀水，一会儿用手捡拾垃圾，哪里需要人，他就跑到哪里，浑身有使不完的劲儿。在赵淳生的带动下，同学们纷纷跳到河里，有的女生也跟着跳下去，那种场面真是感人！

在劳动中奋不顾身、处处冲在最需要地方的赵淳生，在课堂上却是另一副样子。他总是坐在第一排，眼睛睁得大大的，一动不动。那个样子，可以用沉醉来形容。在很多人眼里颇为枯燥的《高等数学》，在他眼里却那么有趣。顺着人类思维的轨迹，事物的表象被一层层剥开，让人一步步更接近事物的本真。这是多么奇妙的过程！

而《普通物理》《化学》《材料力学》《电工学》等这样的基础课，每门课程体系的内容不同，但它们却有着潜在的联系。通过这些课程的学习，赵淳生惊奇地发现，原来人类为自己构架的知识体系是打开科学殿堂的一把金钥匙。这些知识不仅可以让人更好地认识自然界本身的规律和秩序，也能让人利用已有的规律重构一些秩序，而重构的过程就是极富创造力的科学研究活动。

怎么会有人觉得科学研究枯燥无味呢？在赵淳生看来，对科学钻研越深，就会发现更多新现象、创造更多新东西，真是其乐无穷！所以一踏进大学校门，赵淳生就被一切称得上科学的东西所吸引，并为之着迷。

"老师，什么情况下会出现短路现象？"

"老师，这个公式为什么设立这样的初始条件？"

……

一下课，赵淳生就将老师独霸，他总有提不完的问题。有时，从一个问题开始，由于他不断地追根问底，最后竟引发出很多新问题。刚开始，还有几个同学一起参与讨论，最后同学们都走了，他的问题还没有问完。有时，连老师都不耐烦了，他仍不肯罢休。

这就是大学时喜欢刨根问底的赵淳生。不管遇到什么问题，他不仅要"知其然"，还要"知其所以然"，不把问题弄明白，吃不下饭，睡不着觉。

有一天晚上，睡在床上的赵淳生想起当天电工课上一个复杂的电路，一直到深夜还没想通。宿舍对面机场的马达声隆隆作响，他感觉像战鼓在激励着自己。南京盛夏，闷热的天气让人喘不过气，睡在席子上的赵淳生汗水直淌，他只好爬起来，到盥洗室用冷水冲冲身子，躺下继续思考。直到想通时，青白的晨光已透进窗口，新的一天就这样开始了！

大学期间，不知有多少这样的不眠之夜。结果，五年大学赵淳生只用四年就完成了29门必修课的学习任务。既有像《高等数学》《普通物理》《普通化学》《材料力学》《理论力学》《电工学》等这样的基础课，也有像《机械制图》《画法几何》《机械零件》等专业基础课，还有像《飞机结构力学》《飞机构造与设计》《飞机强度计算》《飞机装配工艺》等专业课，不花点儿功夫，每一门课程都很难通过。1958年下学期，在各项活动中都很积极的赵淳生，不但在课外科研活动中取得了不凡成绩，还在期末考试中第一次获得全部五分的好成绩。1959年，又继续获得全部课程优良的好成绩。

自己学习好不算好，他要让全班同学一起学习好。建校初期，学校由专科转本科，结果在课程安排上出现很多问题。为确保学校正常教学工作的开展，作为班长的赵淳生还承担了大量教务工作。尽管自己社会工作多，本身学习和科研任务重，但他照样抽时间帮助学习基础差，或者因参加体育训练、社会活动耽误学习的同学，抽出时间为他们补课，帮他们提高学习成绩。但个人的力量毕竟有限，他就在班上开展"一帮一""一对红"的学习活动，不让一个同学掉队。

这是一种多么高尚的情怀！周围的每个同学，都是自己的兄弟姐妹。因此，尽管那个年代政治运动比较多，但赵淳生所在的班级，不管经历哪场运动，从来没有发生过同学之间互相揭短的情况！相反，同学之间感情深厚，且一直保持到他们的耄耋之年。每次同学聚会时，赵淳生都会把一切事情放下，亲自去接从外地赶到南京的老同学。

1959年，是我国苦战三年具有决定性意义的一年，也是新中国成立十周年。全

高中同学同时来南航念书的合影 (1956年冬天)，从左起：赵淳生、黄泽民、宾正清

国人民在"大跃进"的感召与鼓舞下，干劲冲天，力争取得更大更好更全面的跃进。南京航空学院的31604班在赵淳生的带动下，也向新的学习目标进军。就在这年的期终考试中，很多课程都消灭了3分，5分占70%。1959年1月28日的《南航》，对31604班的学习成绩做了如下报道：

31604班公差配合成绩消灭了3分，5分占70%

〔**本报讯**〕 院红旗班、出席全国青年社会主义积极分子大会的先进集体31604班的考试成绩更为突出。本月18日考的公差配合课程，全班30个同学，得5分的有21人，占70%；得4分的9人，占30%，消灭了3分和2分，为我院创造了新记录。

31604班是全面跃进的班级，特别是科研，在本学期试制成功了高速气流光测仪、电动空气动力天平、流畅阻力测定仪、半导体气体流速测定仪等极有用途而又非常精密的空气动力仪器。由于同学们个个政治挂帅，团结一致，刻苦钻研，把科研、生产与学习结合起来进行，因此期终考试的成绩令人满意。

此外，31604班在这次复习考试中做到了有计划、有措施，充分发挥互助组的作用，大家互相鼓励、互相监督，在保证正常作息制度的情况下抓紧一切时间进行复习。例如中心组长王维翰同学由于出席全国青年社会主义建设积极分子大会，拉下了许多功课，全班同学都关心他、帮助他，他自己也勤学苦练，这次公差配合得到了5分。

考试的捷报，使同学们信心更大，干劲更足。31604班同学决心在材料力学、机械零件、空气动力学三门课程的考试中获得更好的成绩。

——原载1959年1月28日《南航》

在他的带领下，31604班不仅班风好，学风也好。大学五年总共几十门课程，无论什么课，无论大考还是小考，全班没有不及格的。

这几乎是个奇迹。而这个奇迹的创造，与赵淳生的带头作用和付出有着直接的关系。

1960年5月，作为南京航空学院唯一的学生代表，赵淳生出席了江苏省首届文教群英大会，还在大会上发了言。就在这次大会

到四年级，红旗班31604班部分班干部分到别的专业去学习，或提前留校了（如赵淳生，前排左1），毕业前原红旗班的班干部聚在一起

上，赵淳生认识了院长吴继周。

吴继周作为学校领导出席了大会。在五天会议期间，赵淳生每天都搭乘吴继周院长的专车。路上的时间，就是他们交谈的时光。吴院长总是问长问短，这让赵淳生很感动。他一五一十地将自己苦难的身世，全都告诉了这位长者。

以后的吴院长，再也无法忘记这个苦大仇深的赵淳生；赵淳生也无法忘记这位一生波折不断的校长。每次见面，他都会打听赵淳生父亲的下落，也询问赵淳生奶奶的身体情况，直到1974年她老人家去世。1981年，赵淳生的女儿出车祸，他特意跑到家里来看望，给了赵淳生极大的安慰。1984年，从法国留学回来的赵淳生听说吴院长病了，赶快跑到医院看他。只见躺在病床的吴院长，满脸憔悴，已经什么都不知道了。不过，见到赵淳生走近他的床边，他虽然一句话都讲不出来，但眼泪却流了下来。

院长吴继周，一个响当当的传奇人物。他出生于1915年2月，江西省萍乡县（现为萍乡市）人，曾用名吴继舟。1936年加入中国共产党，清华大学肄业，中共七大正式代表，其兄吴学周是中国科学院院士。曾参与领导试制成功新中国第一架飞机，后投入批量生产。新中国成立后，历任江西彭州地委副书记、专员，南昌飞机制造厂厂长兼党委书记，第三机械工业部顾问。

1956年6月至1970年，吴继周任南京航空学院院长兼党委书记，提出"把南航办成第一流大学"的目标。1966年8月，在"文化大革命"中被第一批打倒，撤销党内外一切职务。1968年2月，复职进院革委会任副主任，8月又被第二次打倒，撤销党内外一切职务，并交群众批斗。1970年恢复工作，1971年夏再次受迫害。1975年9月至1978年7月任320厂党委书记、革命委员会主任，他排除干扰，抓整顿，抓科研，抓生产，力保国防装备的供应。1978年7月至1980年8月任第三机械工业部党组成员，主管航空教育工作。1980年9月至1984年7月任第三机械工业部党组成员、顾问，1981年1月兼任南京航空学院党委书记、院长。1983年当选第六届全国政协委员，同年4月离休。1990年1月9日因病在南京逝世。

可以说，吴继周是个铁杆的共产党员。然而，在他的职业生涯中却三起三落，饱尝了人间冷暖、世态炎凉。因此，临终前的他，面对前来探望他的赵淳生，一个同样挫折不断却乐观向上的赵淳生，就不能不感慨万千，老泪纵横。

吴继周是赵淳生在大学遇到的第二位校领导。对他的一生，尤其是大学期间的成长，起到了引导、激励的作用。让那个时代的赵淳生，处处听党的话，积极走在时代的最前沿。

由于他突出的政治表现，加上突出的科研能力，还没毕业的1960年，经当时支部书记王良益介绍，光荣地加入了中国共产党，是全班仅有的6名党员之一。

那个年代入党很难，对家庭成分格外看重，发展的人数也非常有限。赵淳生在高中就是入党积极分子，在大学又处处起模范带头作用，因此是班里第一批入党的学生党员。

在入党申请书中，他这样写道："我决心为共产主义事业奋斗终生，党让我干啥，我就干啥。"这样的誓言不仅伴随他一生，也成了他一生真实的写照。

他不仅入了党，还被提前一年从班里调出，参与了南京航空学院首架无人驾驶飞机的研制工作。还是学生的他，担任了这个大型项目的总调度。这期间，他不仅与设计图纸的技术员打交道，对图纸的使用做出处理；还经常联系工厂，与工人打交道，协调生产加工事宜，各方面的能力均得到锻炼与提高。

1961年毕业前，赵淳生补齐了毕业设计论文，以优异的成绩留校任教。从此，就再也没有离开过南航这片热土，一干就是一辈子。

⑥

成为张阿舟得意的弟子

1961年，赵淳生大学毕业留校任教，并担任飞机结构静动力实验室主任。1962年，他开始从事机械振动的教学和科研工作。一年后的1963年，学校出台了一项培养青年教师的政策，为知名教授选派助手。就是在这次选拔中，赵淳生有幸成为我国著名的力学家、航空领域著名专家张阿舟的助手。

张阿舟，1920年4月14日出生于江苏省丹阳县（现为丹阳市）的一个书香家庭。1937年夏，以优异成绩考入中央大学航空工程系，获得学校颁发的奖学金。1941年中央大学毕业后，先后在中央大学和中央航空研究院从事两种滑翔机的设计、技术工作。在这两项工作中，张阿舟锋芒初露，显示出较强的设计才华和处理技术问题的能力。

1944年11月，他进入英国布列斯托（Bristol）大学攻读研究生。1947年8月，获科学硕士学位。接着由导师推荐进入布列斯托飞机工厂研究与发展部任技术员。这一方面是为他继续留英深造筹措经费，另一方面也为他将来的博士论文搜集资料。一年后，他继续进布列斯托大学攻读博士学位，1949年12月通过答辩，获博士学位。1950年1月，在我国驻英人员的组织下，经香港顺利回国。

回国后，张阿舟被分配到重工业部工作。1951年10月，按该部航空工业局的分派，到南昌飞机制造厂报到，任主工程师，主要负责飞机维修和试制方面的技术工作。1952年后，他参加了"初教-5"飞机的仿制工作。经过一系列飞行试验后，国家试飞委员会认定"初教-5"飞机性能符合技术要求，可以进行成批生产，提供空军训练使用，从此开创了新中国自制飞机的历史。党中央、毛主席给厂里发来了贺电。张阿舟由于在试制工作中的突出贡献，荣立"特等功"。

1955年5月，张阿舟调南京航空学院三系任教。先后任教授、科学研究部主任、研究室主任、副院长、研究所所长和名誉所长、院学术委员会主任、学报编委会主任等职。他长期担任力学和飞机设计等学科的教学工作，先后开设过《高等数学》《自动调节原理》《薄壁结构力学》《飞机强度计算》《理论力学》《直升机部件设计》《直升机振动基础》《随机振动》《波在结构中的传播》等多门课程，主编或参与编写过《飞机强度计算》《飞行器振动基础》等多种教材。

他自20世纪60年代初开始招收研究生，并于1981年起招收固体力学学科博士研究生，是中国首批博士研究生指导教师。与此同时，他积极开展科学研究工作。20世纪60年代前，主要从事飞机静强度方面的理论研究，60年代初期起，研究方向转向振动理论和应用研究。

而此时的赵淳生，恰好跟随他开始了自己的教学与科研生涯。如果说，张阿舟开创了南京航空学院的振动理论和应用研究领域，那么，他的弟子赵淳生日后不但继承了他的事业，并大大推进了他所开创的事业。

1983年，南京航空学院成立了以张阿舟为主任的振动研究室。1985年，又成立了以他为所长的振动工程研究所。从振动研究室到振动工程研究所，从中国振动工程学会顾问到江苏省振动工程学会名誉理事长，张阿舟全面、积极地推动着振动工程学科的研究与发展。在历任第三、五、六、七、八届全国人民代表大会代表的同时，也是当时南京航空学院仅有的两位国务院学位委员会学科评议组成员之一，另一位是张幼桢教授。

若干年后的2005年，他的弟子赵淳生光荣当选中国科学院院士，成为南航首位自己培养的土生土长的院士。

在学校决定让赵淳生做张

1961年冬天，赵淳生（前排右1为）和当时的307飞机强度教研室的老师们合影

师生在宁波海边（1986.5）　　赵淳生和张阿舟老师及师母合影（1989.10）

　　阿舟助手后不久的一天，赵淳生前去拜访了这位名师。眼前这位长者个头不高，头发花白，笑眯眯的眼，非常慈祥。

　　对张阿舟，赵淳生并不陌生。早在大学时，他就为赵淳生上过《飞机强度计算》这门课。那么枯燥的理论在他的讲解下变得生动有趣，让学生们听起来非常入迷。尤其，他在课堂上显露出的超强的逻辑推理能力，还有授课技巧，让每一个听过其课的人都终生难忘。上课时，赵淳生总是坐在第一排，跟随着这位大师遨游在知识的海洋中。那是唯一纯净的世界，也是唯一美好的世界，在这样的世界中本身就是一种享受！

　　从那时起，张阿舟的名字就深深地刻在赵淳生的脑海中。对这位大师级的老师，赵淳生除了崇拜，还是崇拜。崇拜到他讲过的每一句话，赵淳生都会认真地记下来，并不折不扣地去实践。直到现在，赵淳生都记得张阿舟的那句话："人要学习一辈子。抓住零碎时间学习，对学习和研究都至关重要。"这句话让赵淳生受益终生，他总以此勉励自己，不断攀登科学高峰。住公教一村那个阶段，家里没有卫生间，每天到公共厕所的赵淳生，手里一定要拿本书看。所以，一度人们称赵淳生为"马桶"教授。

　　第一次在他家见面，等赵淳生就座以后，张阿舟从沙发站起来。只见他从背后的书柜里拿出一本英文书，顺手翻到序言部分，笑着对赵淳生说："今天，先考考你的英文吧，请把这段翻译给我听听。"

　　学俄语出身的赵淳生，在大学时只自学过一点英语，翻译起来自然结结巴巴的。紧接着张阿舟拿出一篇中文摘要，让赵淳生当场用英语陈述。从来没有经过口语训练的赵淳生，支支吾吾地怎么也翻译不出来，加上第一次见导师的紧张，讲着讲着，脑门上的汗就顺着两颊淌了下来。当时，张老师没说什么，但赵淳生却感到羞愧。第一次师徒的会面，让赵淳生再一次感受到大师的风范。这件事对一向好强的赵淳生刺激很大，他决心一定要把英语补上。由于大师的激励，让赵淳生日后不仅将英文补上了，而且还学习了法语。有这两门外语基础，才使赵淳生在学术的大道上走得更远！

1963年的夏天，南京天气格外闷热。一放假，教师和学生纷纷逃离这个大火炉。赵淳生哪儿都没去，他要利用这个暑假补习英语。让自己的英语水平达到导师张阿舟的要求，才有资格做他的弟子。

当时赵淳生所在的飞机强度教研室，在南京航空学院六号教学楼的二楼。平时这里熙熙攘攘的，一放假整栋楼空荡荡的。没有人来更好。为了节省时间，他干脆搬到教研室，吃住都在这里。几张桌子一拼，白天当书桌，晚上就成了床。每天，黑板上写着密密麻麻的英文单词，全部背下来后，就擦掉再写满一黑板。他还可以大声朗诵，不用担心打扰别人。一个人在这样的环境中学习，真是不错的体验。不过，当时教研室没有纱窗，晚上一开灯，成群的蚊子就飞进来，把赵淳生咬的到处是包。

张阿舟教授推荐赵淳生当博导的
亲笔信

一开学，赵淳生再次见到张阿舟时，他开口就用英语向张阿舟问好，并用英语汇报自己补习英语的经历，这让张阿舟对赵淳生刮目相看。从此，他们师徒关系有了很大转变。张阿舟经常会把赵淳生喊到家里来，有时是师生间的研讨，有时是张师母给他改善一下伙食。心地善良的张师母，无论赵淳生什么时候上门找张老师，她总会弄点小吃给他们。

导师张阿舟的家在赵淳生眼里像座宫殿。这个家坐落在学校对面宿舍区最东边，是一座二层小楼。尽管主体建筑材料仅仅是水泥和黄沙，没有华丽的外表，但在20世纪60年代，一个家庭能拥有这样的小楼也是凤毛麟角。楼上楼下有六个房间，张阿舟的书房就在二楼朝南的一个大房间里，紧挨着的客厅有一个宽大的阳台。很多次，赵淳生与张阿舟讨论累了，就站在这个阳台上，一起放松休息。饭前，赵淳生总能吃到师母亲手做的酒酿元宵，那种只有家才有的温馨场景，温暖了赵淳生一辈子！

在业务上，张阿舟给予赵淳生的帮助极大。他总会亲自到实验室，指导赵淳生做实验。每次，他都强调实验对科学研究的重要性，然后，他会从实验思路到具体的实验方法，对赵淳生进行精心的指导。那种严谨对待科学的态度，真可以用苛刻来形容。

这种指导是全方位的，甚至连实验报告他都认真修改。他改的部分字迹清晰秀丽，让赵淳生感叹不已，以至于后来赵淳生自己当博士生导师时，对待博士生的论文，就学着导师当年的做法，每一字、每一句都一丝不苟地修改。

从此，赵淳生更加崇尚实验，也更加注重严谨。这两点是张阿舟学术思想的精华所在，也是导师送给他的最好礼物，伴随着他的一生，让他受用不尽。

名师出高徒。成为一代名师的弟子，让赵淳生一下子看到了自己的不足，他也知道，日后哪怕要达到张老师一半的水平，都需要加倍出力流汗才行啊！

两年后的1964年，《南京航空航天大学校史（1952—2002）》中在第五章第四节"缩短科研战线，保证重点项目"中，有这样一段话：

新技术、新材料、新工艺，新产品的研究取得成果。如1965年飞机系教师刘渭贤研究的爆炸成型技术取得成功。……飞机系的青年教师赵淳生等也在1964年研制成功一台激振力为1公斤电动激振器，接着又研制成功电动式系列激振器，激振力有2公斤、10公斤、15公斤等数种。1966年3月，由学校研制的电动式激振器、热射热流计等9种仪器仪表，参加了高教部在北京举办的全国仪器仪表新产品展览会。

——《南京航空航天大学校史（1952—2002）》

导师张阿舟对赵淳生寄托很大期望，1985年就推荐他为博士生导师。

张阿舟教授与吴继周院长的经历差不多，在1966年那场史无前例的"文化大革命"中，作为"资产阶级学术权威"被批斗、游街。很长一段时间，他脖子上整日挂着牌子，在校园里被造反派拉着批斗。

早在"大跃进"初期，由于说了几句不合时宜的话，他也成为"靶子"。那时的校刊《南航》，期期都有批判他资产阶级思想的文章。1958年5月20日的《南航》，一整版刊登的都是"张阿舟先生应该向真理投降""彻底清除张阿舟的资产阶级教学思想"等方面的文章。

当时，赵淳生所在的103教研室分成两派，一向简单而专一的赵淳生，自然与导师站在一起。包括批斗吴继周院长时，赵淳生的态度都不那么明朗。

为此，"文化大革命"时赵淳生也受到牵连。有人说他是"保皇派""黑子兵"。1966年12月的一天，造反派要在全院召开大会。教研室支部书记汪宗淇被革命委员会（简称"革委会"）的人喊去，让她立即通知党员开会。那时的学校，完全由"革委会"领导掌控，没人敢不听从他们的命令。就这样，大家按照"革委会"的要求来到学校的大礼堂。会上，一个穿着一身黄军装的中年男人上了台，他当场宣布开除赵淳生的党籍。

对党无限忠诚和热爱的赵淳生，被当众开除了党籍，这对赵淳生的打击该有多大？一向了解赵淳生的汪宗淇老师，真怕赵淳生受不了这样的打击。第二天，看到他就问："赵淳生，你没事吧？"然而，让汪宗淇意想不到的是，赵淳生仿佛什么事都没有发生，照样一副笑脸。他想，如此草率地开除党籍，那这个党还算什么党了？他坚信这不是真的。

甚至，他本人对此事只字不提。仿佛这滑稽的事件从来没有发生过，抑或已被岁月永久地封存起来。但对自己导师一生所取得的那些辉煌成就，却总是念念不忘。

张阿舟先生，这位中国飞机设计大师，曾试制中华人民共和国成立后第一批自制飞机——初教-5。按苏联"雅克-18"飞机仿制，是当时空军迫切需要的初级教练机。在飞行员学完各种初级训练科目后，用于飞机使用性能的掌握。试制工作、静力试验等工作均在张阿舟设计大师指挥下有序进行。飞机造出来后，进入试飞环节。对此，《南京航空航天大学校史（1952—2002）》一书上是这样记载的：

飞机静力试验当时是项全新的工作，在国内是首次进行，又没有苏联专家的指导。工厂决定由从英国留学归国的工程师张阿舟主持此项试验。张阿舟组织全体试验人员认真消化了苏联静力试验资料，对全盘工作做了周密细致的部署。在他有条不紊的指挥下，试验人员井然有序地进行加载、读数、测量、记录。当加载至设计载荷的105%~110%时，轰然发出一声巨响，飞机在外翼前梁处断裂，全机强度符合设计要求，首次进行的全机静力试验获得了成功。后来又陆续完成了中翼、副翼、机身等14个部件、57种设计情况的静力试验，各部件强度均达到设计要求。至此，初教-5静力试验全部完成了，试验证明飞机的强度合格。

但对中国航空技术不那么自信的国人，却不敢坐中国人自己设计的飞机。

中国超声电机领域的 **开拓者赵淳生**

有着丰富飞机设计经验的张阿舟，对自己所具有的业务水准十分自信。他自己设计的东西，又是他亲自经过地面实验验证过的，他有绝对的把握。因此，就在试飞似乎进行不下去的关键时刻，张阿舟毅然决然地钻进了驾驶舱，他淡定地坐在学员的椅

赵淳生院士及夫人和我国首批自制"初教–5"飞机合影

子上，让在场的人似乎忘记了恐惧。就这样，这个中国"初教–5"的飞机设计师，也成了中国航空史上资历最高的试飞员。

他设计的飞机质量实在太棒了，以至于至今在国外还有人驾驶它在天空中飞行。

2014年，到美国访问的赵淳生，有一次亲眼看到了导师张阿舟主持制造的这架飞机，它静静地停在一个私人机坪上，飞机的主人是美国大学教授，一个典型的美国人。他上下班经常驾驶着这架已有60多年机龄的飞机，飞过一片蔚蓝的海洋，开始一天繁忙的工作。

这架飞机显然很旧了，但它不仅飞行平稳，耗油量还很低。真是太好用了！所以，一见到从中国来的赵淳生，他就伸出大拇指说："这架了不起的飞机，是一个了不起的中国工程师搞出来的。中国人真聪明，真了不起！"

此时的赵淳生，从心里涌出的那种骄傲和自豪无以言表。寒暄一阵后，这位美国人走进机舱，开始驾驶这架飞机，带着赵淳生在空中绕了一大圈。飞机降落后，他还把标有这架飞机和发动机出厂时性能指标的两块标牌送给了赵淳生，让他转给这位伟大的中国工程师！至今，赵淳生家里还保存着一件珍贵的物品，那是导师张阿舟主持制造的首批初教–5飞机上的一个小零件。只可惜，这位伟大的中国工程师——赵淳生的导师已不在人世了。

张阿舟2009年9月去世。早在1998年，他就重病在身。病床上的他仍关心赵淳生的事业，关心南航的发展，2005年，当他获悉赵淳生当选为中科院院士时，已经没有多少记忆的他，脸上竟然露出了笑容。在他生病期间，正是赵淳生事业发展的低谷、人生的坎坷期。但无论自己经历了什么，赵淳生在百忙中都要抽时间去看望他的恩师。为了感激导师对自己的培养，每次去看他时赵淳

生都记得带上一笔钱。最后那次，他送去了2000元。

导师走了，师母成了他的牵挂。他知道，在国家困难时期导师带头让妻子放弃工作，在家做起了全职太太。导师健在时，家里经济还可以，导师不在了，没有工资收入的师母，生活条件自然不如从前。而赵淳生总记得从前导师与师母对自己的那些好，他要尽己所能报答他们。每次去看她，除了带上营养品，他还会带上钱，平时就给1000元，逢年过节就给2000元。后来，虽然高龄师母耳聋并患重病，但一提起赵淳生，她还清楚地记得过去那段时光，不停地地说："赵淳生好，几乎天天来我家，与老张讨论问题。我就给他们做点心吃，把他当成自己的孩子那样对待。"然而，2016年师母也因病去世，去世时赵淳生恰巧不在国内。2017年清明节，赵淳生在她儿子的陪同下，专程到她老人家的墓地献花、叩拜。

如今，张阿舟离开人世已经10年多了，师母也去世4年有余。受他们影响最深的弟子，无论遭遇多大的磨难，始终没有放弃科技报国的抱负。他一路顽强地走过来，不仅战胜了生活中的种种磨难，还将导师开创的中国振动工程研究和应用事业全盘继承过来，并做出了骄人的成绩。如果张阿舟教授及其夫人在九泉下有灵，他们会感到无比的欣慰和自豪。

⑦

46 岁获法国博士学位

1978年，对中国广大知识分子具有特别的意义。这一年起，从国家层面彻底告别对知识分子错误的政策；这一年起，知识分子不再受轻视，不再是"臭老九"，不再是"兴无灭资"的对象，不再是改造的对象，在这一年召开的党的十一届三中全会，提出了全党全社会都要尊重知识、尊重人才。这一年，是知识分子扬眉吐气的开始。

同样从这一年开始，我国做出了向国外扩大派遣留学人员的重大决策，大批知识分子开始走出国门。不过，受国家经济实力的限制，公派出国留学的人数非常有限。最初，全国每年派出的人数不到一千人。虽然数量少，但毕竟这样的政策让知识分子看到了希望。对处于封闭国度的知识分子而言，对被政治运动耽误多年的知识分子而言，出国一度成为他们的梦想！向西方发达国家学习，是国家发展的需要，也是个人发展的需要。

一向敏锐好学、积极上进的赵淳生，20世纪50年代曾失去过一次留学苏联的机会，现在国家开放了，走出国门的机会多了，他是不会放过这种机会的。

1980年，42岁的赵淳生从字母开始学习法文，从培训到考试，前前后后用了一年左右的时间，最终获得了公派法国进修的机会。

法国有世界最著名的大学，有世界最杰出的学者，有世界最辉煌的古迹，是个真正可以称为"科学殿堂"的地方。她的声誉历来让世界各地的学者们着迷，赵淳生也不例外。为了能到法国深造，他早早做了准备。

早在20世纪70年代，从事振动工程研究的赵淳生经常要与法国人打交道。一次，一个翻译把"随机振动"译成"随着飞机振动"，让那次他与法国人的交流费了一番周折，这促使他下决心掌握法语。

1980年的春天，人到中年的赵淳生来到南京大学法语系，跟着刚进校的大学生旁听法语。半年后，邓小平号召向西方学习，刚好自己学了点儿法语，赵淳生自然想到去法国。申请提交后不久，他就参加了国家教委组织的口试与笔试。那个年代学习法语的人非常少，赵淳生虽然只得了48分，竟然被录取了。拿到通知书后，国家教委派赵淳生到上海外国语学院，他要在那里进修一年的法语。

法语是他接触的第三种语言。从高中时接触的俄语，到大学时自学的英语，再到现在学习的法语，每次学习新的语种都是一种挑战。这一次的挑战似乎更加残酷。法语的难学世人皆知，加上赵淳生毕竟已四十出头，这个年龄的人学习一种新的语言，谈何容易？

在上海外国语学院法语进修班里，43岁的赵淳生是班上年龄最大的学员之一，也是最刻苦的学员。别人背一遍的东西，他要背上十遍；别人晚上按时休息了，他却要跑到厕所，借着幽暗的灯光，继续学习，一蹲就是几个钟头。

赵淳生喜欢在厕所里背单词，就连他家的老邻居们都知道。他们经常看赵淳生到小区的公共厕所时，手里总要拿着写满外文字符的卡片，很长时间才能出来。刻苦，是他始终如一的法宝，无论在哪个学习阶段，他都牢牢地抓着它，从来不曾丢弃过。

1981年10月13日，赵淳生只身来到法国。按照计划，他先到法国Vichy语言中心集中学习一个半月的法语。该中心地处法国南部一个城市，离巴黎有350公里。这个临时的学习班有14个人，分别来自10个不同的国家。大家每天坐在一起学习，课堂上学员们谈笑风生。

年轻的法语老师已经结婚，还有一个6岁的男孩。不知为什么，她对中国的学生态度特别友好，这让赵淳生多少感到很温暖，也很骄傲。每天，她先让大家听一个小时的录音，然后，大家要回答她的提问并造句。学习后的考试，赵淳生居然得了79.5分，并拿到一本做得非常精致的毕业证书。临走前，赵淳生特

在法国 Vich 小溪旁（1981.10）　　　在巴黎塞纳河畔（1981.11）

意送给这位法语老师一个小灯笼。这只小灯笼是他从北京买来的，无论是结构还是纹饰，都具有中国古典风韵。法语老师非常喜欢，不停地向赵淳生致谢。

　　1981年12月，赵淳生开始了在法国巴黎第六大学力学系的进修生活。导师 Mr Rosea 是一位五十开外、个子高大、皮肤略黑、总带着满脸笑容的法国男人。一见到赵淳生，他就用法国人特有的礼节对他表示了欢迎。随即，把力学系1981—1982年度教学和科研工作计划，每星期五的学术报告会计划，还有他们最近几年的学术报告论文集，以及各个实验组的研究资料，一股脑儿地交给了赵淳生，并亲自帮赵淳生打开为他配备的办公室的房门。

　　这是位于五楼有14平方米大的标准写字间，朝南窗对面就是巴黎繁华的街道。一张大大的办公桌，可以360度旋转的椅子，漂亮的印花墙纸，踩上去软软的地毯，二十四小时供应的热水，还有书橱、衣柜等，这一切在赵淳生眼里真是太舒适、太奢华了。

　　最后，在导师的办公室，赵淳生把事先准备好的礼物拿出来，一幅从国内带去的中国画，还有一枚图章。在送给导师这个小礼物时，他当场在一封信上盖章示范。原来，这枚石头做的图章是中国人用来签名的。这个小小的细节，一下子拉近了这对异国师徒的关系。现场的 Mr Rosea 笑得格外灿烂，还不停地致谢。

　　巴黎第六大学又称皮埃尔与玛丽－居里大学（法文：Université Paris VI 或 Université Pierre et Marie Curie，UPMC），坐落于巴黎市区中心的拉丁区，是法国唯一一所只有理科的公立大学。学校历史悠久，在19—20世纪中叶培养出大批世界著名科学家，其中最著名的是皮埃尔与玛利·居里夫妇。

　　尽管居里夫人早已不在人世，但她留给这个世界的那些辉煌的成就，还有她自身蕴含着的一种精神，至今都以各种方式影响着这个世界上的很多人。他们被她激励，被她感染，也被她改变。尤其，当你置身于这个伟人曾经学习过的地方，她对你的影响就细密得如空气一般，连呼吸这轻薄的空气时，都会让你对知识产生更加强烈的渴望，并产生探求这世间暗存的那些奥秘的无限冲动。

这年的 12 月 30 日，在居里夫人曾经学习过的地方，赵淳生从力学系一位女士手里，接过课程表和教学大纲。这个学期，他既要学习给本科生开设的《振动力学》，也要学习给研究生、博士开设的《结构振动》《变分法》《弹性波》《电磁学》和《计算机科学》等课程。而导师给研究生开的《结构振动》这门课，他格外看重。在听完一场关于"碰撞"的报告后，就特意跑到导师那里要来讲义。同时写信让夫人从国内把这方面的书籍寄来，好提前熟悉教材内容。他打算通过这门课的学习，一方面了解法国在振动领域的研究成果，另一方面熟悉一下语言。虽然来法国之前集中突击过语言，但在日常交流中对方语速稍微快点，他还是有些听不懂。语言始终是他在法国学习面临的最大障碍，他要利用一切机会突破它。

图书馆是每天必去的地方。在这里，赵淳生了解到这位法国导师成果丰硕，除了有很多论文、讲义，还有两本厚厚的学术专著，其中，《非线性振动》由美国出版，《非线性振动和稳定性》由法国出版。这样两本学术专著奠定了导师在该领域的学术地位。难怪这里的人对他都那么尊敬！从此，赵淳生学术生涯中又多了一个榜样。甚至言谈举止、衣着打扮，他受这位法国导师的影响也不小。直到现在，在很多重要场合，赵淳生都会像他法国导师那样，穿上西装，系上领带。

参观法国多鲁士航空学院、国立应用科学院（INSA）、Prodera 公司、北藏松大学（Beçonson Université）、国立先进技术学院、国立师范学院、国立师范教育与技术学院、国立技艺学院等，也是重要的学习内容。收获最大的是参加了一个振动训练班。在短短 7 天培训期间，前来授课的都是法国振动行业著名的专家，这让他大开眼界。

不得不提及的还有法国的超级市场。他第一次知道世界上还有"超市"这么个新鲜事物。在给家人的信中，赵淳生详细记录了他在超市所看到的，包括基本生活用品的价格。原来，国家每月给他们 2000 法郎，其中规定 810 法郎为生活费，700 法郎为租房费，另外 490 法郎需要上交。810 法郎的生活费中，490 法郎为伙食费，10 法郎零用钱，100 法郎交际费，100 法郎交通费。这部分钱如果节省就可以归自己。一向节约的赵淳生，自然不会浪费每一个法郎。所以，他经常去的地方就是法国的超级市场。超级市场琳琅满目的商品给他的视觉及心理冲击太大了！对比当时物质匮乏的国内，赵淳生的心里真不是个滋味。

而他所在的巴黎第六大学地处市中心，办公室的落地窗又正对着繁华的街道。每天透过窗户，他居然能看到天空拖着彩带的飞机！还有一座座高大的楼房以及一栋栋漂亮的小洋房，它们被葱绿的树木包围着，干净而整洁。那数不清的小轿车，有的静静地停在小巷里、自家的庭园里，有的则穿梭在宽阔整洁的马路上……

看到这一切，赵淳生的内心总是不能平静。他禁不住提笔给夫人王凤英写信，在信中他这样感慨道："我们伟大的祖国啊，您何时也能达到这样的境地！中华儿女怎么能把您建设得如此美丽！您有过悠久的文明历史，然而在近代显然是落后了。我们必须加倍努力，迎头赶上这个世界的民族之林啊！"

通过一段时间的学习，赵淳生对法国振动研究领域有了深入的了解。经过梳理，他发现大型柔性飞机结构的非线性振动很强烈，但现有的振动参数识别技术对飞机结构非线性振动模态参数无能为力，而导师 M. Rosea 就是搞非线性振动的，一个新的研究方向"非线性结构的模态参数识别"就这样在他的头脑中形成了。

为了熟悉计算机，并对弹性结构的模态参数识别有较深入的了解，自1982年6月，他开始以振动速度作为传递函数，推导出一套识别模态参数的公式，并编制了计算机程序。由于公式精确、简练，计算结果令人非常满意。

1983年6月，导师 M. Rosea 让他将这一成果写成论文，并翻译成英文，推荐他到美国参加欧洲力学会议。

1983年9月，在导师 M. Rosea 的推荐下，他又参加了在里昂召开的法国第六次力学会议，并在振动和结构专业组做了报告。同时，他还来到巴黎高等机械学院的结构力学实验室进行了介绍。没想到那里的专家对他的研究成果非常感兴趣，当即提出让赵淳生编制一个结构模态精确识别程序。

为此，赵淳生写信给张阿舟。没多久，张阿舟的信从大洋彼岸的中国寄回来，他的点拨对编制结构模态精确识别程序非常有价值。不愧是大师呀！没多久，赵淳生就把一个完整的模态精确识别程序拿了出来。这让巴黎高等机械学院的专家和他的导师深感意外！

巴黎高等机械学院的专家开始关注赵淳生。他们感到如果与这位来自中国的赵淳生合作，能做出很多事情。尽管他们知道，赵淳生没有经过严格的研究生训练，但还是同意免掉他工程硕士课程，直接攻读博士学位，这正好是他们要研究的一个方向。

作为学校公派的访问学者，没有什么硬性任务，闲适的学习生活让他觉得是种浪费。而一心想学到东西的他，感到攻读博士学位是一次最好的学习机会。他立即给远在中国的夫人王凤英打了个长途电话（在法国两年半时间，唯一一次给家里打电话），征求她的意见，毕竟他离家太久，又是在失去爱女的情况下走的。没想到，夫人对他的决定很支持！就这样，赵淳生选择法国巴黎高等

在法国 Prodera 公司做实验（1983.6）

机械学院这个规模不大，但很有特色的大学攻读博士学位。

在这期间，有一件事对他刺痛很大。一次，他意外地发现一篇论文，作者的研究与他的研究课题有点类似，这激起他极大的兴趣。于是，赵淳生打电话给这位教授，提出向他请教。约见的时间是上午九点，可是有病在身的赵淳生虽然提前4个小时赴约，但在地铁里转了几个来回后，没想到还是迟到了五分钟。不管赵淳生如何解释，人家还是坚决地取消了这次约见。这一刻，赵淳生从这位法国教授身上，除感到"严谨"外，还感到一种说不出的傲慢！带着病痛在路上颠簸近4个小时的他，把内心的失望、委屈、伤害都化作钢铁般的决心：一定要通过自己的努力，出色完成在法国的学习和研究任务。

这完全是自加压力。这期间，他每个星期都得向导师汇报一次研究的进度，最后，还得在一年内用法语完成论文，用法语进行答辩。

为了争取时间，赵淳生每天都在12点以后睡觉。很多时候，沉醉于研究中的他总会忘记时间，结果多次被锁在大楼里出不来。三番五次后，值班员在锁门前，一定得到这位中国人所在的实验室看看才关门。

法国是极其浪漫的国度，首都巴黎更是风情万种。即便不奢谈浪漫和风情，就在巴黎附近也有很多自然风光很美的小镇。法国印象派画家莫奈的故居，距巴黎仅半个小时的车程，这里有世界上最美的睡莲。每一朵睡莲，都有一颗温柔、沉静的心，盛开时就营造出一个静谧的世界。不去那里看看，多少有些遗憾。尤其，在周末或节假日，使用地铁卡还可以免费，这对到法国留学经济并不宽裕的中国人来说，到古城体味这独特的韵味，真是不错的选择。

但赵淳生没有这个闲情逸致，他必须抓紧每分、每秒。一到假期，学生和老师纷纷走出校园旅游、度假，结果整个机房，甚至整个学校，就剩下他一个人。

这期间，他甚至放弃了去比利时开会的机会。的确，时间太紧迫了。他进修的时间是两年，如果仅仅进修，时间足够，但由于中途决定读博士学位，时间就非常紧了。国家对公派留学规定的时间具有非常强的法律约束力，如果不按期回来，轻则受到处分，重则就会被单位除名。具有较强组织、纪律性的赵淳生，及时向学校汇报请示，后经学校同意，驻法使馆批准，他在法国进修的时间得以延长半年。他必须在规定的时间内，把博士学位攻下来。结果，时间被拆分成分秒来使用，早晨天不亮就起床，一直到后半夜才能休息。经过几个月的苦战，到1983年的9月，他基本完成了博士论文的理论部分。

在完成延长半年攻读博士的手续后，赵淳生在其笔记本写下两段话：

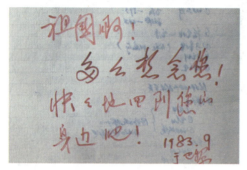 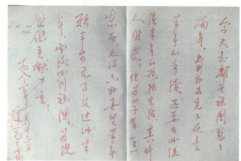

由于完成博士论文还需大量的实验数据，学校没有实验条件，他就一趟一趟地跑到离学校很远的普罗特纳（Prodera）公司。在实验过程中，很多东西都是他自己亲手制作，实验数据都是他一个一个地测量出来，常常饭都顾不上吃。没多久，这个总是趴在实验台上很专注的中国人，以勤奋、好学以及很强的动手能力引起普罗特纳（Prodera）公司老板的注意。他观察了几天后，感到这个中国人不一般。有一天，这位老板问他："你能否留下来，在我们这里工作？"赵淳生摇着头说："不！"不肯留下，老板就希望他能再延期一段时间，赵淳生还是摇着头说："不！"

"国家花这么多钱派我出来学习，我学到了知识要为自己的国家服务，怎么能留在这里呢？"赵淳生心里这样嘀咕着。

到了1984年的4月，他终于用法文完成了两大本厚厚的论文 *Comportement Dynamique d'un Systeme D'usinage Par Ultrasons*，初稿全部是用手写出来的，字迹工整得就像刻出来的一样。那厚厚的两大本法语论文草稿，总共有200多页，每一章节和段落，都是他一句一句抠出来的。仅仅写论文绪论那章，他就阅读了几十本中外有关书刊资料，反反复复修改了8遍。这背后的艰辛和付出，只有赵淳生自己知道。

夫人王凤英知道的是，他克服的不仅仅是时间的紧迫、语言的障碍，还有情感的折磨！就在留学法国之前，他的小女儿在一场车祸中突然离世。这真是突如其来的打击！面对这样的打击，很多人可能会垮掉，赵淳生也悲痛万分，但最后他把眼泪咽进肚子里，把痛失爱女的悲痛化作学习上的动力。

夜晚的巴黎，灯火辉煌，赵淳生一个人在房间里，除了感到孤寂，还有对远方亲人的思念。在这样独处的环境中，他总会情不自禁地想到车祸中的女儿，想到独自忍受痛苦的妻子。每当这个时候，他会拿起笔给妻子和女儿写信。

来到法国的第一封信，他这样嘱咐女儿：

天气冷了，骑自行车要特别小心。手脚不灵活，自行车龙头不容易把握，尽量骑慢点，靠边骑。让王叔叔教您如何骑稳自行车，紧急情况下如何刹车，如何处理。下雪结冰时，不要骑自行车，就辛苦点，坐汽车。希望女儿自觉遵守，不要图一时的舒服，就误了大事！！身体重要，记得锻炼。有了身体，才好为国家人民干点有益的事情。

——1981年10月11日赵淳生家书

一个月以后的家书，他这样写道：

凤英：

这次我们遭遇失去女儿这样如此之不幸，我又忍住悲痛，离开了您，这使您更加伤心和孤单。这是我们一生最痛苦最艰难的时期，让我们共勉，克服当前的困难，尽可能遗忘过去，重新建设我们美好的生活吧。我把思想集中到学习上。尽管内心是痛苦的，但我要以坚强的毅力加以控制，让过去的事永远过去吧。

——1981年11月19日赵淳生家书

在给夫人王凤英的另一封信中，他这样写道：

应该说，我们的生活是幸福的。然而，人生的道路是艰难曲折的。让我们抛掉昔日的痛苦和包袱，轻装前进吧！为振兴中华，为四个现代化做出我们的贡献吧！只有这样，才有我们家庭的光明和幸福！

——1981年12月4日赵淳生家书

尽管赵淳生是这样说的，但其实失去爱女是他人生永远无法愈合的伤痛！所以，现在看到赵淳生在巴黎塞纳河畔留下的那张照片，尽管脸上也有笑容，但细心的人还是会发现那笑容背后的悲痛。这悲痛程度之深，以至于到了暮年的赵淳生，一提及这段往事，还会泪如雨注。

为了在最后的答辩环节顺利通过，每天，他一个人在教室，对着黑板用法语一遍又一遍复述着论文，不知道练习了多少遍，以至于到了倒背如流的程度。

1984年的4月25日，赵淳生迎来自己人生难忘的一天。这天，他身着西装，精神抖擞地站在答辩台前，接受台下法国振动领域专家最严格的审查。

他用法语汇报，并用法语回答专家们的提问。没有卡壳，没有尴尬，只见台上的赵淳生操着一口流利的法语，自信地一一作答，他的表现无疑非常出色。最后，答辩委员会一致同意授予赵淳生巴黎高等机械学院工程力学博士学位。

答辩委员会主席、法国科学院院士 M. Roseau 当场宣读了答辩委员会的意见后，面带微笑缓缓走向台下的赵淳生，向赵淳生表示了最真诚的祝贺！

由法国科学院院士 M. Roseau（右图右3）主持博士论文答辩场景

法国高等机械学院（巴黎）院长 L. Feuvrais（右图右1）随后也向赵淳生走来，他伸出双臂，给赵淳生一个法国式的拥抱，以表达自己最诚挚的祝贺！从他任职法国这所学院院长以来，赵淳生是该院第一位获得博士学位的中国人。这位中国人在短时间内的研究成果，所表现出的敬业精神，都给法国人留下了深刻印象，也多少改变了他们原来对中国人的一些偏见。

这的确应当祝贺！这一年，整整46岁的赵淳生，在法国获得了博士学位。这个博士学位的含金量人所共知。尤其，他是在痛失爱女的情况下获得的，这是多么的不易！

中年这段特殊的求学经历，对赵淳生来说是非常重要的人生经历，不仅改变了他的命运，也是他人生一个重要转折点。尤其，早期的公派留学是国家在经济条件十分困难的情况下做出的决策，这里饱含多少期待和信任。因此，他总有种强烈的使命感，总有股报效祖国的热情。

除此之外，他还要报答妻女的支持。为此，他尽可能节约每月的开支。

刚来法国时，他住的地方离学校很远，每天坐地铁浪费钱不说，还浪费时间。幸好与他一同在上海进修法语的老乡，现南京林业大学著名教授向其柏比

答辩委员会主席 M. Roseau（左图左1）院长 L. Feuvrais（右图左1）向赵淳生祝贺

他早到法国，熟悉这里的情况，赵淳生就托他在学校附近租到了最便宜的房子。

此后，他就自己做饭吃。没有固定的厨房，只能在租住房的楼道里。由于烧饭时会走神，经常把菜弄糊，油烟弥漫整个楼道，没少遭到邻居的谴责。

与妻女的书信，字小得像蚂蚁，辨认起来都有些困难，而且正反面都密密麻麻地写满。

这样精打细算地过到回国前，他硬是从有限的生活费中省出一笔钱，给家里带回了"八大件"，冰箱、电视机、缝纫机等。在那个年代，这些东西可不是家家都有的，这就是他能给家人的回报。而那台法式收音机，至今还摆在书房的沙发旁，安静地陪伴着自己的主人。

博士论文答辩后的一个星期，也就是1984年的5月1日，赵淳生登上飞往北京的飞机，匆匆地回到祖国的怀抱。从这个日期可以看出，他归心似箭。

分别摄于北京人民大会堂前和万里长城（1984.5.2）

　　此时，妻子和女儿也专程从南京来到北京，欢迎她们日夜思念的亲人凯旋。一路上，母女俩的心情格外激动，憧憬着见到赵淳生第一眼时的场景，一遍又一遍。一家人分别多年后，终于可以在伟大的首都北京幸福地团聚了！

　　这些都是人们能见到的。而别人看不到的是，他太想把自己所学到的东西，用来为自己的祖国服务。

第三篇　事业有成

①

研制出国内首台电动式激振器

早在20世纪60年代，当赵淳生看到国内所用的"电动式激振器"都从国外进口时，就决心改变这种现状。

那是1963年9月，他从沈阳带实习的学生回南京，中途路过北京，打算看看未婚妻王凤英，顺便去一趟北京航空学院（现北京航空航天大学）。这是他第一次到北航。在参观该校飞机结构静动力实验室时，一进门就看到一台圆筒型的仪器，高度约200毫米、直径约100毫米，一根细长杆子从圆筒中伸出来，连到被试验的机翼上。当杆子上下运动时，与之相连的机翼也跟着"咕咚、咕咚"地振动起来，翼尖的振幅差不多有20毫米！

这种完全靠进口的设备（激振器，Vibration Exciter），附加某些信号源和功率放大器就能产生激振力，既可以进行振动和疲劳试验，又可以对物料实行输送、筛分、密实、成型，以及土壤砂石的捣固，是在工业生产中用途广泛的一种仪器。

20世纪50年代初期，美国就运用电动式激振器做飞机的全机共振试验。随着各种工程结构越来越复杂，载荷和环境条件越来越恶劣，对结构动态特性要求越来越苛刻，对模态试验技术及实验装置也就有了更高的要求。

与此同时，法国Prodera公司向世界推出具有计算机控制的全自动模态试验设备，其中电动式激振器最多可达32台，可最佳分布到被测物上，以获得振动模态数据。可用于飞行器地面和空中试验，激振力有1公斤、5公斤、20公斤不等，最多可达100公斤。

我国从20世纪60年代初，就有人开始研制电动式激振器，但性能未达到要求，以至于很少应用于科研和生产之中。因此，长期以来这种电动式激振器主

JZQ 励磁式电动激振器系列

要依赖进口。

就这么个其貌不扬的东西，中国人自己不能生产？国内又有那么大的需求量，国家每年要花多少外汇呀！从事飞机结构振动研究的赵淳生，也需要这种仪器。但由于外汇紧张，学校不可能进口，只有靠自己研制。在大学时就具有敢想、敢干劲头的赵淳生，马上想到自己试试。

他当场向讲解员借来说明书。进口设备的说明书只有英文版的，而且只有一份。起初，赵淳生想把这份说明书背下来，一看才知道有点儿复杂，光靠记忆根本无法记住那些技术参数。那个年代还没有复印机，他赶紧跑到楼道的窗台下，把说明书中的主要内容抄下来，并徒手绘了一份结构草图。

回到学校后，只有二十四岁的赵淳生就靠着这份手抄的英文说明书，在恩师张阿舟教授的指导下，一头扎到"激振器"的研制中。

这是真正意义的白手起家。3个月下来，他总算把原理搞明白了。接着，就要把激振器做出来。设计、材料、制作，一环接着一环，最后做实验时，才发现性能根本达不到要求。

那就再试！赵淳生相信，只要方法对头，外国人能做到的，我们中国人也一定能做到。

面对一次又一次的失败，他没有气馁。两年后的1966年，硬是靠着一股子韧劲，赵淳生搞出了中国人自己的"电动式激振器"。不过，当时这种被称为JZQ 励磁式激振器，其激振力只有1公斤。

但万事开头难。从1公斤起步，以后赵淳生就致力于不断提高激振力上。不久，就提升到10公斤，又提升到20公斤，最后，居然达到了100公斤，并形成了系列。

对改院后的南京航空学院而言，科研是其软肋，也是其主攻方向。而留校从事教学科研工作的赵淳生，在工作不到5年的时间内，就在科研方面一炮打响，做出了骄人的业绩。从此，走在科研道路上的赵淳生，一发不可收，一刻都没有停止过发明创造。

不过，最初研制成的 JZQ 系列励磁式电动激振器虽是不小的突破，但这种激振器工作时除了需要交流电，还需要直流电，加上交流电与直流电的互相干扰，性能也受到一定的影响。于是，从1975年起，赵淳生开始对这项技术进行改进。一年后，在励磁式激振器的基础上，他又成功地研制了JZQ-5型永磁式电动激振器。针对第一代激振器存在的不足，他采用了无骨架玻璃钢和非线性弹簧，同时采用了永久磁钢。

采用三种不同的磁钢结构（右1为钕铁硼）

HEV内磁式高能激振器系列

科研绝不是简单地照抄照搬，而要有所超越。之后他又开展了WFB宽频带激振器研制，又将JZQ-5型永磁式电动激振器发展成为系列，并分别于1987年获江苏省科技进步三等奖；1988年获国家科技进步三等奖和国防专用国家级科技进步奖三等奖。

飞机系从60年代开始研制激振设备，其中JZQ-5型（10kg）励磁式激振器在1966年全国仪器仪表新产品展览会上展出，并成为苏州试验仪器厂的定型产品。1976年研制成功的JZQ-7型永磁式激振器和GF-200超低频功率放大器，1980年通过部级鉴定，性能优越，达到法国同类产品的水平，畅销全国。

——《南京航空航天大学校史（1952—2002）》

改进后的产品先后在航空航天、汽车、机床等行业广泛应用。在产品试制过程中，南京898厂、上海磁钢厂、新江机械厂、573厂、上海自动化仪表一厂等企业和601所、630所、623所、603所、612所等研究所给予大力支持和帮助。

那时的赵淳生，除了完成学校的教学工作，几乎把所有的时间都用在走访使用单位上。作为研发人，只有掌握用户的使用情况，才能更好地对产品进行改进。那段时间，他经常连续多天住在使用单位，与那里的科研人员以及工人工作、吃住在一起。

根据用户的意见，经过一段时间的改进和完善，JZQ-5型永磁式激振器产品最终成熟，并投入批量生产。全国先后有江苏陡岗机械厂、国营昌河机械厂、南昌电子仪器厂、航空工业部372厂、宝应振动仪器厂等厂家参与生产，总共生产了1000多套。产品远销全国28个省市400多个单位，几乎所有的理工科大学、机械、机电、建筑行业有关的研究所、工厂，都购置了这套激振装置。

JZQ-5型永磁式激振器虽然性能很好，达到法国同类产品的水平，但是，由于磁钢安装在外边（称为外磁式），激振器相互靠近时容易退磁，同时还会漏磁，将附近的钢铁物件磁化。即使走在世界激振器研制前列的法国，他们卖给我们的产品也存在这样的缺点。

于是，赵淳生决定把外磁式激振器变成内磁式。改进后的内磁式磁钢激振器同法国人采用的外磁式磁钢激振器相比，在激振力不变的情况下，体积和重量都大大减少，这是真正意义上的一次突破！

赵淳生将激振器从外磁式变成内磁式，虽然其体积和重量有所减小，但他仍不满足。他要继续优化这个笨重的机器。这一次，他从磁钢材料开刀，创造性地采用钕铁硼高能材料，使激振器的体积和重量又进一步减少，其推力与重量比为当时法国同类产品的三倍以上，并形成了HEV内磁式高能激振器系列。

就这样，先是"励磁式激振器"，后又是"永磁式激振器"，再后来又是"高能激振器"，最终形成了电动式激振器三个系列，研究成果填补了国内空白，其性能指标和法国同类产品相当，而且，某些指标远远超过法国同类产品。

在以后近30年中，该激振器在教学、科研和生产中发挥着重要作用，改变了我国电动激振器长期依赖进口的局面，为国家节省了数以万计的外汇。产品不仅占领了国内市场，还打入了国际市场，打破了国外在电动式激振器技术上的垄断，特别是为我国长征系列火箭模态试验和歼-8系列飞机、运-12飞机和本校长空无人机、直升机的全机共振试验做出了贡献，取得了巨大的经济效益和社会效益。

而赵淳生与激振器的缘分，可追溯到1983年。当时在法国学习的赵淳生，曾在法国Prodera这个世界专门研制多点激振系统的公司工作过一段时间。这个赫赫有名的法国公司有100多人，而专门从事振动仪器研究和生产的只有30多人。别小看这30多人，他们平均每月可以生产4~5万套多点激振器，年产值超过40000万美元，产品畅销苏联、中国、东欧、日本、印度、东南亚、非洲等地。这给赵淳生的启发和震撼都非常大！

正因为在法国与这项技术亲密的接触，使得赵淳生对这一产品从理论到实践都有深入的了解，为其日后的研究工作奠定了坚实的基础。

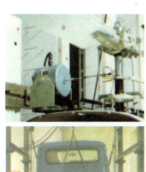

电动式激振器在工程中的典型应用

　　从法国回国后，他开始着手"机械设备故障诊断"的研制工作。由于机械故障诊断工作一般都在外场进行，工作起来噪声很大，本来说话就大嗓门的赵淳生，与工人交流时就得放开嗓子。再回到学校，无论是家人，还是单位的同志，总得用一段时间才能慢慢适应他的嗓音。很多时候，回到家里的赵淳生浑身上下都是灰尘，要多"土"就有多"土"。

　　在这个阶段，他结识了一个搞土木建设的小伙子冯旭峰。在赵淳生举办的桩基检测技术培训班上，他免费给学员上课，免费发资料。培训班的学员冯旭峰，虽然文化程度不高，但学习认真，很快就掌握了测量技术，并与赵淳生成为忘年交。他使用赵淳生研制的激振器检测桩基，在一次业务大赛中竟获得了冠军。那次比赛，他不仅能准确判断出埋在地下的桩基哪个完好，哪个有破损，还能准确说出破损的位置。后来，在工作中他不断发展了这项技术，还和东南大学土木工程实验室合办了公司，不仅承接国内的业务，其业务范围还扩大到国外。

　　当年，国内在土木工程中做桩基故障诊断有很多单位，但南航是最受认可的单位之一。赵淳生所研制的仪器小巧、精准、耐用，深受业界的欢迎。

　　一场轰轰烈烈的事业就这样开始了。在已有"振动研究室"基础上，1985年南京航空学院成立了"振动工程研究所"，张阿舟教授担任首任所长。四十八岁的赵淳生出任副所长兼任党支部书记。在一次全国性的振动工程行业会上，有人提议成立全国性振动工程学会，当时很多学校参与竞争，但最终由张阿舟教授向大会汇报的南京航空学院包括赵淳生在内多个教授的开创性成果，得到与会人员一致的认可。结果，他们战胜了一个又一个强劲的对手，一举拿下了"中国振动工程学会"这块全国一级学会的金牌。这是当年一级学会挂靠单位落在北京之外唯一一家。之后，他们又办起了《振动工程学报》这个全国性重点学报。

1986年以赵淳生为首的机械故障诊断
课题组在南京钢铁厂

1986年赵淳生和冯旭峰在南京
某建筑工地

那个阶段，第一批出国深造的人纷纷回国，研究所内一下子聚集了从法国、美国、加拿大等回国的学者，他们都是各个学科领域中的精英。这些人从不同国家学习回来，每个人的研究方向不同、想法不同，各种分歧很多。作为副所长兼党支部书记的赵淳生，每天不仅要完成繁重的科研任务，还要应对各种人事纠纷，解决各种矛盾。有人赞同他，也有人总与他唱"对台戏"，经常发生一些争执。有一次，为了所里的一项业务，他们不但吵起来，最后还动手打了起来。

作为一所之长（那时已提为所长兼党支部书记）竟然与部下打起架来，这可不是件小事。事后，时任南京航空学院党委书记的吴明，把赵淳生叫到自己的办公室，对他进行了严厉的批评。在高校这样一个知识分子聚集的地方，团结问题经常令管理者头痛。由于不团结，内耗很大，明明能做成的事，也就无法做下去。

赵淳生所在的研究所就是这样。在20世纪80年代，最初的发展势头不错，不仅成立了研究所，还成立了"中国振动工程学会"，办起了《振动工程学报》，在各方面都走在全国振动学科的前面。作为张阿舟的弟子，那时的赵淳生可以说把导师未完成的事业全部继承了下来，并取得了骄人的业绩。但赵淳生毕竟不是一位优秀的管理者，由于整天得面对研究所内部各种矛盾，就无心向外申报重点学科，更无心申报国家重点实验室。

因此，这是一个历史性的遗憾。纵然心痛，但也只能面对。不过后来，这遗憾还是被赵淳生弥补回来。二十年后，他终于以更加卓著的业绩，在胡海岩院士和他共同发起下，在全校的大力支持下，为南航赢得了首个国家重点实验室。

1989年，他以突出的成绩晋升为教授，同年，获江苏省教委授予的"优秀教育工作者"称号。1990年11月，经国务院学位委员会审批，赵淳生成为学校第四批博士生导师。与他同时晋升为博导的还有朱兆达、朱剑英、周明德、郭荣伟、袁信、樊蔚勋，他们都是学校大名鼎鼎的学术精英。2002年，在学校自行审定博士生导师中，赵淳生成为在岗的机械设计与理论学科的7个指导教师之一。

1995年12月，他又主持研制成功"多用途振动测量系统"，这是全国第一家用一套设备实现纯模态法和频响函数法及其他多种功能的振动测量系统，其规模、功能和各种性能指标都达到了当时国际先进水平。

2001年12月，HEV系列高能激振器通过国防科工委的鉴定，成果先后获得国家发明四等奖、中国航空工业总公司和国防科工委科技进步二等奖，并获得国家发明专利。

赵淳生主持研制多用途测量系统（1995 年）

从1963年涉足激振器的研究和开发工作，年轻的赵淳生全力以赴投身其中，从无到有，从理论到应用，把这项与振动相关的事业做得轰轰烈烈。在这一过程中，赵淳生个人也成长起来，从助教到讲师，从讲师到教授，从教授再到博导，可以说，已走到事业的顶峰。

他完全可以按部就班一直这样做下去，那样他的生活将从容而自在。不过，让人意想不到的是，就在自己的事业已达到顶峰之际，年过半百的赵淳生竟然要一切从零开始。

②
开拓超声电机新天地

"靠激振器这项成果，吃吃老本就可以舒服过一辈子的。"但赵淳生可不这样想。他要寻找一个更高的目标，只要民族工业还落后，他进取的脚步就永远不会停歇。

20世纪90年代初，赵淳生应邀赴美国麻省理工学院航空航天系做访问学者。在此之前，夫人、女儿、女婿及可爱的小外孙都已在美国居住。这期间，他一边享受着天伦之乐，一边抓紧一切时间学习。那是1993年春天的下午，他像往常一样走进该系的报告厅，这里有一场关于超声电机研究的学术报告。

超声电机（Ultrasonic Motor，或简写为 USM）是利用压电陶瓷的逆压电效应和超声振动来获得运动和力矩，从而取代了传统电机中的那些铜线圈和磁场。这一革命性的改变，使得超声电机具有轻便、简单、响应快、噪声低等优点，不仅在照相机、手表、机器人、汽车、精密定位仪、微型机械等民用领域有广泛应用，在航空航天、武器装备等重要领域也大有用武之地。

超声电机的原理由苏联学者在20世纪60年代初提出。1973年，美国 IBM 公司的 H.V. Barth 博士、苏联的 V.H.Lavrinenko 等人根据这一原理研制出样机。20世纪80年代，日本科学工作者则将原理样机变成可使用的超声电机，并于20世纪90年代初成功应用在照相机、手表等产品中。其中，仅 Canon 公司每年就能生产20~40万台，除供给公司自己生产的照相机配套外，还提供日本其他领域使用。而这一新技术的应用和普及，使得日本在某些领域处于世界领先地位。

美国人当然不服气。那时的美国，正准备注入大量资金研发超声电机，他们铆足了劲儿，要追赶在这个领域遥遥领先的日本。他们买来日本的照相机，拆开后仔细研究。在美国麻省理工学院的那场学术报告，就是在这样的背景下举办的。做报告的是美国麻省理工学院航空航天系的一位博士生，他与导师等一行人专程到日本考察超声电机研究，回来后不久就做了这场报告。

在国内一直从事振动研究的赵淳生，对这个基于振动原理的新玩意产生了极大的兴趣！他从始至终都被那场报告深深地吸引着，像被人引领来到了一个神秘的地带。他还是第一次听说"超声电机"这个新名词。而且，"它可以做得足够小，甚至能进入人体血管做清洁工作，真是太神奇了！"

听完报告回到家里的赵淳生，一直处于极度兴奋状态。怪不得世界那么多国家都在搞这个新玩意，日本、美国、俄罗斯、德国已先后研制出各种类型和用途的超声电机了，而偌大的中国却没有涉足超声电机研制。

凭借一双慧眼，赵淳生瞄上了超声电机这个全新领域。他决定转变研究方向，搞中国人自己的超声电机研究。

而此时的赵淳生已年过半百。很多人到了这个年龄，就打算颐养天年了。但赵淳生在这个年龄，却要重新开辟一个新的研究天地。

说干就干。但要想回国后自己搞超声电机研究，必须抓紧向美国搞超声电机研究的人学习，而最好的学习方式就是加入麻省理工学院这所大学的超声电机研究课题组。不过，他到麻省理工学院的航空航天系学习本身就很不易，如果再从航空航天系进入超声电机课题组就更不易。此时，一心想转变研究方向的赵淳生，眼前横着两座大山。

怎么办？只有不遗余力！在任何困难面前，你要想逾越它，只有不遗余力！就这样，他千方百计打入麻省理工学院航空航天系的超声电机课题组，一头扎进超声电机研究中。当时，这个课题组已接受了美国宇航局（NASA）的研究任务，他们专门开发用于火星探测器上的超声电机。可以说，美国的研究定位更高，一开始就瞄准了航天领域，如果成功就等于在超声电机技术上超越了日本。而进入这样的课题组，无疑就接触到了世界最前沿的技术。

德国汉诺威莱布尼兹大学教授 J.Wallasche 在为赵淳生专著 *Ultrasonic Motors：Technologies and Applications* 序言中写道："1993年，赵淳生在美国麻省理工学院做访问学者时，我们在一个压电 / 超声电机新技术爱好者小组所创建的'压电日'活动中认识了。那时，赵教授对该领域的未来就有一个清晰的预见，并且很快地将他的研究重心转移到这个新兴的、富有创造性的技术上……"。

一向痴迷于科学研究的赵淳生，仿佛一下子回到了壮年。他似乎忘记了自己的年龄，全身心地投入其中。课题组的讨论、设计、试验，他全程参与，很快就把超声电机理论部分弄清楚了。就连查找、复印超声电机资料，他也积极参与其中。每次去复印，他都要两份，一份给美国课题组研究用，一份为日后回国自己研究用。仅超声电机专利方面的资料，他就复印了几百份。那些资料摞起来，足足有二尺高。当时的复印费是每张0.1美元，而这样的费用全部得由自己掏腰包。

一下子，时间显得格外珍贵。白天，他在实验室跟着课题组一起做研究；晚上，回到家里的赵淳生也没有闲下来的时候。女儿女婿为了支持他，把家里的地下室腾出来给他用。美方发给他的工资，节省下来的部分全部用于购买研究用的各种元器件以及资料。没多久，地下室就摆满了各种实验仪器设备和资料，俨然一个正规的实验室。很快，他不仅把超声电机几个主要部件的原理和结构弄清楚了，对硬件的熟悉程度也超过课题组所有的人。

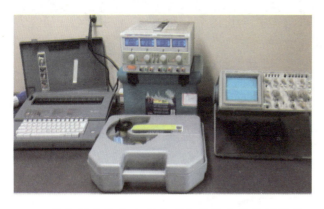

1993年赵淳生在女儿家地下室做试验的仪器设备

美国麻省理工学院航空航天系超声电机课题组的研究人员，不得不对这个来自中国的"小老头"刮目相看。年轻人也没有他那种痴迷呀！年轻人也没有他那股子钻劲呀！人们发现，他看超声电机的眼神总是那么专注，好像整个人都掉了进去，怎么拉也拉不出来。那是所有迷恋科学研究的人都会有的神态。从事科学研究的人，如果进入不了这样的状态，就永远不会超越他人。

每项世界科技前沿技术的攻破，都太需要像赵淳生这样的人了。带着硬性任务的课题组负责人，自然萌生了把赵淳生留下来的想法。别人只给1000美金的工资，他们却答应给赵淳生1800美金，后来又追加到2000多美金。

那个年代，国内经济并不发达，一般大学教师的收入，也就是几百元人民币，这2000多美金在国内很多人眼里，简直是天文数字！不过，赵淳生并不为之心动。从瞄准超声电机那一天起，他所做的一切，都在为回国做准备。但美国这个课题组的人不知道，他的家人也不知道。

一年后的1994年，一直惦记着"要搞出中国人自己的超声电机"的赵淳生决定回国。当他把这一决定告诉家人时，结果，一场家庭大战就此爆发。

"什么？回国？！你是不是神经搭错了？你去看看周围，有我们这样的家庭吗？全家五口，四口在美国，只你一个人在中国。好不容易全家聚到了一起，你却要离我们而去？赵淳生呀赵淳生，你是怎么想的？！"夫人王凤英坚决不同意。

"妈妈在美国，我们小家需要她，你回国对她而言，是多大的心理负担呀！她既要照顾我们，又要牵挂你，你不体谅我们，也不体谅妈妈吗？"唯一的女儿也坚决反对。

"在美国一样可以搞超声电机研究呀！您有法国博士学位，又是中国知名教授，即使在美国做访问学者结束，也可以轻松找到一份工作，那我们全家就可以在一起了。"一旁的女婿也加入了声援。

"我就是要回国！"坐在办公桌旁的赵淳生，用手撑着自己的额头，此刻他无法正视众口一词的家人。他知道他们的用心，也不能说不理解。但他内心有一种更强大的声音："我一定要搞出中国人自己的超声电机！我一定要搞出中国人自己的超声电机！"这声音已经在他心中回响了一年之久，最后固化成一个非常明确的人生目标。因为这个目标，他人生的每分每秒都变得格外兴奋。他因为这样的兴奋而幸福，而巨大的幸福感足以抵消外界的一切干扰。

"不行！就是不行！"夫人王凤英几乎哭着说出了这句话。

一个坚决要回国，几个坚决不同意。一连几天，赵淳生与家人就这样激烈地对抗着。怎么办？硬的不行，就来软的。但无论妻子、女儿、女婿怎么劝说，倔强的赵淳生就是不妥协。

"我出来只是为了学习，但我学到的知识一定要服务于自己的国家，这是任何人都无法阻挠的。"深知其个性的家人，最终只好默默地看着他离去。

1994年10月，赵淳生独自一人回到了祖国。他随身带的是早已准备好的资料和元器件，整整有五大包。带回的资料实在太多了，最后只能从美国波士顿海运，辗转香港才到达了南京。从这些资料就能看出，他回国的决心有多大。

去美国之前，赵淳生曾领导一个"多点激振技术"课题组。按照规定，他从美国回来还应该在这个课题组，并继续担任课题组组长。可回来后赵淳生发现，自己不但办公场地没有了，原来结余的有限经费也没有了。他要搞超声电机研究，要么从原课题组中分出来几个人，要么自己单干。

他首先想到的当然是就地组建队伍。然而，没人知道超声电机是个什么"东西"，手头做的激振器又很红火，谁愿意冒险与他搞超声电机呢？显然没有人愿意。为此，他在很多场合介绍国外超声电机的研究情况，希望大家与他一道搞这个研究。可是，不管他怎么说，课题组的人始终无法理解，放着好好的激振器不做，去做什么大家都不知道的超声电机，这不是胡来吗？不理解也就罢了，有的人还竭力反对。在这种情况下，赵淳生只好忍受，他既不能用课题组的钱，也不能用课题组的人，只能另起炉灶。

没有钱，他只好从系里借了15000元，买了台台式电脑和简易的打印机；没有人，他只好带着一名博士后、一名博士生和一名硕士生；没有场地，他只好临时借了一间不到20平方米的房间，就迫不及待地开始了研究。

然而，毕竟他还是原课题组的组长。组长不想做激振器了，而原班人马还不想放弃，怎么办？后来，原课题组的副组长提出了"分家"。为此，组里正式开会，经研究一致同意把一些与激振技术有关的好一点的仪器分给副组长一方，其他稍差一点的仪器和20台激振器分给赵淳生。那20台激振器不仅是赵淳生设计的，也是他用经费买的材料，并组织协助单位加工生产的。这样分配既合情，也合理。

赵淳生要搞超声电机，要这些激振器不仅没多大用途，还占据很多空间。由于新的研究需要大笔启动资金，因此，分完家后赵淳生就想到把这些激振器卖掉，结果真有单位需要，对方给出的价码是每台1万元，而且全部买下，20台就是20万元！

"好，就这样成交！"放下电话的那一刻，赵淳生多少有些兴奋。有了这20万元，搞超声电机研究的启动经费就不愁了。不料，这件事被副组长那边的人知道了。

"什么，赵淳生把那些激振器卖了20万元？"他们看到这些激振器能卖20万元钱，顿时有些眼红，提出重新分配家产。对此，赵淳生当然不答应。于是，一天晚上，原副组长组织一帮人偷偷撬开门锁，把20台激振器悄悄地搬走了！第二天，赵淳生发现后立即发动自己的研究生，把那些激振器又搬了回来，并换上保险锁，让他们无法再把激振器搬走！

后来，这件事不知怎么被学院领导知道了。他们就来与赵淳生协商，重新分家也不可能，那卖了这么多钱，总要分给他们一些，否则他们不答应，这样争来吵去的也不太好。

研究初期很多东西都无法公开，就算你耐心科普一次，人家一时也无法明白。尤其在连个样机都没有的情况下，也申请不到经费。而没有经费，研究就无法进行。要搞超声电机研究的赵淳生，是多么迫切地需要这笔启动经费呀！但为了搞好团结，他只好答应退10台给他们。最后，他用卖掉激振器的10万元，来补贴超声电机研究，这是没有办法的办法。

自从在美国听了那场报告后，赵淳生可是铁了心，一定要搞出中国人自己的超声电机。他那急迫的心情一般人无法体会。很多时候，他与周围人因为研究工作会发生激烈的冲突，一度处于非常孤立的状态。

在科学发展史上，很多科学家最初都不为世俗所接纳。发明炸药的诺贝尔，为了筹措研究资金四处拜访巴黎的银行，没有一家银行愿意贷款给他。后来，拿破仑三世看到硝化甘油在军事上的用途，诺贝尔才获得了10万法郎的贷款。不过，因为试验工厂的一起爆炸事故，他日后的研究也受到各种限制。

赵淳生也不例外。他超常规的做法，让很多人都无法理解。不理解他的，既有教研室的老师，也有他的学生。在研究最困难的时候，很多人纷纷离他而去。

为了留住人，他想尽了一切办法，为的只是把研究继续下去。这一切办法中，于他而言最难的就是求人。

对于信奉"万事不求人"的中国知识分子来说，放下身价向人求助，不是为自己而是为别人，这的确需要一种道德上的超越。20世纪90年代初，搞导弹的不如卖茶叶蛋的。在这样的社会背景下，高校要留住人才真是很难的一件事。一提起留人，对方一开口不是职称就是住房。一直住在夫人单位，每天要骑车往返学校的赵淳生，自己的住房诉求多年来都无法解决，他如何能帮助别人解决住房问题呢？对于赵淳生来说，这真比登天还难。但为了留住人，他只能去求人。

曾经为了一个博士后的房子，他不知跑了多少部门，人家像踢皮球似的把他从这个部门推到那个部门，然后，又从那个部门推回这个部门。为了解决他们的待遇问题，一向只关注专业的赵淳生，也不得不向权贵低头，一次一次硬着头皮，走进有关职能部门领导的办公室，请求给予关照。

然而，一边是他全力的付出，一边却是一些人的"拆台"。有的人根本不领这个情，虽然待遇要到了，但没干多久仍然执意要走。走就走吧，让赵淳生万万想不到的是：临走时有人居然还把前期全部研究成果存储在一张 U 盘上带走，一度使研究工作陷入僵局，让花甲之年的赵淳生伤心至极。因此，那段时间他的精神郁闷到了极点。

研究工作常常因为这些意外，又重新回到起点。研究本身的艰难，加上复杂的人事带来的难题，真是雪上加霜。每天，明明有许多这样的难题需要面对，但到了实验室他必须忘掉这一切，因为有更重要的工作需要他马上投入其中，不能有半点分心。累，实在是太累了。这是肉体的累，外加精神的累。双重的劳心劳力，像千钧重担压在赵淳生一个人的肩上。如果不具有顽强的意志力，可能真的就放弃了。

"无论发生什么，都不能阻止我完成自己想干的事情。哪怕是天塌下来！"赵淳生很快会调整好自己的情绪，让研究继续下去，常常达到忘我的境地。

没有人，一个人就得顶几个人用，一分钟就得顶几分钟用。那段时间，他是分秒必争，早早晚晚生怕浪费一分钟。经常干到深夜两三点钟，有时甚至通宵达旦。

为了节省时间，吃饭的事能省则省，能糊弄则糊弄。几次因为长时间没有进食，血糖过低晕倒在办公室里。对他钦佩有加的学校党委宣传部退休干部王新（已故），多次遇到晕倒的赵淳生。每次，这个硬汉子都含着泪把他背回家，或背到出租汽车上，再送到医院。

为了节省时间，他一次烧一锅的汤，然后放在冰箱中，回到家里盛出一点放微波炉热热，这一锅一吃就是一个星期。

很多时候，家里存的菜没有了，他又没时间烧，就跑到门口的小店，让人家来盘肉丝炒辣椒。所以，家门口小店的老板都认识这位皮肤黑黑、嗓门大大的老人，只要他一来，不用开口就开始炒起来，一定是赵淳生最爱吃的肉丝炒辣椒。

搞一项新的研究，尤其像超声电机这样高端技术的研究，没有时间的投入肯定不行。从理论到设计，再到实际运转起来，这个过程可不是那么简单。他当时所在的美国课题组，花费很长时间才弄出的原型机，也只能转几转。尤其，超声电机技术融合了多个学科知识，既要懂振动，又要懂电力电子和控制；既要懂工艺，又要懂材料和制造。

同样，他经历过多次失败的考验。多少次，费了很多周折做好的电机，从理论上推测应该万无一失了，但结果就是纹丝不动。只好从头再来，一遍又一遍。既是对体力的考验，又是对意志力的考验。有时，真的已经到了精疲力竭的程度，但还得咬牙坚持！科学研究的艰辛，也就体现在注定是无数次失败的叠加。谁能扛得住失败，谁最终才能成功。

"动了，动了，终于动了！我们成功了！我们成功了！"1995年12月17日，一台被称为"行波型超声电机"的原型机终于成功地转起来了！这是我国第一台结构完整、能实际运行的超声电机。

看着转动起来的超声电机，赵淳生高兴得大喊起来。要知道，日本人搞了很长时间才成功，1994年美国人搞的超声电机也没有真正转动起来。我们自己在这么短的时间内，不但摸透了理论，还让原型机转动起来，这是多么值得自豪和骄傲的事情！

他一下子把身边的两个学生紧紧地抱在怀里！由于动作太猛，桌上堆放的资料被碰翻一地，但完全沉浸在巨大兴奋中的他们，谁也顾不上捡拾那些散落的资料。

这是一个历史性的时刻，也是一个值得庆祝的时刻。他知道，只要动起来，说明研究思路是对的，其他一切都好办，正可谓万事开头难！

"我们成功了！我们真的成功了！"一向沉寂的实验室顿时沸腾起来，每个人脸上都洋溢着从来没有过的笑容，让长时间缺少睡眠而疲惫的脸一下子有了活力。张阿舟教授也向他伸出大拇指说道："转动了！太棒了！"许久许久，大家都沉浸在这无比巨大的兴奋之中、骄傲之中、自豪之中。

首台超声电机及其驱动器（1995.12.27）

他们的兴奋不无道理，他们的骄傲不无道理，他们的自豪不无道理。的确，这个包括赵淳生在内只有4人的攻关小组，从申报课题到研制成功，前后仅用了不到10个月的时间，就完成了国外多名工程师3年的工作量。在1996年1月举行的鉴定会上，以东南大学冯纯伯院士为首的专家们，对该成果给予了高度评价，认为"该项研究在行波超声马达关键技术方面取得了重大突破，填补了国内空白，处于国内领先地位"。

中国首台结构完整、能实际运转的超声电机原型机的研制成功，使赵淳生在国内超声电机领域名声大震。随后，他的研究进一步深入，取得了令同行羡慕不已的成果，各种科研项目如国家"863"计划、江苏省计委攻关项目、国家自然科学基金项目等接踵而至。1997年，在全国率先成立了南航超声电机研究中心，中心先后获得15项政府资助，包括国家自然科学基金项目7项（其中1项重点项目、1项重大项目子课题）、总装备部武器装备重点基金项目1项、国家"863"高技术项目1项、省部级基金项目6项；2000年，江苏省发展计划委员会投入200万元，要建立我国唯一的省级超声电机工程研究中心。

研究经费从无到有，研究机构也从无到有。而他的研究产品，也从最初的行波型，到后来的驻波型；从最初实心型，到后来空心型，形成了三个系列。

然而，长期超负荷的工作，加上长期无规律的生活，以及复杂的人事带给他精神上的伤害，最终严重影响了赵淳生的身体健康。正当他在超声电机领域大显身手的关键时刻，手里还握着江苏省发改委下达的成立"江苏省超声电机工程中心"的红头文件的他，身体却亮起了红灯。2000年，在学校一次例行体检中，他被诊断患上了肺癌。这个消息对赵淳生来讲，不啻为晴天霹雳。

那个晚上，他整整一夜无眠。他想到自己身体的前景，想到从没想过的放弃，甚至想到了死亡。但随即他又想，自己是搞科学的，要相信科学，即使得了癌症，也一定有科学的治疗方法，只要有万分之一的希望，他也要治疗。

无疑，一场手术不可避免。当年还没有微创的情况下，为了拿掉右肺的一叶肺片，先得拿掉两根肋骨，再将整个肺腔掀开，刀口有一尺多长。

然后是化疗。一个疗程后，需要到医院复查。此时，女儿从美国打来电话，提醒父亲干脆做个全面检查。这一查不要紧，还真的在胃外部弯子里发现了肿瘤，已经长到拳头那么大了。

赵淳生面临的人生难题真是一道接着一道！一个肿瘤已经要命，而他偏偏得了两个。但他必须活下去！

再一次手术不可避免。结果，在4个月不到的时间内，他连续做了两次大手术。这真是绝无仅有的人生磨难！

一旦得了癌症，谁也无法保证一定会有明天。面对生命随时都会结束的境遇，赵淳生做到了可以把生死置之度外。在整个治病期间，除了手术和检查，他把所有的时间都用在研究工作以及对学生的指导上。

医院的治疗一结束，他就回到工作岗位。2002年5月到11月，一直带着研究生调试超声电机，利用他自己的机械加工车间，不断修改图纸，不断提高产

以东南大学冯纯伯院士（左4）为首的专家组召开鉴定会（1996.1）

品质量，最终完成了10多台超声电机的调试。

就这样不要命地干呀！他的精神感动着身边的每一个人，也感动了上天！

奇迹出现了！赵淳生不仅前后战胜了两次癌症的折磨，经过两次手术和六次化疗，至今未复发过。在超声电机领域也硕果累累，他们调试的10台电机均达到了国际同类产品性能指标；2002年12月份通过了国防科工委技术鉴定；2003年"新型超声电机的研究"获得国防科技进步一等奖；2004年获得国家技术发明二等奖；2005年，他还光荣地当选为中国科学院院士。

2007年10月，赵淳生在参加国防学科重点实验室答辩时，代表学校与全国47家单位的同行同台竞争。他意气风发，志在必得，结果，由赵淳生领导的这个重点实验室在这次答辩中，获得总分第一的好成绩。

如今，这个一开始"负债经营"的攻关小组，已发展成拥有几千万元固定资产、在国内外都具有一定影响力的科研机构。获得2个省级研究平台——"江苏省超声电机工程研究中心"和"精密驱动技术国防学科重点实验室"；3个国家级研究平台——超声电机国家地方联合实验室、高性能压电驱动系统关键技术高等学校学科引智创新基地（国家"111"引智创新基地）、机械结构力学与控制国家重点实验室。

最初的4人小组，也发展成有23人的团队。在这个国内领先的精密驱动与控制研究所，拥有10名教授，既有中科院院士，又有教育部特聘教授、江苏省特聘教授、青年千人以及国家新世纪百千万人才，形成一个高水平的科学研究团队。

　　而赵淳生所研制的超声电机，从最初的行波旋转型的，已发展成系列产品，包括3个旋转型、1个直线型超声电机系列，而旋转型包括 TRUM 圆板式、BTRUM 圆杆式、CTRUM 空式等几种，直径最大120毫米，最小的只有2毫米，其中一些型号正在进行小批量生产。共获国家授予发明专利200多项。其中，TRUM 系列超声电机性能指标达到国际先进水平；部分产品已在核磁共振注射器、蛋壳强度检测器、三关节机械手、扫地机器人、机翼颤振试验系统、安全控制系统、跟踪监控系统、激光系统镜架姿态调整、细胞穿刺、"嫦娥三号""嫦娥四号""墨子号"科学卫星等中得到应用；有些产品正在应用于武器装备、人造卫星、"嫦娥五号"和惯性核聚变点火工程。

　　历史会永远记住，中国自己的超声电机是由一位患有两种癌症的老人带领团队研制成功的！

两个省部级研究平台，三个国家级研究平台

赵淳生带领下的一个先进的科学研究团队

③
南航土生土长的院士

从十八岁走进南航，赵淳生就再也没有离开过这里。无论外边的世界多么精彩诱人，他始终不为所动，从骨子里就认定了自己永远属于南航。

早在法国留学期间，湖南省委一行人曾与他有过会晤，提出调他到湖南省委任职。这是多少人梦寐以求的机缘，但赵淳生却果断地拒绝了。学校派自己出来学习，学成以后怎么能不回去呢？！读博期间，他曾代表国家与法国Prodera公司老板多次谈判，他出色的表现给Prodera公司老板留下深刻印象。后来做博士论文时，由于学校缺少试验条件，他再一次与Prodera公司老板联系，借用他们的场地和仪器做实验，一借就是数月。这期间，他与这位法国老板也建立了友谊，加上赵淳生与他谈判时出色的表现，在实验过程中展现出的科学素养，都让这位法国老板刮目相看，他多次想挽留赵淳生。但无论对方怎么挽留，给予他多高的待遇，都不能让赵淳生改变初衷，他都坚持要回到培养他的南航，这里条件再苦，也是他认定的永远的家园。

20世纪80年代，全国各高校住房普遍紧张。幸好夫人单位分到了住房，他们一家才有地方可住。一开始住的是"筒子楼"，一家一间，几家共用一个卫生间和厨房。后来分到了一居室，再后来分到了两居室，不过房子位于南京市三牌楼，离南航很远，赵淳生上下班单程骑车也要一个小时。为了挽回路上耽误的时间，每天下班后他都要继续在实验室工作，直到睡觉时才回去，早出晚归乃家常便饭。

20世纪90年代，从美国回来的赵淳生一心想搞超声电机研究，但那时的他毕竟是五十开外的人了，每天上下班骑两个小时的自行车，浪费时间不说，身体也感到吃不消，就萌生了住回学校的想法，没想到难度相当大。经过多次与学校有关部门交涉，最后校方提出只能置换，即赵淳生交出现有住房，学校再调剂一套住房给他。全家实在不忍心他每天上下班那么奔波，尤其不放心他每天深更半夜骑车回家，所以，无论校方提出什么条件，他们都愿意接受。但在这看似简单的置换过程中，也不知道费了多少周折，跑了多少部门，受了多少怨气。

搬家过渡时，赵淳生和那些用了几十年的破旧家具挤在一间只有12平方米的旧房子里。在美国居住条件极其优越的女婿探亲回来，实在没有地方住，赵淳生又不想让他受委屈，只好把他安置到学校附近的宾馆。那一夜，女婿看到岳父的处境，心里愤愤不平。要是他遭遇这些，会毫不迟疑地一走了之。

他不明白自己的岳父怎么就这么恋旧？无论他拿的钱有多少，无论他的居住条件有多差，无论他在这里遭遇什么，他始终认定自己是南航人，对南航不离不弃。

如今，赵淳生终于在南航有了自己的住房，面积有130平方米！当了院士后，居住面积又增加很多。加上科研工作全面推进，拿到的项目也越来越多，日子真是越来越好。女婿建议他在月牙湖买套别墅，当时总价不过60万人民币，相当于8万美元，在女婿看来太便宜了。但赵淳生不会把钱用于购买住房。一般科研项目完成后，他通常不会去结算分钱，而是把剩下的经费全部用到实验建设中。

搞超声电机研究的初期，美方给的工资也全部用来购买仪器、复印资料，但还是远远不够。为了把科研工作继续下去，刚强的赵淳生不得不接受在美国的孩子们的赞助。的确，那些实验设备实在是太贵了！到了回国之前，仅仅购买这些试验设备，赵淳生竟然花掉了上万美金。

如果手里宽裕些，他首先想到的是回报自己的恩师。再者，不是支持研究生发表论文，就是支持周围有需要的同志出书。总之，这个南航土生土长的院士，从来不吝惜金钱，他经常讲："钱财如粪土，友谊值千金。"

这样的赵淳生名气很大，在南航只要一提赵淳生，没有不知道的。他是首批还没毕业，就留校当上教师的人；他是改革开放初期，学校第一批选派出国进修的人；他是国家恢复学位后，学校第一批年轻的博士生导师；他是学校成立60多年以来，唯一一个五次获得国家级奖项的人；同时，他是学校首个获得"何梁—何利奖"的人；是学校第一个获得党中央和国务院联合颁发的"全国先进工作者"（全国模范）的人，总之，他创下了太多个第一。

在当今中国大学，名气大的有两类人，一类需具有不凡的学术业绩；一类需具有独特的个性，而赵淳生集这两类人的特质于一身。他不光业绩惊人，性格也独特，只要接触过他的人，一般再也不会将其忘记。

他与人讲话的声音，他做事专注的神态，他爱憎分明的立场，他不服输的精神，等等，都让这个土生土长的南航人给人一种鹤立鸡群的感觉。每每与人争辩时，他也会异常投入，不说服别人，就不会罢休。正因为这样不服输的特性，使得从事超声电机研究的他，在国外对我们技术封锁的情况下，白手起家，竟然把这块"硬骨头"给啃了下来。

为了啃下这块"硬骨头"，他差点儿把命搭上。不过，他不仅战胜了可怕的癌症，还在治疗期间让研究取得突破性进展。2004年，"新型超声电机的研究"获国家技术发明二等奖。正是这个奖项，奠定了他进军院士的基础。

2005年，两年一次的院士评选工作如期进行。在评审会上，专家开始讨论这位来自南京航空航天大学的赵淳生。显然，多数专家对赵淳生从事的超声电机研究并不十分清楚。他的成果到底处于什么水平？对民族产业的贡献有多大？这一连串的问题都在专家们的脑子闪过。这时，一位来自东北某研究所的院士的发言，解除了大家心中的疑虑。多年前，这位院士自己也从事过超声电机研究，但后来搞不下去，不了了之了！他了解国内著名高校清华大学、浙江大学也做过这方面的研究，但仅持续一段时间就中断了。中国大陆只有南京航空航天大学的赵淳生，把这块"硬骨头"啃了下来。

最后，85%的专家把宝贵的一票投给了这位敢啃硬骨头的赵淳生。这一年，六十七岁的赵淳生光荣当选为中国科学院院士。消息传来，整个南京航空航天大学校园沸腾起来。这真是一个特大的喜讯，让每一个南航人倍感骄傲！

2005年的12月16日，南京航空航天大学在科学馆报告厅隆重召开庆祝大会，祝贺赵淳生当选为中科院院士。对这所新中国成立后创建的航空院校而言，赵淳生可是学校成立半个多世纪以来，伴随学校的一砖一瓦、一草一木成长起来的中国科学院院士。

大会由原党委书记谭振亚主持。他强调说："君子务本，本立而道生。赵淳生院士几十年来一直工作在学校科研和教学第一线，是全校师生学习的榜样。"他希望南航的师生见贤思齐，做好本职工作，努力营造"大业、大师、大气"的大学氛围，开创学校各项工作的新局面。

会上，时任中共江苏省委委员、中国科学院南京分院院长严寿宁研究员代表中国科学院宣读了中国科学院的通知及时任中国科学院副院长路甬祥的贺信。

赵淳生当选院士后，学校为他举行的庆祝大会（2005.11.16）

他在贺信中这样说道：

尊敬的赵淳生院士：

欣闻您光荣地当选为中国科学院院士，我谨代表中科院南京分院向您致以最热烈的祝贺！

当选中国科学院院士，是国家和人民对您多年来辛勤工作所取得成就的充分肯定，这既是您个人的光荣，也是南京航空航天大学的光荣，更是中科院南京分院的光荣！

中国科学院院士是我国科学技术界的杰出代表，受到全社会的充分肯定和普遍赞扬。作为我国著名的机械工程专家，近十年来您对超声电机进行了开创性研究，其研究成果得到了广泛的推广应用，取得了显著经济和社会效益。

获得院士殊荣，是科技界、学术界对您杰出贡献的高度认可，也是党和人民给您的最高奖励。除了您自己长期艰苦努力，更有党和国家的培养、人民的抚育和时代发展提供的机遇，也是前辈、师长、同事和家人帮助、教育和支持的结果。

今后希望您，一如既往地发挥自己在超声电机科技领域的专业特长，广泛团结自己周围的科技工作者，加强中青年科技人才的教育和培养，继续开拓创新，自强不息，为实现科教兴国、人才强省、民族振兴的伟大事业续写新的辉煌。祝愿您在科学探索的道路上再传捷报！

并祝您身体健康，工作顺利，阖家幸福！

中国科学院　路甬祥

二〇〇五年十二月十三日

学生代表向赵淳生院士敬献了鲜花。身着正装的赵淳生，面带微笑从学生手中接过鲜花时，台下响起雷鸣般的掌声。参加会议的南航师生代表，都那么由衷地向新当选院士的赵淳生表示祝贺。

赵淳生院士的家乡代表，时任湖南衡山县人民政府副县长李育全先生代表家乡到会并致辞。他同样很激动！这个从湖南走出的放牛娃，成为中国科学院院士，为湖南衡山赢得了无上的荣光。

时任南航校长的胡海岩，代表全校3万余名师生员工向赵淳生院士表示热烈的祝贺！他号召全校师生向赵淳生院士学习"四种精神"：学习他的创新精神，努力构建南航科技创新体系；学习他的唯实精神，努力推动研究成果的转化和高新技术的产业化；学习他的执着精神，为我国科技和教育事业贡献自己

时任校党委书记谭振亚教授和时任校长胡海岩教授
祝贺赵淳生当选院士

的力量；学习他的爱国精神，时刻不忘学术报国，把对学术境界的追求内化为自觉提高学术研究水平的不竭动力。

"创新为治学之魂，唯实为治学之法，执着为治学之本，淡泊为治学之境。学者就要以学术为志业，把学术作为毕生追求的事业。只有那些淡泊名利、把学术追求作为自己人生价值最高体现的人，才能成为真正的学者。"胡海岩校长最后这样说。

而"创新、唯实、执着、淡泊"恰是赵淳生的写照。今天，参加庆祝大会的赵淳生，始终把学术追求作为自己人生价值最高体现的赵淳生，听了胡海岩校长的这番话，也是百感交集。

学术追求于人类而言，是至高无上的事。然而，在这个过程中，从来没有平坦的大道，而是到处充满荆棘的陡峭山路。只有具备坚强的意志力，才能克服一切艰难困苦，从而到达那个"光辉的顶点"。

这样一路走过来的他，感觉学术追求也像唐僧取经那样，必然要经历"九九八十一难"。在这个过程中，注定要经历无数的考验，只有做到矢志不移，做到痴心不改，做到顽强拼搏，在山穷水尽之际，才可能出现柳暗花明；在灯火阑珊之时，才会发现自己苦苦寻觅的"尤物"。

要感慨的还有很多，但赵淳生对着麦克风却这样说——

"当选为中国科学院院士，既是我个人的荣誉，更是我们学校的荣誉，体现了南航的学术地位和科研实力。"

"院士既是一种荣誉，又是一种鞭策，更是一种责任！在我有生之年，我要尽我的全力和同事们一道在超声电机技术领域，不断创新，做出国际一流成果。"这铿锵有力的声音在科学馆报告厅的上空久久地回荡着。

功成名就时，赵淳生首先想到母校以及教育他的恩师。几乎是在同一时间，他就把自己当选为中国科学院院士这个喜讯报告给衡山县二中的老师。没有当年老师们的培养，就没有今天的他。1953年曾为衡山二中教导处主任的余为骐，听到这个消息极为高兴，当年他教过赵淳生3年俄语。他也几乎在第一时间内，向远在南京的赵淳生发去了贺信。

与母校老师时任衡山一中校长余为骐先生拥抱

余为骐在一篇回忆文章这样写道："接到我的贺信的当天晚上，他和王凤英与我通了电话，师生长叙离情，共享天伦之乐，足足谈了一个小时，内容多半是衡山二中的往事。他回忆一些老师的音容举止，如数家珍。母校师门恩义，使他终生难忘。自从师生重新交往以后，他每年春节都寄来贺年卡，有时他去美国与家人团聚，也会从大洋彼岸打电话给我和师母拜年。作为一个老师，见到自己的学生功成名就、德才双馨，心情是何等欣喜。这是我人生中最大的幸福。"

余为骐老师九十岁时，赵淳生写了一封情深意切的长信，同时还送老师一幅自己用毛笔写的对联。对其他健在的老师，他也不忘记感谢。每次回湖南老家，他都逐一去老师家拜访，并逐一送上他事先准备好的红包。老师过世，即使在国外，也会托人送去花圈。

2006年10月20日，到长沙开会的赵淳生，推掉县里的一切安排，也不要县长、书记陪同，只身回母校衡山二中（已改名衡东一中）。那天，学校还在大门口放起了鞭炮。听说赵淳生院士回母校了，大家一拥而出要好好看看这位院士校友。陪同赵淳生来母校的只有两个人，一个是他初中的同班同学，一个是县政府机关的常委。

那天，赵淳生也很激动。一下车，他就把余为骐老师紧紧抱住。这个拥抱所表达的是太多对恩师的感激之情。

衡山二中学生期待的是赵淳生的报告。这天下午，在学校主楼报告厅举办的专场报告中，赵淳生首先介绍了自己多年所取得的成果，最后他诚恳地说："同学们，我希望大家刻苦学习科学文化知识，将来报效祖国。你们一定要有这个信心。你们看，我是地地道道的农民———一个瓦铺村人。我想告诉大家，农民也可以成长为科学家。"最后，他与孩子们分享了自己成功的"秘诀"。

所有的人都睁大了眼睛，只见赵淳生停了停，然后很认真地讲了三点："报效祖国是我力量的源泉；勤奋学习是我积累知识的法宝；坚持不懈是我获得成功的奥秘。"

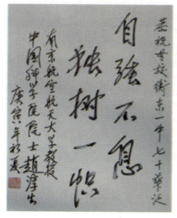

给高中母校的题词

以后，赵淳生与母校的联系更加密切。庚寅年初夏，在母校衡东一中七十华诞之际，赵淳生为母校写了"自强不息 独树一帜"的贺词。2006年10月，他为母校题词："坚持砺志、勤学、求实、奋进的学风，不断创造新业绩！"

这位南航土生土长的院士，在南航这片热土整整奋斗了一辈子！他在这里学习，在这里工作；他在这里奋斗，也在这里收获；吃过那么多的苦，但从来没有喊过苦；受过那么多的罪，但从来没有抱怨过；有汗水，有泪水，甚至有误解，有委屈，但他从来都坦然面对，还有那些困难与挫折，他同样只是笑纳。他只管埋头在南航的一泥一土中生根，在一枝一叶中开花，在一树一木中结果。不仅见证了南航从专科—本科—全国重点大学—国家重点建设的研究型大学等多次跨越，也目睹了南航培养的一批又一批学生在祖国各行各业中做出的卓越贡献。

随着学校从一片湿洼地中拔地而起，教师的数量与质量同步提升，赵淳生也由最初的一般教师，一步步晋升为副教授、教授，最后成长为中国科学院院士。

当年十八岁的赵淳生，只是来自湖南农村的一粒孤苦的种子，种在南航这片土地上，一年一年成长，直到根深叶茂，孤儿不孤了，穷学生不穷了。当年的小伙子，如今变成了八十多岁的老人，依然在南航这片土地上辛勤耕耘，深耕细作，努力为国家培养更多的人才，做出更大的贡献。

滴水之恩，当涌泉相报。所以，他奉献出了一切，哪怕是生命，也在所不惜。所以，人们惊奇地发现，这响当当的院士只有一个身份，那就是南京航空航天大学的教授。在院士成为稀缺资源的今天，他完全有条件到任何一所大学去兼职，但他始终做到了扎根在南航、坚守在南航这片热土！

④
超声电机让"嫦娥三号"轻装上阵

早在2009年，赵淳生所研制的超声电机还处于实验室阶段。这个阶段，可以说只解决了理论问题，虽然也有样机，但只是偶尔有公司买回去试用。作为科研产品，最终的落脚点是有人来用。为此，他曾主动出击去宣传。国内很多单位也都知道，南京航空航天大学赵淳生团队在超声电机方面独树一帜，走在中国超声电机研制领域的最前沿。但对于实验阶段的东西，在没有人用过的前提下，很多人还是不敢尝试。

没人用，实验产品就很难有新的突破。正当赵淳生他们焦急地寻找使用单位时，中国航天上海某研究所就找上门来，提出在2013年的"嫦娥三号"中，拟用国产超声电机作为光谱仪的驱动与控制。

最先获得这一信息的李华峰博士，既兴奋，又忐忑，连忙向赵淳生做了汇报。赵淳生听说有人主动上门要用他们的超声电机，当即拍板："一定要接下这个任务！"

"地上的产品我们还没做好，就弄天上的玩意，这不是开玩笑吗？"听说赵淳生要把"嫦娥三号"的任务接下来，很多人心里都打鼓。

"好不容易等到一个敢于'吃螃蟹'的人，如果我们自己胆怯、退缩了，那以后还会有人用我们的产品吗？"赵淳生认为这是难得的机会！他打定主意，再难也要做。

很多技术的突破，也需要"问题倒逼"。而且，这样的硬性任务，对团队整体水平的提升太重要了。更何况"嫦娥三号"是国家任务，自己的科研成果能用到国家项目上，这是件多么光荣的事，也是他一直以来的期盼。因此，哪怕没有经费支持，哪怕自己贴钱，也要接下这个任务。

任务是接下来了。但上天的东西毕竟与实验室里的样机不同，与一般的民用产品也不同。航天领域的产品，由于使用环境与地面的巨大差异，必然对其性能提出更高的要求。能在地面使用的产品，绝不代表也能在航天上使用。换句话说，这个任务意味着赵淳生要带着自己的团队，将处于试验阶段的超声电机产品直接应用到航天领域。

所以说，航天某院敢于"吃螃蟹"的勇气虽然值得钦佩，而赵淳生敢于接下这个任务的勇气同样值得钦佩。这其中的跨越太大了，太具有挑战性了！

于是，从2009年起，针对我国航天重大型号"嫦娥三号"的超声电机研制工作开始了，各种问题也接踵而至。

用于"嫦娥三号"的超声电机环境试验系统

材料问题、工艺问题等，遇到的每个问题都前所未有。在这个过程中，他们深切地感到航天产品与普通民用产品太不一样了。而当务之急，就是尽快筹建极端环境试验室，这是研制航天产品必不可少的大型实验设备。

为了节省时间，赵淳生自筹百万资金，并亲自指导他的博士生芦小龙建立了一套模拟月球表面环境的设备。这套装置能将空气气压降至10的负5次方大气压，形成类似于月球表面的真空状态。而在地面上要将气压降低一个数量级，谈何容易？为此，需要做超声电机模拟低温、绝热等多组试验，而每一项实验都意味大量人力、财力的投入。

科学研究总离不开实验。为了研制这款用在"嫦娥三号"上的超声电机，仅做过的试验就有上千次之多。而针对月球工作环境的试验就有300多次，包括复杂的极端环境试验、辐射试验、月尘试验、寿命试验、低温存储试验、力矩余量试验、陶瓷片裂纹冗余验证试验，等等。每一项实验的背后，都与无数个不眠之夜紧密相连。

不过，最大的问题还不是这些，而是他们开始并不了解航天产品的加工体系。这是个非常烦琐的程序，对每个环节可靠性要求都严格到了极致。这个体系要求在实验过程中出现的任何一个小问题，哪怕只是偶尔出现的，都要进行严格的"归零"。

所谓的"归零"，是指只要在试验过程中某个零件或部件出现问题，那所有零件或部件都要全部检测一遍，不仅要从机理上找到原因，还得找到解决的措施；仅仅找到问题还不够，还需要再现出现的问题，通过"复现"进一步验证原因的准确性、科学性。比如，工作中的超声电机突然不转了，哪怕只有一次不转，"归零"报告要求，首先要解释清楚为什么不转；其次，要让它转起来；最后，还要让它重新不转。

"归零"是最令人头痛的事情。地面用的东西还好说，这是用在天上的东西，所有的试验都要模拟实际使用环境，比如高冲击力、低温环境，等等。这样的模拟也使得本来很烦琐的"归零"程序更加复杂，这真是对科学工作者耐力和意志力的极大考验。

而为了解决在实验中遇到的各种问题，也不知经过多少次的结构修改，多少次材料参数的变更，多少次加工精度的提高。不过，最终他们扫除了科研道路上的一切障碍，不仅完成了既定的科研目标，仅样机就先后制造了上百台。然后，对上百台样机进行调试，从中挑选出性能最优的几台，以保证上天使用的那台万无一失。

在这个过程中，赵淳生每天面临的压力可想而知，遇到的各种困难可想而知。在多达三次的"归零"过程中，很多时候感觉真的走不下去了，集纳了所有人的智慧，把能想到的路径都试了个遍，可还是行不通，真是到了山穷水尽的地步。比如，仅仅是超声电机突然不转了这一现象，导致不转的原因太多了，到底是温度原因，还是材料原因，那都需要由实验来确定，一个原因一个原因地进行排查，真好比大海捞针。有时，明明觉得找到了原因，但到了具体细节上，还有很多很多的试验需要完成。真是太累了，太烦琐了！很多人都想放弃。每当这个时候，作为团队带头人的赵淳生，总是比任何人更坚持。

从十几岁就投身科学研究的赵淳生，似乎比谁都了解这项智力游戏的规则，越是走不下去的时候，离成功也就越近了。在研究过程中，他从不把困难当困难，而是当成上天对自己意志品格的考验。他隐忍各种困难的存在，并与它们友好相处。一生的经验告诉他，再大的困难都是可以克服的，关键是坚持、坚持、再坚持。

赵淳生所具有的顽强的意志品格，在这样艰辛的科学研究中再一次发挥了巨大作用。

"在这一艰难的过程中，要不是他那么坚定、坚持，很多东西都很难搞出来。与赵老师经历过那一切后，感到'百折不挠'应该改写成'万折不挠'才恰当。"在回忆那段难忘的岁月时，同所张建辉教授用了"万折不挠"这个词。在他看来，只有这个词才足以描绘出赵淳生所具有的意志品格。

"他决定要做的，无论经历多大的困难，都一定要完成！比如，当初他要搞超声电机没有人敢相信，困难时期有的人走了，有的人与他吵，但他依然坚持。他坚持很多事情，很多人当初都不理解，但他仍要坚持。最后证明，他所有的坚持都没有错。"夫人王凤英也不知道感慨了多少次。

而这一次坚持的结果是在他的带领下，我国自主研制的超声电机实现了两次跨越，不仅走出实验室为人所用，还一下子用到了航天领域。而且，不是作为一般器件用到了航天产品中，而是作为重要部件用到了航天产品中。

2013年12月14日，满载13亿中华儿女"飞天梦"的"嫦娥三号"月球探

测器，将神秘的太空照片发回到地面。那天，南京气温接近 –2℃。但对于赵淳
生来说，那天却格外温暖。

在距离地球38万多公里的月球上，"嫦娥三号"搭载的中国第一辆月球
车——"玉兔"号终于"睁开眼睛"，传回拍摄的清晰图像。照片中"玉兔"巡
视器上的五星红旗鲜艳夺目。就在这面国旗下端，有一个专门用于光谱仪驱动
与控制的超声电机，就是赵淳生带领团队经历4个年头自主研发的 TRUM–30A
型超声电机。由这台超声电机控制的"红外成像光谱仪"，是"玉兔"号月球车
用于获取月球表面信息的主要器件之一，赵淳生把它称为"小关节"。

"嫦娥三号"之"玉兔"巡视器（左图）和"墨子号"量子科学卫星（右图）上都装
有他们研发的超声电机

"玉兔"的眼睛——红外光谱仪，由一台超声电机操控。这台仪器决定了红
外光谱仪的"快门"何时打开，让光线进入；何时关上，以防止月尘。如果在
工作时镜头盖打不开，那就不能获取所需数据。由此可见，这个驱动与控制光
谱仪定标板一开一合的"小关节"，也就是超声电机该有多么重要。

而这款用在"玉兔"上的超声电机，直径只有30毫米，重量只有46克。这
46克还包括了安装底座的重量，而核心的定子/转子重量仅有17克。谁能想象，
就是这么微小的电机，竟然能产生0.12Nm的扭矩，操控镜头盖的开启。

当然，这款用在"玉兔"上的超声电机，也是赵淳生带领自己团队李华峰
教授、丁庆军副教授、芦小龙博士生等成员与上海技术物理研究所共同合作的
结果。在研制过程中，他们共同解决了诸多技术难题。

最终，这款用在"嫦娥三号"上的 TRUM–30A 超声电机，不仅要适
应 –130℃~180℃ 的环境，还要满足月球上一切可能的复杂环境。

"嫦娥三号"发射的那天晚上，赵淳生早早地坐在电视机旁，当那个"小关
节"一板一眼地作动时，这位七十五岁的老人禁不住流出了热泪。过往经历的
一切艰辛，瞬间转化成无比的欣慰和满足。此时此刻，他真是太高兴了，太幸

福了，也太激动了。

　　从前的一个孤儿，在党的培养下不仅一路成长起来，成为大学教授、博导、科学家，并终于在有生之年用所学知识报效了自己的祖国。

　　他一生的追求，都是为了报效祖国；他一生的幸福，也都源于可以报效祖国。

　　第二天，中科院技术物理研究所的同志打来电话，向南京航空航天大学赵淳生团队的专家、学者们表示谢意。此后，又两次致信南京航空航天大学，对以赵淳生院士为首的科研团队为"嫦娥三号"顺利完成落月巡视任务做出的贡献表示感谢。

　　这封表扬信写于2014年的1月17日。

　　第二天，赵淳生亲自为中科院技术物理研究所起草了一封回信，表示感谢。

　　2014年的4月9日，"嫦娥三号"探测器系统总设计师、南航校友孙泽洲给该项目负责人李华峰教授的信中这样写道：

李老师，你好！

　　超声电机在"嫦娥三号"上应用的很成功。由于巡视器经历了严酷的低温考核，超声电机同样经历了长时间（每个月夜14天）低温的存储考核，目前的认识和分析认为最低温度可以达到零下150度以下。

　　截至目前为止，在经历了两次超低温存储后（低温时没有加电），超声电机工作正常（工作时是在正常的工作温度范围内），配合红外光谱仪完成了科学探测任务。如果有其他问题，随时跟我联系，同时也感谢你们对"嫦娥三号"的贡献！

　　祝愉快！

孙泽洲　2014.4.9

　　对于超声电机在"墨子号"量子科学实验卫星上的成功应用，中科院技物研究所也给赵院士团队寄来了感谢信，信中特别强调：超声电机质量轻、扭矩／重量比大，不受电磁干扰，且能断电自锁。南京航空航天大学研制的超声电机作为量子密钥通讯机上切换机构的驱动与控制单元应用在仪器上，各项指标均符合设计要求。仪器于2016年8月16日入轨，所用超声电机至今运转良好！

　　的确，"嫦娥三号"是超声电机在航天工程的第一次成功尝试！这种尝试让中国成为全世界把超声电机用到外星球上去的第二个国家！美国是用到了火星探测器上，而我们用到了月球车上。超声电机在"墨子号"量子科学卫星上的

中科院技物所的感谢信　　　　南航精密驱动与控制研究所的复信

成功应用，开辟了超声电机在我国卫星上应用的先河。

还记得赵淳生在大学时的那个决心吗？那时的他曾代表全班向党表的决心就是学习苏联老大哥，让中国人自己造的卫星上天！如今，赵淳生用一生的努力实现了当初几乎不可能实现的"飞天"梦想，助力我国"探月工程"顺利实施。这何尝不是亿万华夏儿女几千年来最大的梦想？！

如今，超声电机除了应用在"嫦娥三号""嫦娥四号""墨子号"量子科学试验卫星等高端装备上，还在医疗、光学仪器等领域获得了广泛应用。他在接受记者采访时说："在未来的'嫦娥五号''嫦娥六号'众多的人造卫星、智能装备中和我国自己发射的火星探测器，会有更多的超声电机发挥更多、更大的作用。"

是的。未来，毫无疑问是超声电机大放光芒的时代。这也是当年五十出头的赵淳生，为什么还要转到这项新产品研发的重要原因。

如今，八十高龄、经历过人生大悲大喜、多种型号的超声电机已批量生产和应用的赵淳生，还没有停下进取的脚步。他要在我国实现超声电机的产业化，不仅要把更多超声电机应用到我国"嫦娥五号""嫦娥六号"人造卫星、智能装备、医疗器械等领域，还要让中国人研制的超声电机走出国门、走向世界！

⑤

活跃在国际学术交流的舞台

早在20世纪80年代，赵淳生就开始了国际学术交流活动。那是1983年的6月28日，还在法国巴黎高等机械学院进修的赵淳生，就奔赴英国 Manchester 大学参加了欧洲第68次力学会议，那是他第一次在国际学术舞台亮相。

这次会议，他见到来自世界各地的专家，他们都从事着推动人类社会不断进步的科学研究。那个年代，中国刚刚开放，与国际学术交流非常有限。作为中国的学者，置身于他们之中的赵淳生感到自己肩负着千斤重担。他一定要把自己的研究做好，为中国争光，为人类谋福。

同年9月8日，他还参加了在法国里昂举行的法国第六届全国力学会议。那天，正值壮年的赵淳生，穿着一件浅灰色的西装，操着一口不太流利的法语与前来参会的法国国家宇航中心的专家们一起交流，他们对这位来自中国的赵淳生教授的研究成果颇为赏识，纷纷主动与赵淳生联系，以做进一步的交流。

法国几位著名宇航专家们的肯定，对赵淳生的鼓舞极大。也让赵淳生看到，在人们普遍认识的航空背后，还有航天这个更加高深的研究领域。人类对这个领域的探索，要基于各学科知识的完善和创新，要依据更多关键技术的突破。赵淳生似乎发现了一个更为引人入胜的新天地，那里有更多新奇的事物在感召着他，一旦有机会，他肯定会涉足其中。

20世纪80年代到90年代初，赵淳生与世界学术交流的内容，还局限在他的老本行——振动理论研究与应用。这期间，他除了到法国、英国、加拿大做学术报告，还多次到美国这个世界科技最发达的国家与同行进行学术交流。

1991年7月23日，他到美国 Chicago 参加了美国国家第一届 "Computational Mechanics"，在会上他做了关于 "A New Mathematical Model for Dynamic Behaviour of the pile/sail System" 和 "Sensitivity Analysis of the Armistice of an Electrodynamics Vibrator" 的学术报告。 一般在国际学术交流中，每人只有一次露面的机会，而赵淳生却为自己争取了两次。

同年9月，他又来到美国的 Florida，参加 ASME 第13届 "Mechanical Vibration and Noise" 双年会，在会上他又做了关于 "Recognition of Bearing Faults of the Some Kind" 和 "The Extraction of the Fault Signature of Gearboxs Using Optimae Complex Envelope Spectrum" 两个学术报告。这次他不仅两次露面，还担任机械故障诊断分会场的主席。这个"分会主席"，意味着赵淳生在本学科领域的学术地位有了一个小小的提升。

与法国宇航研究院（ONERA）专家们合影（1983.9）

大会一结束，国际著名振动学专家 J.P.Den Hartog（MIT 教授）就接见了他。这种学术上的接见，通常意味着一种认可，这是与国际同行进一步交流的基础和关键。这同样是难得的学习机会，赵淳生为此准备了很多问题，他要面对面向这位大师请教。

一开始学振动时，赵淳生就读过这位大师的著作《机械振动学》，内容简单明了，又结合实际，现在居然能和这位大师面对面交流，让他感到莫大的荣幸！

1992—1994年，在美国麻省理工学院做访问学者期间，赵淳生参加了该院航空宇航系的研究项目。从此，不仅让自己涉足航空航天高精尖领域，也让自己有了新的研究方向——超声电机。回国后不久，他就填补了中国这项研究领域的空白，并把中国这项研究从低谷推向了一个高峰。先是理论研究的突破，后续又有产品的跟进，很快又将产品广泛应用到各行各业之中。

这以后，超声电机成为他学术交流的内容。作为国内超声电机研究领域的领头雁，他在国际、国内学术活动中都很活跃。

1998年10月，他出席了在日本仙台（Sendai）召开的"IEEE Ultrasonics Symposium"学术年会。会后，他又马不停蹄地访问了日本在超声电机研究领先的山形大学、东京大学、东京工业大学等，还去拜访了日本超声电机发明家、Shinsei 公司总裁指田年生，著名超声电机专家、山形大学教授富川义郎，日本著名超声电机专家、东京工业大学教授上羽贞行，并访问了超声电机生产规模较大的 Shinsei、

与国际著名振动专家
J. P. Den Hartog 教授合影（1991.9）

Canon 和 Seiko 等公司。

　　1999年5月，首次全国超声电机技术研讨会在南京航空航天大学召开。这是一次对超声电机技术发展和应用的宣传大会，也是一次掀起我国超声电机技术研究热潮的动员大会。来自全国30多个单位的70多位代表出席了会议，时任国家自然科学基金委员会工程与材料学部电工学科主任黄斐梨教授在会上做了重要讲话。

　　"面对日本和世界超声电机发展形势，我们不能消极等待使用别国的产品，要把握住现在，积极发展我国拥有自主知识产权的超声电机。我们有能力、有信心赶上世界超声电机技术发展的步伐，跟踪这一世界前沿高新技术。"黄斐梨主任的讲话与赵淳生产生了极大的共鸣。他也是这么想，更是这么做的。而且，从一开始就做得那么坚定。

首次全国超声电机技术研讨会（1995.5）

　　赵淳生在会上做了题为"超声电机在国内的发展和应用"的学术报告。就在这次会议上，国家自然科学基金委员会工程与材料学部机械学科与电工学科共同设立了重点基金资助项目"超声电机关键技术的基础研究"，再次动员和激励了全国科学技术人员向超声电机技术研究进军。也就是在这个进军令的号召下，我国超声电机技术研究更加蓬勃地发展起来。由赵淳生申请的"超声电机关键技术的基础研究"项目，得到了国家立项，2005年3月，还获得了国家技术发明二等奖。

　　2005年5月，在浙江大学召开了"全国第三届超声波电机理论和应用技术研讨会"。这是国内唯一关于超声电机的学术研讨会。赵淳生在这次大会上做了题为"对发展我国超声电机技术的若干建议"的报告，他说："当今世界，科学技术是综合国力竞争的决定性因素，自主创新是支撑一个国家崛起的筋骨。我们要引进和学习世界上先进的科技成果，但更重要的是要立足自主创

赵淳生带队参加杭州会议（2005.5）

新，真正的核心技术是买不来的。只有拥有强大的科技创新能力，拥有自主知识产权，才能提高我国的国际竞争力，才能享有受人尊敬的国际地位和尊严。"讲到这里，赵淳生大声说："对超声电机技术抱有怀疑和悲观的论点都是不对的。中国人一定能够使超声电机技术全面地进入国际先进行列，这样，在关键时候才不会被人家卡住脖子。"

同时在大会上交流的还有南航超声电机研究中心的其他13人。赵淳生带领团队的一次集体大亮相，给与会者留下了深刻的印象。

会议主持人李宝库教授对赵淳生及其学术报告做出了高度评价："赵淳生教授的报告深刻又全面地叙述了当前世界超声电机发展的特点和我国超声电机技术研究的现状。针对国内超声电机发展状况，提出了加速发展我国超声电机技术研究的建议。他的建议必将大大推动我国超声电机研究和产业化的进程。他所领导的南京航空航天大学超声电机研究中心代表了我国超声电机技术的水平，是我国超声电机技术的研究和产业化的中坚力量。"

"走向世界，开展国际技术合作和交流。"这是2005年赵淳生在大会做主题发言时提出的建议。他说到，就要做到。

这以后，为了密切与国际同行的合作，他开始筹备国际学术年会。在国际上，和德国、韩国、日本、土耳其、立陶宛、美国等共同倡导和组织了"压电材料及其在作动器上的应用（The International Workshop on Piezoelectric Materials & Applications in Actuators，IWPMA）"国际研讨年会。也就是从2005年开始，这样的国际学术交流每年都进行一次。

作为"第二届国际压电材料及其在作动器上的应用"委员会中国唯一的委员，2005年5月21日，由他带领的中国超声电机技术代表团一行6人，前往德国Paderborn大学参加国际学术年会，作为本届会议学术委员会唯一的中国委员、大会三位主持之一，他在会上做了"超声电机技术在中国的发展和应用"特邀报告。他指导的青年教师黄卫清教授、博士生朱华等也相继在大会上做了

在第二次 IWPMA 国际讨论会上（2005.5）

学术报告。

从"分会主席"到"大会主持人"，赵淳生代表的中国超声电机团队的学术地位进一步提升。

"压电材料及其在作动器上的应用学术年会"是专门研讨压电陶瓷材料及超声电机技术的国际会议。这次出席会议的有来自德国、朝鲜、中国、美国、日本、澳大利亚、立陶宛、土耳其、法国等10多个国家的70多名压电材料及压电作动器领域的专家和学者，录用文章71篇，其中录用中国的文章共13篇，而赵淳生所在的南航超声电机研究中心就有7篇，占了一半以上的份额。在大会交流的有4篇，还有9篇被编入展板，占据了半壁江山，引起国际超声电机界不小的轰动。

中国在超声电机研究领域展示的实力，让参加此次会议的在国外工作和学习的中国学者感到非常自豪，南航超声电机研究中心为中国争了光！别人的报告都是20分钟，却给赵淳生这位中国学者40分钟。他的报告博得与会者的掌声和极大兴趣、赞赏！

"以前我对中国的情况不了解，今天发现你们做了出色的工作。"土耳其 Anadolu 大学的 Aydin Dogan 教授说。

"南京航空航天大学在超声电机研究领域内的确突破了许多关键技术。"韩国理工学院的 S.J.Yoon 教授这样评价道。

这次会议主席、德国 Paderborn 大学教授、国际著名的超声电机技术专家 J.Wallaschek 这样评价："赵淳生教授是在中国超声电机领域领先的科学家！他所领导的超声电机研究中心也是该领域内在中国乃至世界最具有实力的研究机构！"

经他提议，并取得与会各国学术委员的同意，确定2007年第四届国际年会将在中国南京航空航天大学召开。这是国际超声电机学术组织对中国的认可！

中国超声电机技术必须走向国际。正是带着这样的情怀，每一次这样的国际会议赵淳生都要积极组队参加，并积极争取在大会上交流。

和超声电机的发明家、日本专家
指田年生（左 2）讨论问题（2006.12）

2006年，赵淳生院士被邀请参加由日本专家组织的"首届国际超声电机和作动器研讨会"，并在大会和日本东北大学做了"超声电机技术在南京航空航天大学的发展"的报告。一次一次这样的交流，加深了从世界各地参会人员对中国超声电机研究领域的了解，也让他们见识了中国在超声电机领域发展的步伐！这一次会后，他与超声电机发明家指田年生又一次见 面，并就超声电机的稳定性做了长时间深入的讨论。

2007年，赵淳生在南京航空航天大学主持召开了第四届 IWPMA 会议。这是中国第一次承办这样的国际学术会议，也是第一次向世界超声电机领域的同行展示中国超声电机技术水准的绝佳机会！

2007年9月10—14日，来自美国、德国、加拿大、立陶宛、韩国等国家的与会人员一起聚集在中国南京，当他们目睹赵淳生所带领的科研团队那么多的科研成果时，无不发出感叹："没想到！真的没想到！"第一个没想到的是中国

赵淳生在南航主持第 4 届 IWPMA 国际研讨会（2007.9）

中国超声电机领域的 **开拓者赵淳生**

赵淳生在苏州主持第 11 次 IWPMA 国际研讨会（2014.9）

超声电机做得这么好！第二个没想到的是赵淳生的团队成果这么多！中国超声电机的发展如此快速、如此惊人，给每一位与会者留下了深刻的印象。

尽管制作展示样机的有十几个人，尽管参与学术专著的有十几个人，尽管负责会议组织安排的也有十几个人，但这些大大小小的事情最终都要汇聚到赵淳生那里，可以说是千头万绪。而每一件事情他都用最高的标准要求。因此，那段时间，一个七十多岁的老人，一个动过两次大手术的老人，每天都夜以继日地工作到凌晨，眼睛都熬出了血丝。但正是这样的付出，让赵淳生和自己的团队为中国赢得了不小的学术声誉。

后来发生的一个故事，足以说明这一切。一个在澳大利亚留学的中国学生，在网上搜索到立陶宛一位院士的文章，他早在20世纪60年代就开始超声电机的研究，是世界这个领域享有盛誉的专家。这个学生与这位专家联系，想成为他们那里的交换生。当他接到这样的请求，了解中国超声电机发展的这位立陶宛专家这样对那个学生说："你们中国赵淳生那里的超声电机技术是世界一流的！我们都要到他那里学习，你怎么要到我们这里？"

以后，再有国外专家来到中国，如果有人向他们请教理论问题，那些外国专家就会说："你们中国赵淳生院士的学术专著，已经把这个问题阐述得非常清楚，他的书堪称我们这个领域的经典，你可以去看他的专著。"

这就是赵淳生，他以精湛的科技水平，得到国际同行的广泛认可。在

在第 11 次 IWPMA 会上获二项国际奖（2014.9）

这个同时，他也用硬邦邦的业绩，为祖国争得了最大的荣耀。

2014年9月在苏州，赵淳生和苏州大学孙立宁教授共同主持第11次 IWPMA 会议和第9次 EHW（The Energy Harversting Workshop）会议。

2014年，对赵淳生来说是难忘的一年。这年，七十七岁的赵淳生一年之内一举拿下了人生中5个重量级奖项：从年初的国家技术发明二等奖，到年末的世界级"超声电机终生成就奖"，另有"超声电机技术杰出贡献奖""何梁何利基金奖"以及"中国国际工博会（高校展区）特等奖"，而世界级"超声电机终生成就奖""超声电机技术杰出贡献奖"就是在同年召开的国际会议上获得的。该奖的获得，说明世界同行对他的学术成果的高度认可。那天，赵淳生从世界著名超声电机专家 J.Wallaschek 手里接过沉甸甸的金字奖牌，他一手抱着一个奖牌，与这位世界级的大师并排站在主席台上，笑得始终那么灿烂。

这同样是个历史性的画面，它意味着中国赵淳生院士经过自己长达20年不懈的努力，不仅证明了他自己，也证明了他所代表的中国。中国人再也不是什么"东亚病夫"，也再不是什么"野蛮人"，他们也可以成为值得世人敬重的科学大师。

这次会议得到了世界各国超声电机、压电作动器、压电材料以及能量收集领域的专家、学者及相关企业的支持，与会代表共167人，参展企业10家，是近年来超声电机及压电能量收集领域规模最大的国际学术活动之一。参会代表来自中国、美国、德国、英国、法国、日本、韩国、印度、土耳其、立陶宛等10余个国家。会上，美国 Massachusetts Institute of Technology Sang-Gook Kim 教授等11位国际相关领域专家做大会报告，12位专家做特邀报告。

为了培养中国超声电机领域的后备力量，每次开这样的国际会议，赵淳生都要派七八个人出席，除了美国、德国、日本、土耳其、立陶宛、韩国，10年中在中国召开的国际学术会议就有2次，每次赵淳生都是主角。而他多年精心培育起来的科研团队，也给国际同行留下"立志高远、专业齐全、功底扎实、勇于奉献"的印象。这个团队在他的领导下，把各项科学研究做得扎实有序。

这一次，赵淳生又一次担任国际会议的主席。

从"分会主席"到"大会主持"；从"大会主持"到"大会主席"，就这样，赵淳生用10年的时间，不仅一点一点把中国超声电机研究的学术声誉带到了国际，也一点点在国际学术界占有了举足轻重的一席之地。

⑥
首部英文学术专著出版

自1961年在南航任教至今，赵淳生从事教育工作长达半个世纪。除了担任本科生的教学工作之外，还陆续培养出20名博士后、48名博士生、27名硕士生以及一批中青年教师。20世纪的1988年获"南京航空学院先进工作者"称号；1989年获"江苏省优秀教育工作者"称号；21世纪的2005年获"国防工业系统先进工作者"称号，十年后的2015年获"全国先进工作者"（全国劳模）称号……

更值得一提的是，这位长期从事机械设计及理论研究的专家在超声电机领域所做的一系列开拓性的探索：他与团队先后完成国家级基金项目50余项，其中，国家自然科学基金面上基金45项，国家自然科学重点基金3项，国家"973"项目2项（其中1项为"973"项目子课题），国家"863"项目1项，国防基础项目4项，总装重点基金1项，总装探索项目1项；还有所取得的丰硕成果：20多项省部级以上的科学技术奖励、800多篇学术论文……这些成果，不仅使他在国内超声电机领域享有很高的声望，成为中国超声电机领域领先的科学家，也使得他在国际超声电机领域备受瞩目，成为这个领域世界级的科学大师。

这些成果倾注了他毕生的心血和智慧。每一个原理，每一项实验，他都要亲自验证，这个过程极其艰辛，期间产生的数据也极其宝贵。于是，他带领团队成员不厌其烦地把这艰辛的过程记录下来，把从中发现的新现象，得出的新理论，发明的新技术，产生的新工艺，都一一记录下来，几年下来，积累的篇章越来越多，足以出版成书。其实，早在患癌期间，他就萌生了出版超声电机技术专著的想法。

出版学术专著与写论文可不同。其中，系统的理论体系不可缺少。如果没有较高的数学建模水平，没有较强的逻辑推理能力，就无法创建一个与工程相关的、全新的理论体系。在创建理论体系的过程中，他常常为了一个结论要反复演算那些抽象的公式；有时，为了一个边界条件也要反复地验证，让每个理论模型经得起考验，绝不能有一点瑕疵。这的确是一种挑战。因此，在患癌住院期间的他，手术三天还没有拆线的他，在病床上都在反复推导、验证那些公式。

经过长达7年的筹备，2007年集合他及其团队多年心血和智慧的《超声电机技术与应用》一书终于出版了。封面颜色选取了传统的"中国红"，让这本学术专著看起来格外耀眼。

这部厚厚的学术专著由国内著名的科学出版社出版。2008年，它从浩如烟海的出版物中脱颖而出，一举荣获第二届"中华优秀出版物优秀图书奖"。

这是一本真正意义的学术专著。它从最经典的振动和波动理论出发，全面而系统地阐述了超声电机的运动机理、机电耦合模型、结构参数优化设计、驱动与控制技术，完整地总结了他与团队在超声电机技术方面的探索。这本书所囊括的内容无论是理论体系，还是实践经验，不仅在国内具有先驱性，在国外也备受关注。

世界超声电机权威、德国汉诺威大学教授J.Wallaschek看到这本书后，知道获得这些知识的不易，也敏锐地意识到这部由中国人撰写的学术专著的含金量。因此，J.Wallaschek教授建议赵淳生出版该书的英文版，好让更多的人分享他的研究成果。

然而，用英文出版学术专著可没有想象得那么简单，与其说是"翻译"，不如说是《超声电机技术与应用》中文版的再版。不仅要对原版做进一步的精炼，还补充了2007年以来所取得的最新成果。

又经过三年不懈的努力，他的英文专著 Ultrasonic Motors：Technologies and Applications 初稿终于写成了！

国内有出版英文学术专著的出版社，但最终赵淳生决定将自己的这部学术专著交由德国"Springer-Verlag"公司和中国科学出版社共同出版。

"Springer-Verlag"公司是世界顶级出版公司，以面向全球出版高水平著作而闻名，作者中不乏诺贝尔奖获得者。即使是一般通用教材，由该公司出版也要求有较高的创新度，且要将初稿交由该领域世界著名学者评审，获得认可才可列入出版计划。这对暮年的赵淳生来讲，同样具有挑战性。

那段时间，为了这本学术专著，他每天晚上都趴在书桌上，盯着蚂蚁般的英文字符，一看就是几个小时。由于用眼过度，他的视力严重下降，交稿前的那个星期，眼睛一直充血。期间，女儿女婿以及两个外孙因为这本书，也会时常被他招呼到书房，有时是为了一个句子，有时是为了一个单词，一家人一起反复斟酌，直到找到最完美的美式英语表述为止。

由于时间短，工作量大，他发动团队的教师、博士后和博士生们共同参与出版工作。他自己除了撰写了两章英文稿外，其余各章就分配给教师和学生撰写或翻译，最后汇总到他手里再进行校对和修改。

尽管这本书有很多人参与，但他自己在每一个环节都认真把关，包括章节、语句、排版都要达到最好的程度。每一次修改，他都逐页仔仔细细地看。一般书稿校对三遍就可以了，但这部学术专著在改过三遍后，赵淳生仍捧在手里修改，每一页都有他涂满的笔迹，从头到尾依然是"满堂红"。

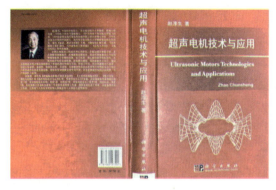

中文专著

图书奖证书

直至新书出版，这样修改的次数多达15遍。有人把这些书稿摞起来，居然有办公桌那么高。而这一年，他已是七十二岁高龄的老人。

一位七十二岁高龄老人，还这么严谨地对待自己学术专著的出版。这位老人，10年前曾遭遇两次癌症的折磨；这位老人，身上一前一后各有一尺多长的刀疤，这是怎样的一位老人呀？！

结果，他的首部英文专著顺利通过了世界级专家的严格初审，被列入"Springer-Verlag"这个世界顶级出版公司的出版计划中。

在这之前，他和团队几个人应韩国邀请去访问。期间，对方听说他们都是第一次来韩国，就特意安排一天观光。赵淳生却说："抱歉，我不能去了！我得改书稿。"一点迟疑都没有，一点商量的余地也没有。韩国教授在陪同其他人观光时，不禁由衷地感慨："赵淳生院士真是太敬业了，原来他是这样对待工作的，难怪他有那么多的业绩，真是太让人敬佩了！"

是的，在他眼里只有工作，在他生活里也只有工作，哪怕是一天，也不能浪费！

2010年10月，他的英文版学术专著 *Ultrasonic Motors*：*Technologies and Applications* 由世界著名的出版公司 "Springer–Verlag" 首次面向全球发行。而中国学者的学术专著能跻身这样的行列，这在若干年前几乎是无法想象的。无疑，赵淳生攻破了这样的一个学术高地，为中国人增了光。

世界著名超声电机技术专家、德国 J.Wallaschek 教授为该书写了序。他在序言中说："赵淳生教授是超声电机领域的先驱者。他的理论和试验对该领域科学进步做出了诸多贡献。他所创造的精密驱动研究所非常成功，世界驰名。这本书不仅总结了赵淳生教授的研究成果，同时也对超声电机技术前沿和现状做了一次全面而系统的回顾。"

世界知名超声电机专家、现为日本东京工业大学教授黑泽实（MinornK. Kurosawa）如此评价这本英文专著："这本书从超声电机的基础到应用，结构严谨，条理清晰，内容几乎包括所有类型的超声电机，其广度和深度令我吃惊！"

《左传》有人生"三不朽"，即"立德、立功、立言"。唐代一位学者对此的解释是："立德，谓创制垂法，博施济众；立功，谓拯厄除难，功济于时；立言，谓言得其要，理足可传。"从古至今，这样的"三不朽"是很多仁人志士人生的目标和追求。

而出版学术专著就是"立言"，对中国学者来说是非常神圣的事情。所以，他们通常会用较为隆重的方式，纪念书著的出版。

2010年11月29日，南京航空航天大学图书馆报告厅高朋满座、济济一堂。凝聚了赵淳生多年心血的《超声电机技术与应用》英文版新书发布会在这里举行。

赵淳生的英文版专著新书发布会（2010.11.29，右1为宣益民副校长，右2为欧阳平凯院士，左1为熊克助理，左2江苏政协副主席周健民，中为赵淳生院士）

时任江苏省政协副主席、中科院南京分院周健民院长；时任江苏省科协主席、南京工业大学校长欧阳平凯院士；时任中科院南京分院院士工作局朱小卫主任；中国振动工程学会、江苏省振动工程学会、江苏省仪器仪表学会的负责人；南京各大高校的专家学者，时任南航宣益民副校长等，出席了此次发布会。发布会还吸引了江苏教育台、新华日报、南京日报等多家媒体前来采访报道。

英文版专著在亚马逊销售的广告

中国人撰写的学术专著不少，但用英文撰写的学术专著还真的不多。外国普通的读者会买吗？然而，让赵淳生自己也没有想到的是，这本枯燥的学术专著不仅受到国内外专家的认可，也受到国内外普通读者的欢迎，开始在美国的定价为235美元，但这几年卖价不断高涨：356→454→619→825→1090.61美元，等等。亚马逊去年在美国市场的广告上竟达到天价1136.12美元。

美国麻省理工大学的副校长在拿到这本书时，发现作者赵淳生竟然是麻省理工大学校友会的一员，感到格外的骄傲和自豪。再看看书籍的标价，竟然可以卖到1000多美元，可以说这位中国学者的专著，以绝对的科技含量创下了美国科技图书的金牌，这让他惊讶不已！从此，中国赵淳生的名字在美国麻省理工大学、斯坦福等世界名校传扬开了，他因此得到了众多学者的敬重。

这本中、英文版的学术专著《超声电机技术与应用》，为什么会在美国卖到天价？据了解，原来它是目前全世界该领域唯一的一本教科书，美国名校MIT、Stanford都把这本由中国赵淳生院士撰写的学术专著当作教材使用或推荐为重要的参考书。

世界超声电机技术专家、汉诺威莱布尼兹大学教授、德国工程院院士J.Wallaschek对这本《Ultrasonic Motors：Technologies and Applications》专著做了如下评价（译文）：

赵淳生教授是压电/超声电机领域的开拓者。他所撰写的第一版Ultrasonic Motors：Technologies and Applications 在2010年便已问世。现在第二版也已开始撰写，它将为压电/超声电机领域再次提供一本优秀的著作。该书既可以作为教科书，同时也可以作为该领域专家们的参考资料。

赵淳生第一版英文专著的发行已有七年了！该书在压电/超声电机领域内引起了巨大的反响。迄今已在中国以及世界范围内发行了3500多本。现在，第一版已经绝版，余本被标出了特别昂贵的价格。业界对赵淳生教授及其南航的研究团队所取得的成果有着很大的兴趣，不仅是由于压电/超声电机本身的魅力，更是由于这本书到目前为止是该领域的最新、简明而又很准确的阐述。

他的确是压电 / 超声电机科学界一位了不起的真正引领者。

我们没有做过相关的统计，但可以肯定的是：中国人撰写的教材进入世界一流大学课堂上的情况，并不多见。赵淳生在他的晚年，再一次为中国人赢得了莫大的荣耀！

⑦
冲击国家重点实验室

2010年11月，一个绝好的机会终于来临——国家科技主管部门公布了新一轮国家重点实验室建设指南，旨在制造领域中设立"机械结构强度与振动国家重点实验室"。一天，时任北京理工大学校长胡海岩院士（原南京航空航天大学校长）给赵淳生打来电话。这位儒雅的学者在与赵淳生寒暄一阵后，就直入主题。他问赵淳生："南航要不要参加此次国家重点实验室申报？"赵淳生一听，眼睛顿时一亮，声音不由自主地高了起来："当然要申请，不管结果如何，我们一定要试一下！"

国家重点实验室是从事科学研究的国家队。拥有国家重点实验室的数量，代表一所高校的科研实力和水平。但国家对此规定了诸多硬性条件，要成功申报可不是件容易的事。赵淳生立即找来申报指南进行研究，发现自己所在的南京航空航天大学现有的研究所加上自己的研究方向，与国家重点实验室扶持的方向很吻合，如果把这些研究所联合起来，其规模和水平在全国也不多见，这意味着冲击国家重点实验室的可能性很大。

他当即向学校领导做了汇报。冲击国家重点实验室对学校来说太重要了，校领导决定按照赵淳生的建议，以精密驱动与控制研究所和振动工程研究所为主体，联合学校其他3个研究所共同申报，并决定申请书由时任校长助理熊克教授执笔。

这也是赵淳生多年前的夙愿。当时由于种种原因没能实现，现在机会来了，条件也成熟了，尽管自己年纪大了，但这个梦还是要圆的。于是，那一年的赵淳生格外忙碌起来。他一边组织申报国防基础重点项目、"973"项目，撰写"国家战略产品建议书"、国家"十二五"规划，一边开始筹划国家重点实验室的各项准备工作。

最关键的申请书只用了10天就写完了，这份申请书是能否进入初审的关键。赵淳生等人凭着多年在超声电机领域开创性的研究及成果，顺利闯过了第一关。

接下来就是紧张的答辩。第一轮答辩于2011年1月初在南京举行，全国包括西安交通大学在内的10多家单位参与，竞争异常激烈。那天，学校参加答辩的是校长助理熊克，他对赵淳生以及南航在超声电机领域所做出的成绩了如指掌，因此信心满满。

半个月后的第二轮现场考察和第三轮答辩定在2011年的1月20日和1月27日，离春节半个月不到。现场考察不在话下，答辩可非同儿戏，决定南航是否能跨进国家重点实验室的门槛。

当时赵淳生还在美国，全家兴致勃勃地准备在美国过个春节。可这个时候，接到从国内打来电话的赵淳生，却提出要回国参加这场答辩。

"不行，绝对不行！"这是夫人王凤英的态度；"不行也得行，我必须回去！"这是赵淳生的态度。无疑，一场家庭大战又一次爆发。一方坚决要回去，一方坚决不同意。

夫人与女儿联合起来，对他实行了经济封锁。没钱买机票，当然就走不成。

怎么办？绝不能这样坐以待毙。赵淳生知道老同事吕樟权的女儿在美国，还与自己住同一个城市。办法有了！当晚，赵淳生背着家人，悄悄地给吕樟权的女儿打了个求助电话，请她帮自己买张回国的机票。

第二天，家里的门铃响起。赵淳生第一个冲了出来，夫人王凤英觉得有些蹊跷，就尾随其后。结果，看到赵淳生手里拿了张机票，她一下子明白过来。同时也知道，此时任何阻拦都为时已晚。这一次，赵淳生为了南航冲击国家重点实验室，又一次不顾家人的阻拦，坚持要一个人在临近春节时回国。

人们看到，已经七十多岁做过两次大手术的老人，风尘仆仆地来到美国，十天后又风尘仆仆地回到中国。来不及调整时差，第二天，他就跑到学校陪同专家们现场考察。不看不知道，一看大家全都惊呆了！原来，赵淳生所领导的这个研究所取得的成绩，远远超出国家级专家们的预料。

2011年1月27日，在北京望远楼一座古朴的建筑内，赵淳生代表申报单位做了最后一轮现场答辩。在介绍完申报理由、基础条件及建设方案后，他这样说道："在南航建设'机械结构强度与振动国家实验室'是我多年的梦想，也是已故的我国知名振动专家张阿舟教授的遗愿，如果专家和领导们能圆我这个梦的话，我会更加努力工作，张阿舟教授也会含笑九泉。"这番话深深打动了每一位专家和领导。

参加答辩的全体人员在答辩后的合影：（右起）宣益民、朱荻、赵淳生（右3）、胡海岩、熊克、赵宁

结果出人意料。西安交通大学的实力雄厚，但南航的成绩及潜力也非同一般，最后的答辩成绩居然比他们略胜一筹。经专家们研究，决定向国家申请增加一个指标。这样，南京航空航天大学与西安交通大学两家并列冲进了国家重点实验室的行列，这是很多人都没有料到的。

2011年10月，一个特大喜讯传来，"机械结构力学与控制"国家重点实验室申报成功了！从此，南京航空航天大学有了一个国家级重点实验室，实现了国家重点实验室"零"的突破。这是南航几代人的梦想，也是赵淳生的梦想。为了这个梦想，他整整奋斗了半个世纪。

今天，历经半个世纪的艰苦努力工作终于有了结果，所有的奔波、所有的艰辛在这一刻被成功的喜悦所替代。半个世纪，在历史的长河中是"短暂"的，但对于赵淳生一个生命个体而言，这个成功让他等待了太久、太久！

"经历了半个世纪的等待与拼搏，我们终于用自己的实力让大家相信，我们是实至名归的国家队！在感到欣慰的同时，更多的是一种沉甸甸的责任：未来要做的事情还很多，这一天是我们一个新的起点。"在一个星期后的总结会上，赵淳生对团队的人这样说。

"未来要做的事情还很多。"无疑，新的挑战又开始了。这位经历了人生大悲大喜的院士，又马不停蹄地开始了新的征程。

2011年10月，经教育部和国家外专局批准，设立高等院校学科创新引智基地。这样的基地瞄准国际学科发展前沿，引进、汇聚海外学术大师、学术骨干，与国内优秀科研骨干一起开展学术研究，可以极大地提升中国超声电机整体科研水平和国际地位。这一年，赵淳生带领自己的团队，又把"111国家引智基地"这块牌子摘了下来。

2011年11月，经国家发改委批准，超声电机国家地方联合实验室又成立了。这是超声电机及其应用系统集成与创新基地；是超声电机技术成果推广基地；是超声电机工程测试与检测标准化基地；也是超声电机技术人才培养基地。他们的目标是开发针对国家重大工程和重大专项应用的超声电机及其驱动系统新产品，大幅度提高超声电机技术的开发能力与成果水平，提高自主创新能力，成为中国超声电机工程技术研发体系中的中坚力量。

之前的国家级实验室的申报成功，再加上"111国家引智基地"的落地，让赵淳生的团队一下子拥有了三块国家级"王牌"。

2013年3月1日，国家科技部派出以段宝岩院士为首的专家组，对"机械结构强度与振动"国家重点实验室建立一年多来的建设和科研进展进行了细致的考察和评估，最终获得了"良好"的评价。

同年12月1日，他们顺利通过了国家科技部派出以郭东明院士为首的专家组对国家重点实验室进行的验收。

就在这一年的年底，这个国家重点实验室的研究成果被成功应用在了"嫦娥三号"上。"大行程、高精度、快响应直线压电电机"项目获得国家技术发明二等奖。

如今，赵淳生手握着5项国家级的奖项，再加上团队拥有的3个国家级的科研平台，是当之无愧的国家功臣。

⑧
三次获得国家科技发明奖

2014年1月10日，七十六岁的赵淳生又一次站在了国家科学技术奖励大会的领奖台上。这一年，他所带领的科研团队完成的"大行程、高精度、快响应直线压电电机"研究，荣获2013年度国家技术发明二等奖。这是他第三次获得国家技术发明奖。

从事科学研究的人都知道国家科技发明奖的分量。科研成果获得国家认可，不仅是科研水平高低的问题，也是人生价值的体现。因此，争取国家级的奖项是很多科学研究工作者毕生的追求。

早在1995年，赵淳生"高能激振器"曾获得国家技术发明四等奖。而后，在2004年至2014年这十年内，又两次获得国家科技发明二等奖。很多科研人员一生都与国家奖无缘，但赵淳生在短短十年中竟然获得两次，在全国1500多名院士群体中也不多见。

第一次获得国家技术发明二等奖是在2004年。这一年，他从两次患癌的绝境中走出来，不仅病情稳定，而且治愈，可以说"绝处逢生"。与此同时，他的超声电机研究也有了突飞猛进的进展。这一年，由他领衔的"新型超声电机技术"首次获得国家技术发明二等奖。

为此，赵淳生激动得几天都没睡好觉。这个奖项的获得真是太不容易了，其中饱含多少人的心血和付出！尤其是他自己，可以说是拼着命把研究不断推进，最终才修成正果。

紧接着第二年，也就是2005年，他又光荣当选为中国科学院院士。

命运这个东西真是奇怪，"悲喜交加"在他一生中几次轮回出现，并诠释得那么富有传奇色彩。大悲后，是大喜；大喜后，又是大悲。所以，对待人生的悲，我们真的不必灰心；对待人生的喜，我们也不可得意忘形，坚信人生自古多磨难，上天对每个人都是公平的！

2004年3月28日，时任南航超声电机研究中心副主任的黄卫清教授，代表学校来到北京人民大会堂，参加由中共中央、国务院举办的国家科学技术奖励大会。那天，赵淳生因为正在国外访问，无法亲自到北京接受胡锦涛等党和国家领导人的接见和授奖。但开会当天晚上，他在第一时间打开电视机收看大会盛况。从北京回来的黄卫清，也及时向赵淳生汇报了大会的情况。他非常仔细地听着，生怕漏掉什么重要环节。最后，激动地对黄卫清说："中央这么多领导接见我们获奖人员，这充分体现了党和国家对超声电机技术的高度重视和对在该领域的科研工作者的大力支持和亲切关怀。"

赵淳生所从事的超声电机研究在国民经济发展中有很大的应用价值，国外已经走在前面，而我国才刚刚开始。因此，他的研究工作是开创性的！这是获得国家科技发明奖的先决条件。

获得了国家科技奖，又当上中国科学院院士，很多人都觉得赵淳生该知足了，更该歇歇了，好好享受一下自己的人生。但赵淳生从不这么想。功成名就的他，每天依然忘我地工作，把每一分每一秒都奉献给超声电机事业。

结果，十年后的2014年，他又一次与国家技术发明奖相遇。由他主持完成的"大行程、高精度、快响应直线压电电机"，获得2013年度国家技术发明二等奖。

2014年1月9日，一年一度的国家科学技术奖励大会在北京人民大会堂隆重举行。这是我国科技发展领域的盛事，是科技工作者的节日。那天，赵淳生再一次郑重地穿上西装，还特意系上一条红色的领带，带着课题组成员姚志远、时运来等来到北京，出席了对每个科学工作者来说都最为神圣而庄严的大会。

这一年，赵淳生七十六岁。从1994年开始，他另起炉灶，重新开辟超声电机研究新领域，到再一次获得国家科技发明奖，整整二十年过去了。

这二十年来，他经历了太多曲折和磨难，但任何困难都没有将他打倒。无论是家人还是同志，都感慨万千。

赵淳生、姚志远和时运来等在2014年国家科技奖励大会上

"他的生命力太顽强了！他的内生力太强大了！在所有的事情上，他都那么自律，那么坚持！"这是团队骨干杨颖教授反复说的一句话。

"他把每一分每一秒，都交给了超声电机事业，家只是他半夜三更回来睡觉的地方。"这是夫人王凤英反复说的一句话。

"他不仅把所有的时间都献给了超声电机，还把所有的精力、所有的资源、所有的金钱都献给了超声电机。"这是跟着他最久的黄卫清教授说的一句话。

"有时，我们会在背后议论，他是不是疯了？那可是动过两次大手术的人！遇到无法解决的技术难题，很多时候我们这些年轻人都受不了了，想放弃，但他还是那么坚持，那么忘我地工作着。"这是团队骨干张建辉说的。

付出总是与回报成正比。作为我国超声电机的开拓者，赵淳生先后两次获得国家科技发明二等奖。在2014年这次授奖大会上，他还受到习近平等党和国家领导人的亲切接见。而习近平主席与他亲切握手的画面，也永远定格于历史。

⑨
人生若干个第一

作为我国超声电机研究领域的开拓者，赵淳生创下了他人生中的多个第一。

20世纪70年代，研制出中国人自己的"激振器"，先是"励磁式激振器"，后又是"永磁式激振器"和"宽频激振器"，形成了三个电动式激振器系列，这一研究成果填补了国内空白，其性能指标和法国同类产品相当。

20世纪80年代，他采用了高磁能材料——钕铁硼，使新一代激振器具有最小的体积和最轻的重量，特别适合桥梁、建筑、桩基、水坝等外场振动试验，是具有特种用途的高能激振器系列。

20世纪90年代，他放弃已经成熟的激振器技术，开始研制超声电机。

1995年12月,研制出我国第一台结构完整能实际运行的超声电机——"行波型超声电机"。该项研究在行波超声马达关键技术方面取得了重大突破,填补了国内空白,处于国内领先地位。研制成功的具有自主知识产权的 TRUM 系列旋转型行波超声电机主要性能指标接近或达到与日本 SHINSEI 公司生产的同类型产品。

1997年11月,在全国率先成立了超声电机研究中心。中心先后获得15项政府资助,包括国家自然科学基金项目、总装备部武器装备重点基金项目、国家"863"高技术项目、省部级基金项目。

1999年5月,在国家自然科学基金委员会的支持下,在南航主持召开了"国内首次超声电机技术研讨会"。

2000年12月,创建了我国唯一的"江苏省超声电机工程研究中心"。中心在新型超声电机运动机理、机电耦合模型、结构参数优化设计、驱动与控制技术等方面总结和提出了系统的理论和设计方法,授权国家发明专利45项,其中有多种超声电机已在科研、生产和国防上应用。

2003年10月,"新型超声电机的研究"首次在国内成功地解决了行波超声电机频率跟踪技术;首次建立了旋转型行波超声电机机电耦合系统完整的动态模型;首次揭示了6种以上的超声电机的运动机理,并设计和制造出它们的原型样机;解决了在超声电机研制中一系列关键技术,为我国超声电机的产业化提供了经验和途径。

2006年5月,在超声电机研究中心的基础上,创建了精密驱动研究所(后改名为精密驱动与控制研究所)。从此,研究所由单一的超声电机作动器向多种类型的作动器发展,从单个器件的研发扩展到系统集成的研究。国家自然基金委给出了这样的评价:超声电机研究成果达到国际先进水平,部分成果处于国际领先地位。

2007年10月,精密驱动研究所被原国防科工委授予"精密驱动技术"国防学科重点实验室。10月19日这天,赵淳生从原国防科工委质量司司长吴伟仁手里接过一个金灿灿的铜匾。

同年,集合他多年心血和智慧的中文版《超声电机技术与应用》一书问世。该书不仅在国内具有广泛影响,在国外也备受关注。

2008年6月,与连云港锻压机床公司联办了江苏春生超声电机有限公司,开始超声电机产业化的进程。

2010年11月,第一本英文版的学术专著 *Ultrasonic Motors:Technologies and Applications* 由德国 Springer-Verlag 公司和中国科学出版社共同出版,并在全世

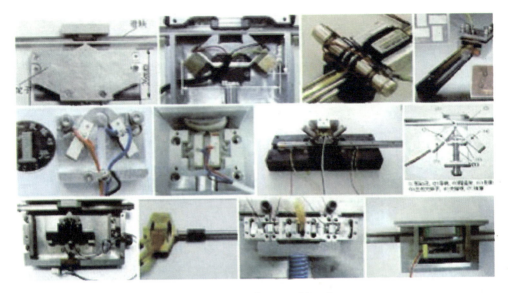

新型直线超声电机样机群

界范围公开发行。

2011年4月，"机械结构力学与控制"国家重点实验室成立，这是南航首个国家重点实验室，实现了南航几代人的梦想。

2012年4月，他主持的"大行程，高精度，快响应直线压电电机"获教育技术发明一等奖。同年10月和11月，在他的主持下，又拿下"国家创新引智基地（国家"111"基地）"和"国家地方联合超声电机工程实验室"。

2013年12月，他主持的"大行程、高精度、快响应直线压电电机"，再一次获得国家技术发明二等奖。该成果实现了我国直线压电电机的大行程、高精度、快响应，具有20项授权发明专利，5个发明点，15种新型直线压电电机及4种精密运动平台，达到国际同类产品的先进水平。

2014年，是他人生的丰收年。这一年，从年初的2013年度国家技术发明二等奖，到年末的超声电机世界"终生成就奖""杰出贡献奖"，已经七十七岁的赵淳生，一年之内一举拿下了他人生中的5个重量级奖项。

这年的10月，首次获得"何梁何利基金奖"，并由此成为南京航空航天大学历史上这一重量级奖项的首位获得者，获得20万元港币的奖励。

这年的11月，在第十六届中国国际工业博览会上，他主持的"大行程、高精度、快响应直线压电电机"获高校展区特等奖，同时还获高校展区先进个人奖。

还有两个世界级的奖项也在这一年获得，同样刷新了自己获奖的记录。

获 2015 年度 "全国先进工作者"光荣称号

一个是"超声电机领域终生成就奖"。该奖由压电材料及其在作动器上的应用国际研讨会常设组委会设立，主要奖励在压电材料在作动器上应用研究取得丰硕成果、在国际和所在国家享有盛誉、德高望重的专家。设立 11 年以来，赵淳生是第二个获此殊荣的科学家。

一个是"超声电机技术杰出贡献奖"。该奖由总部设在美国弗吉尼亚大学的能量收集材料与系统中心（CEMHS）颁发，主要奖励赵淳生对超声电机技术的非凡贡献。此奖项每年从世界范围内选出 1 名杰出贡献者，从设立到现在，全世界共有 4 人荣获该奖，2 名美国人，1 名德国人，赵淳生是唯一获得该奖项的中国人。

赵淳生之所以在一年之内荣获 2 项国际大奖，源于他在超声电机技术领域的国际地位和对该领域的贡献和影响。

近 20 年来，赵淳生及其团队开发了包括圆板式、圆杆式、中空式等多个系列 60 多款新型超声电机，拥有近百项授权国家发明专利。2007 出版的中文专著《超声电机技术与应用》和 2010 年出版的 *Ultrasonic Motors*：*Technologies and Applications* 英文专著，被国际同行认为是该领域里程碑式的著作，在世界范围内传播了超声电机技术的基础知识、设计方法和科学思想，对超声电机及相关学科的发展与建设具有重大贡献和推动作用。

2015 年 5 月，他获得"全国先进工作者"称号，这是南航首个获得党中央和国务院共同授予的殊荣。4 月 28 日，在庆祝"五一"国际劳动节暨表彰全国劳动模范和先进工作者大会上，赵淳生受到党和国家领导人亲切接见和授奖。

"所有这一切，都源于我对祖国的热爱。"是的，一个历经苦难的孤儿，是共产党培养了他，给了他一切的一切，他要永远感谢伟大的党，感谢伟大的祖国！所以，他要将学到的知识，全部服务于自己的祖国！这是他内心无比强大的声音，激励他一定要成为"学为国所用"的科学家！

"我的成功更离不开那些一路帮助过我的人！"从苦难的童年，到艰苦的少年；从求学，到工作，在人生每一段的历程中，除了家人的大力支持外，还有一些温暖的名字相伴，太多太多。由于篇幅的限制，作者不能将其一一罗列，但赵淳生还是想在"事业有成"篇章的最后，向这些亲朋好友、领导和同行专家表达他由衷的感谢和敬意！

他们是——

符绍先　原符氏竞小学校长（地下党员，已故）

符雪卿　湖南衡山白果旗瓦铺村屠夫（已故，赵淳生的救命恩人）

孟庆德　原湖南省衡山二中校长（已故）

余为淇　原湖南省衡山二中副教导主任、后任岳云中学校长（已故）

彭会贞　原湖南衡山二中高21班班主任（已故）

赵聚钧　衡山四中教师（已故）

吴继周　原南京航空学院第二任党委书记兼校长（已故）

姜澄宇　先后担任原南京航空航天大学党委书记兼校长、西北工业大学校长

胡海岩　先后担任原南京航空航天大学校长、北京理工大学校长、中国科学院院士

谭振亚　原南京航空航天大学党委书记

朱　荻　原南京航空航天大学校长、中国科学院院士

聂　宏　原南京航空航天大学校长

陈夏初　原南京航空航天大学党委副书记、副校长

徐开林　南京航空航天大学科研处成果办科长

熊　克　南京航空航天大学教授、校长助理

雷源忠　原国家自然科学基金会材料与工程学部机械学科主任

张阿舟　南京航空航天大学教授、指导教师（已故）

陈　达　南京航空航天大学教授、中国科学院院士（已故）

沈志云　西南交通大学教授、中国科学院和中国工程院院士

闻邦椿　东北大学教授、中国科学院院士

温诗铸　清华大学教授、中国科学院院士

王立鼎　大连理工大学教授、中国科学院院士

钟　掘　中南大学教授、中国工程院院士

蔡鹤皋　哈尔滨工业大学教授、中国工程院院士

闫楚良　北京飞机强度研究所所长、中国科学院院士

熊诗波　太原理工大学教授（已故）

周铁英　清华大学教授

李宝库　上海电子部21研究所教授

陈绍旺　南京航空航天大学X光透射室主任

刘福坤　江苏省中医院名医堂主任

王　欣　南京妇幼保健医院妇产科主任

王　新　南京航空航天大学宣传部处级干部（已故）

J.Wallaschek　德国工程院院士、德国汉诺威莱布尼兹大学教授、机械学院
　　　　　　　院长

P.Vassiljev　立陶宛教育科技大学教授、俄罗斯联邦工程院院士

S.–J. Yoon　韩国科学技术研究院院长、教授

……

在赵淳生看来，没有他们无私的指导与帮助，就不会有自己今天的成功。

第四篇　两次战胜癌魔

①
首次发现肺癌

2000年是千禧之年。这一年对每个人都意义非凡，短暂几十年的人生能遇到千年更替，也堪称人生幸事。因此，那一年无论是社会还是学校，迎接千禧之年的活动格外多。而对于赵淳生来讲，超声电机研究也有了进展，前行的劲头更足了！

他要做的事情很多。

首先是找钱，没有经费，科研无从谈起！要钱，就要争取国家支持，争取国家立项。从最初的立项申请，到各项审查、答辩都必须全力以赴地去做，一件件落实。那一阵子，他的办公室摆满了各种文件，以及正在起草的报告，每一份材料都需要他逐字逐句地琢磨。就申报项目而言，所提出的研究方向既要与国家发展战略相符，又要与行业发展需要紧密结合，还要有若干创新点，写这种申请报告所耗费的时间和精力，不亚于撰写一篇高水平的论文。

与此同时，实验室各项具体工作也在推进。那段时间的赵淳生，对上要申报各种项目；对下要推进各项研究的进展，真是千头万绪。而所有的事情，当时只有靠他和研究生一起做。一段时间以来，赵淳生那间只有20平方米大的实验室，到处堆着各种材料，显得非常凌乱。

学校例行体检的通知早就发下来了，可赵淳生实在没时间。办公室的秘书催了他几次，直到最后一天，他才拎着装满各种材料的公文包，急匆匆地来到学校的医院。

那一天，是2000年11月8日。

学校做胸透的医生陈绍旺，对最后来体检的这位老师多少有些好奇。他从赵淳生手里接过体检单的同时，自然多看了他一眼。眼前的赵淳生，面目清瘦，脸色灰暗，状态似乎不太好。因此，检查时陈绍旺医生格外仔细。果真，他发现赵淳生肺部的异常。

陈医生问赵淳生："这几天您是否感冒了？"

"没有！我一直好好的！您怎么问这个问题？"

"您的右肺上部有一个阴影，有一元硬币那么大。"从房间走出的陈绍旺医生，把自己看到的现象告诉了赵淳生，并要求他明天到军区总院去复查一下。

"哦。不过，我明天要到上海开一个项目汇报会。"刚刚在 X 光转台上站立时，他还想着明天开会要汇报的细节。此时，赵淳生马上把这个安排告诉了陈医生，言外之意，这个会他必须参加。

第二天，他照常到上海去开会，这个会对他的超声电机研究，实在是太重要了。能否立项、能否获得经费的支持，也在此一举。不过，这次开会他随身携带的，除了汇报需要的材料，还有医生开的药，那是一种常规的消炎药。

按照医生的叮咛，他每天服用的剂量不少，可 10 天过去了，再去校医院透视时，阴影一点儿没有变化。

对抗生素没有反应，周围边界又不整齐，这是什么东西？陈绍旺医生一时也吃不准，建议赵淳生到大医院再瞧瞧。

望一眼医生的神情，细心的赵淳生有一种不祥之感。而此时，夫人王凤英还在美国帮女儿带第二个孩子。把自己需要到大医院复查的事告诉她，好像也不合适。他只好把这个情况，告诉了在市妇幼医院工作的侄女王欣。

王欣是王凤英弟弟的女儿，弟弟有意把这个女儿放到南京。这个对整个大家庭有恩的姐姐、姐夫中年丧女，唯一的女儿还远在美国，如果年纪大了，生个病身边都无人照顾，岂不孤苦？王欣也懂事，她知道父母的用心，把姑父、姑母的家事都当成自己的事。

起初，王欣拿着姑父的胸透片跑了几家医院，看过的专家都说有问题。王欣真不愿相信这是真的。从她到南京上学起，这个姑父就一直关心自己的学习。平时生活中，姑父待她也非常好，就像亲生女儿一般。

为了慎重起见，王欣决定带姑父到原南京军区总医院重新拍片看看。并且，通过自己的关系，王欣找到了军区总院放射科主任。

第二天一大早，他们约好一起到医院取检查报告。作为医生的王欣知道，取这样的检查报告最好让患者回避。这样，万一有什么情况也好有个回旋的余地。就这样，经验丰富的王欣，找了个借口让姑父赵淳生在门外等着，自己径直朝放射科主任室走去。

　　此时的放射科聚集了很多医生，这是科室每天读片的时间。显然，赵淳生的片子已经分析定论了。当王欣从主任手里接过报告单，那上面分明写着她最不情愿看到的"肺癌"两个字。她一下子惊呆了，过了足足有两分钟，才逐渐缓过神来。

　　姑父得了肺癌！这是毫无疑问的了。此时的王欣，顿时有种无法走出放射科这个门的感觉。门外，姑父赵淳生还在焦急地等着她呢！就拿着"肺癌"这样的结果出去？这怎么能行？！这绝对不行！要走出这个门，就得修改报告。

　　在王欣的要求下，放射科主任把原来的报告单丢进纸篓，重新写上"肺部新生物"这样含糊的字眼。就这样，在王欣的策划下，赵淳生是以"肺部新生物"这样柔和的方式，接受了自己的病情。

　　那是个"谈癌色变"的年代。拿着这份报告，真有拿着一颗炸弹的感觉，王欣慌乱的神情是无法掩饰的。赵淳生敏感地捕捉到王欣说话的语气以及面部表情的异样，又看到报告上写着"肺部新生物"，加上学校医生开的消炎药自己吃了一星期都没反应，他知道自己患上了肺癌。

　　但他需要明确的答案，就再三追问王欣："医生到底怎么跟你说的？你直接讲，我有思想准备的，我能接受！"王欣只好直说："是肺癌，需要手术。"赵淳生心里咯噔了一下，感觉面部一下子僵住了，过了好一会，他才缓过神来，立即与王欣攻守同盟：对内对外暂时保密！

　　因此，从最初确诊得癌，到请胸外科主任亲自动手手术，赵淳生也没有将自己的病情告诉领导、同事，甚至没有通知在美国的妻子、女儿。当时，他的身边只有一个侄女相伴。应对如此重大的疾病，侄女是他身边唯一的亲人。

　　不过，赵淳生患癌的消息还是不胫而走。这个消息在他的亲朋好友中，在学校师生中引起不小的震动。

　　由于王凤英大学同学王敦全认识军区总院办公室主任，赵淳生就找他帮忙安排住院手术，没想到王敦全把赵淳生的病情告诉了在美国读书的女儿王晓晖。王晓晖又立刻告诉了赵淳生的女儿赵颖。就这样，赵颖知道父亲得了重病。

　　赵颖的第一反应是要不要告诉母亲？告诉她，怕母亲受不了。但让父亲独自面对这么大的疾病，无论从哪个角度也说不过去。万一父亲有个三长两短，自己对母亲如何交代？最后，赵颖还是决定把父亲重病的消息告诉母亲。

　　事不迟疑。那天，一向准时准点下班的赵颖，早早地回到了家里。往常，她到家的第一件事是走进儿子的房间，与他亲热几分钟。今天，由于回来早点儿，孩子还在睡觉。所以，她只瞥了一眼孩子，就跑到楼下小房间，准备先打电话给丈夫，商量一下如何告诉妈妈。

此时，电话铃又急切地响了。原来是王晓晖，她想直接告诉王阿姨（王凤英）这个消息。赵颖大声呼喊："妈妈，妈妈，王晓晖来了电话，说爸爸检查出了肺癌，需要手术。"

王凤英一听到"癌"这个字眼，立即感觉头脑发昏、小腿发沉，下楼时一脚踩空，一下子就滚了下去。

看见母亲瘫软地躺在楼梯上，赵颖马上跑过去，蹲下身子一把抱住母亲。要是再迟疑一会儿，哪怕只是一秒钟，瞬间丧失知觉的母亲，就会从楼梯上滚下来。太悬了！赵颖不禁吓出一身冷汗。

好一会儿，好一会儿，王凤英才缓过神来。只见一向沉稳的王凤英，一下子搂住女儿，失声痛哭起来。而此时，赵颖也无法抑制自己的情感，与母亲一道放声大哭。一边哭，一边喃喃自语地忏悔。

在谈癌色变的年代，这对母女不约而同地想到了"死"这个沉重的字眼，这意味着她们一个可能会失去亲爱的丈夫，一个可能会失去亲爱的父亲。

王凤英想到自己的丈夫，从小就失去双亲的那些苦日子。结婚以后，虽然有了家，有了爱人，有了孩子，但那时工资低，物资匮乏，怎么刚刚过上好日子，他就得了这么大的病呢？苦命呀！她心痛自己的丈夫。此时，昔日与丈夫争执的一幕幕也从脑海中闪过。她后悔，后悔自己对丈夫的包容还不够，对丈夫的爱还不多。她后悔，自己把丈夫一个人丢在南京，让他一个人过那些没有女人照顾的日子。否则，他也不会得这么重的病。强大的内疚感一股脑涌到眼底，与泪水一起滚出，怎么收都收不住。

而赵颖想起自己的父亲，曾经失去女儿的那种伤痛。她想起，每年自己过生日时，父亲总要亲自为她做红烧肉；她想起，为了给自己加强营养，父亲一大早跑到长江大桥去买鸡蛋；她想起，父亲几乎每个月都要扛着沉重的煤气包，楼上楼下地跑；她想起，住在公交一村那些怕鬼的夏夜，父亲总会将自己背到三楼的家里；还有，每次考试成绩不理想时，父亲给予自己的那些安慰；还有，父亲为了搞激振器研究，每天很晚很晚才能回到家里……作为父亲，他是多么不容易！如今，自己终于有能力孝敬他老人家了，可他却得了重病。对父亲的怜惜，触动了她内心最温柔的情愫，想想父母为了支持自己的小家所付出的一切，她后悔让母亲来到美国，后悔让父亲一个人在国内过着单身汉的日子，后悔自己给父亲的爱还不够多……后悔的越多，泪水就越多。

时间一分一秒地过去，直到卧室传来婴儿的哭闹声，才让她们缓过神来，止住泪水。此时，天边一轮红日，也带着这对母女的叹惜，还有那些泪水，沉落下去。无边的黑暗，一点一点地降临，房间顿时黑得有些吓人。

"赶快订回国的机票。"黑暗中，王凤英缓缓抬起头，用几乎是命令的口吻对女儿说。

第二天，她们就登上飞往中国南京的飞机。原来，长达12个小时的飞行，每每充满着期待和幸福，而这次飞行的每分每秒，对王凤英母女来说，都是痛苦的煎熬。

②

在重大疾病面前

2000年前后，中国大陆癌症的发病率并不高，发现、治疗手段也有限。很多人认为，得了癌症就等于判了死刑。

死，是每个人都无法回避的课题。生命只是一个短暂的过程，有生就有死。对死亡赵淳生并不陌生，他见过太多的死亡：起初是同胞弟弟，后来又是至亲的母亲、奶奶和笔顺表弟。对死亡，赵淳生也不惧怕。他最爱戴的毛主席他老人家说过："人固有一死。"死是早晚的事。但现在让他离开这个世界，他放不下的东西太多。

2000年12月2日，是赵淳生被确诊为肺癌的日子。他几乎忘了，那天自己是怎么回到家里的。只记得那天傍晚，少见的狂风呼啸而至，只一瞬间，风裹着寒雨从天而降，摇曳的树枝发出的竟是一阵阵的悲鸣。只记得那天，他第一次早早地回到了位于李府街的那个新家。

现在看来，这个新家有可能是导致他患癌的因素之一。新家刚刚装修完，按照当时相关规定，赵淳生连装修带搬家只有3个月的时间，而装修就差不多把有限的时间用完。由于一个无法公开的原因，学校有关部门专门给他发了催交住房通知，比正常入住李府街的人提前两个星期交出原住房，不但房子装修后通风的时间没有了，连搬家都搬得非常匆忙。

刚刚装饰一新的房子里，所有的家具也是新买的。那是夫人王凤英特意从美国回来帮他弄好的。然后，她又返回美国。女儿刚出世的第二个孩子，还需要她的照顾。赵淳生一个人在家，经常早出晚归，由于怕下雨，窗户一直关着，整个家到处弥漫着甲醛的味道。中午，他一般都在食堂吃，在办公室凑合着睡一会儿。晚上很晚到家后，把事先烧好的一锅排骨从冰箱里拿出来，盛出一碗，加把青菜煮煮就吃，不到十二点不休息。长期营养单一，过度劳累，免疫力急剧下降。尤其，在科研工作刚刚有点眉目之际，最信任的骨干（博士后、博士生）又相继离去，一度让他的精神郁闷到了极点，又无人倾诉。几个致命因素一股脑地缠上他时，患癌就难以避免。

一进家门，赵淳生就直奔自己的卧室，躺在床上望着粉刷一新的天花板，陷入沉思之中。他需要一个人安静地躺会儿，想想到底发生了什么？

"肺癌？我得了肺癌了？这是真的，还是幻觉？这不是真的吧？我怎么能得肺癌呢？"肺癌、肺癌……一时，赵淳生满脑子都是这可怕的字眼，怎么也挥之不去。一次又一次地质疑，当他终于可以理性地接受这个事实时，一连串的想法就跟着冒了出来。

"肺癌！肺癌呀！这下完了！我难道也要撒手人寰了？"他知道，周围只要哪个人患癌了，肯定用不了多长时间，就会听到这个人去世的消息。想到自己只有62岁，而这个年龄的知识分子，正是干事业的时候呀！赵淳生心里不断翻涌的，竟是无数个不甘。

"不行，我不能死。"可那些死去的人，哪一个又是自己情愿的？赵淳生知道自己的想法太幼稚。他知道生死不由人，但他的确不想现在就死。他的超声电机刚试制成功，下面还有很多事情要做，如果就这么死了，那刚刚成立的超声电机研究中心谁来管？这是在面临死亡、想到死亡这件事时，困扰他的最大问题。

赵淳生努力从记忆中寻找可能的接班人选。然而，残酷的现实是，最初与他一起创业的人中途都退出了，留下来的有限几个人，无论从技术层面，还是从管理层面，似乎都不太成熟。

而超声电机研究与国民经济发展密切相关，它的推广与应用可极大地提升国家整体科技实力、经济实力以及军事实力。因此，一个小小的超声电机，其实承载着赵淳生科技报国的远大理想。如果超声电机研究中断，无异于科技报国理想的破灭，而这恰恰是他最不能接受的。

想到这儿，他"腾"的一下从床上坐起。此时，他感到胸口好像被一块巨石压着，怎么也喘不过气来。要窒息了！要窒息了！赵淳生赶紧走到窗前，缓缓地抬起头，望着窗外。此时的天空，像刚刚拉上了天幕，灰暗一片。星星也不知都躲到哪里去了。而藏在黑云中的月亮，迸射出一缕清冷的光，这是他有生以来第一次看到的带着无限伤感的月光，仿佛上天给予他最深的同情。自己的一生，真是太苦了。

这个出生在战乱年头的苦孩子，幼年就失去了小家，童年亲眼看到自己的大家被侵略者的铁蹄践踏的惨状。那时，他就暗暗发誓一定要用自己所学，让祖国强大起来。所以，他整个学生时代都异常刻苦地学习知识；所以，他40多岁到了法国还要把博士学位拿到；所以，他宁愿放弃高薪、放弃优越的生活、放弃唾手可得的天伦之乐，一次次拒绝法国人、美国人以及家人的挽留，毅然回到自己的祖国。今生，他虽然失去了双亲，却拥有一个至亲的祖国。这个祖国曾经贫困交加，满目疮痍，备受外敌欺凌。他现在所做的一切，都是为了祖国的强大。"祖国"，跟随了他一生；"祖国"，就是他的母亲，也是让他最放不下的牵挂。

那个晚上，只要一想到他一手创办的中国首个超声电机研究中心将因为自己的去世而发展受阻，或因一时无合适的管理者而倒闭，他科技报国的梦想也将落空，他的心就隐隐作痛。那种痛与在他身体动刀子相比，感觉更让人无法忍受！一行清泪，伴着他一千个、一万个不甘，不由自主地流了下来。

"我该怎么办？我该怎么办？"擦干泪水的赵淳生，不止一次地问着自己。

"我不能让吃了这么多的辛苦，好不容易才组建起来的科研小组和研究中心就这样垮掉；我不能让这棵刚刚成活的幼苗死在摇篮中。我不能！我不能！！"这个声音在他的心中不停地冒出，一遍比一遍强烈。

"难道癌症就等于死亡吗？我是一个搞科学研究的人，难道不应该相信现代医学的发达吗？"他知道，在医学史上纵然多有不治之症，但个体的差异性也是被承认的事实，很多疾病也能被人战胜。

"你自己是搞科学研究的，你要用科学的态度对待疾病，坚决同癌症做斗争！"突然，有个声音这样说道。黑暗中，这个声音听起来无比坚定有力。

"对。只要有一线生的机会，我都不能放弃！"这是他最后的决定。

那一夜，他失眠了。不过，那一夜，他更像个斗士。

第二天，他平静地做出了第二个决定，那就是配合医生尽快治疗。几乎是在第一时间内，他就与医生约好手术的时间。

从2000年12月2日确诊为癌症，到2000年12月5日确定手术的时间，中间只有两天时间。学校的医生从医这么多年，还从来没见过这样的速度。

手术前一天晚上，最早与他一道搞超声电机研究、学机械出身的黄卫清，接到了赵淳生从家里打来的电话。

"黄老师您好！请您明天早晨七点半前，务必到办公室一趟。"赵淳生无论对谁都用尊称，包括年轻同志，也包括家人。

个头不高，长着一双大眼睛的黄卫清，一大早准时来到位于学校科学馆的办公室。学校为了支持赵淳生搞超声电机研究，特意将科学馆的四层楼腾出来给他们用。而这座四层高的小楼，整个楼面用的是青灰色的墙砖，看起来古朴、典雅，是20世纪90年代香港著名企业家邵逸夫先生捐助的。

推开他最熟悉的门，今天见到的赵淳生与往常不同。是肤色？还是从眼里流露出的神情？总之，就是不一样。显然，赵淳生早就到了这里。一见到黄卫清，他马上从椅子上站起来，把事先准备好的一个手拎袋递给他。里面装的是一大串钥匙，一枚私人刻章，一个只有2000元余钱的账本，还有一个工作台账，上面写满了各项工作的明细以及要求。

一个小时之后，侄女王欣叫了一辆出租汽车，把赵淳生送到了军区总院。

③
新发现胃癌

一到医院，护士们发现，这个病人带来的行李又重又多。原来，赵淳生将手头上没有处理完的各种报告，没有看完的博士生论文，以及与超声电机研究有关的资料一股脑儿全都带到了医院。别人病房的床头柜装的都是食物，而赵淳生的床头柜装的都是研究资料。

一时，医院的病床竟变成了他的临时"办公桌"。这是世界上最大的一张"办公桌"，也是最特别的一张"办公桌"。每次，来到病房的护士总能看到他专注地看着那些报告，或者低头写着什么。这个"老头"，除了做检查，除了吃饭，书本一直不离手。

哦，原来大学教授都是这个样子的。护士们私下议论着，也情不自禁对这样的教授肃然起敬。的确，工作这么多年，她们还是第一次看到，一个癌症患者在手术前的两天，竟然还在病床上看书学习。

治病与工作同步，对他是一种习惯。直到现在，无论哪次到医院，他的电脑以及与超声电机有关的资料，都是随身携带的必需品。

2000年12月5日，早晨九点是施行第一次手术的时间。这是一次真正意义的大手术，也是赵淳生有生以来第一次上手术台。

快要进手术台的那一刻，远在大洋彼岸的妻子和女儿、女婿千里迢迢从美国飞到南京。飞机是凌晨四点到，他们连家也没回，就直接赶到了军区总医院。妻子一见到丈夫，抱住他眼泪流个不停……

而此时的赵淳生，却面带微笑，从容镇定地说："癌症不等于死亡！你看我这不是好好的吗？你不用担心！我一定配合医生把病治好，我还有好多工作要做！"短短一席话，给夫人王凤英和女儿、女婿莫大的安慰，也透露出他骨子里的那份坚强。

八点一过，他就被护工推到手术室的门外等候。虽然等待的时间只有短短的一刻钟，但这一刻钟对赵淳生而言，显得无比漫长。他的心"砰砰"跳得厉害，一股从来没有的忐忑袭上心头。生活中的他虽然一直都很坚强，但这毕竟是胸部大手术，接下去会发生什么，谁也无法预料。身体一直棒棒的赵淳生，从来想都没有想过，自己有一天也会躺在手术台上。手术台，是极其神秘的地方，既与"生"有关，也与"死"有关。精神再强大的人，一旦置身于与生死攸关的环境中，都难免产生恐惧和不安。赵淳生也不例外。现在，他只希望这样的等待早点儿结束。

"赵淳生！"护士喊了他的名字。赵淳生的心像被人拎起来，紧接着，一直紧绷着的神经立即松下来。这一刻，他终于等到了。

一扇神秘的大门向他敞开。不一会儿，手术台上方两只巨大的无影灯打开了。刹那，他本能地闭上了双眼。起初，他还能听到医生和麻醉师的对话，也能听到手术器械碰撞的声音，不一会儿，强烈的睡意袭来，让他对周遭的一切失去了感知。

手术就在这一刻开始。经过4个小时，从早晨9：00开始，一直到中午1：00结束，主刀医生（军区总院胸外主任），两个助理医生，麻醉师（麻醉科主任），还有护士等，10多人忙了整整一上午。刀口从前胸至后胸，至少有一尺多长。当医生把整个胸腔掀起，发现肿瘤被两根肋骨挡着，无法做肺部切除手术。这在医生的预料之中。按照事先的方案，必须切断这两条肋骨，才能将包括2×2×15厘米的恶性肿瘤在内的一叶肺切除。

接着就是伤口的缝合。由于刀口太长，仅缝合刀口就用了两个小时。从此，赵淳生的胸前、胸后各留下一尺多长的刀疤。直到现在，夫人王凤英都不忍心去看。

从手术台回到病房，护士就用绳子将他的手脚牢牢地捆着，在右手背插满针头，什么止痛棒、消炎液、营养液样样都有，而赵淳生自己则一直处于昏迷状态……

第二天，切除肺叶空出的部位积满了毒水，需要不停地咳嗽才能排出体外。每咳嗽一次，刀口都会剧烈地疼痛。王凤英担心那些刚刚缝合的刀口会炸线，如果脓水流出，伤口感染，后果不堪设想。因此，赵淳生一咳嗽，她就赶紧将他抱紧，用力压着他的肺部。这样的咳嗽，每一声都揪着她的心。

接下去就是化疗。从早到晚，身上都插着针头。七天后，总算做完了一个疗程。在回家休养的这段时间，要使因化疗降下来的白细胞升到正常值，才能进行下一次化疗。每天夫人王凤英就像打仗似的，往返于厨房与菜场之间，她要变着花样做营养餐，每天五顿，从早到晚没有闲下来的时候。

而女儿女婿由于工作原因，只能在家停留两个星期。不过，人虽回到了美国，心里每时每刻都牵挂着父亲的病情。2001年的春节过后，女儿从美国打来电话。

"爸爸，上次您只检查了肺部，有没有转移到其他部位还不知道，等去复查时，您最好从头到脚彻底检查一下。"赵颖叮咛着。

幸亏女儿一席话提醒了赵淳生。一不做，二不休。2001年2月份，赵淳生来到原南京军区总医院复查时，直接做了全身CT。这不查不知道，一查吓一跳，还真的在胃部查出了问题。在赵淳生的胃小弯的外部，竟然还挂着一个鹅蛋大的瘤。军区总院所有读片的医生甚至连退休的老主任都看了，谁也判断不了是良性的还是恶性的，只知道这个瘤在肺瘤之前就有了，与上下脏器没有什么关系，不是从肺部扩散而来的，而是原发性的瘤体。

后来，王凤英拿着CT片，到八一医院、鼓楼医院、肿瘤医院，一家医院、一家医院地跑，多数医生都无法确定肿瘤的性质。但八一医院读片老医生认为，即使是良性的，长这么大也容易转变成恶性的。在鼓楼医院时，那里的医生很肯定地说："这是一种原发性的肿瘤，长这么快，肯定有恶性成分，又这么大，肯定开刀为好。"

"他切除肺叶才三个月，又开胃行吗？"王凤英急切地问。"目前不开，以后也得开。这东西生长速度快，恶性程度会加深，迟开刀不如早开刀，正好还可以与肺部的化疗同步进行。"听到这番话，她立刻晕倒了！

天呐！一个肿瘤刚切除，又发现一个新肿瘤？！赵淳生到底做错了什么？那天，王凤英从鼓楼医院苏醒过来，一直到家里，眼泪都没有止住。女儿以及亲朋好友知道后，也无法控制自己的情绪，直为赵淳生鸣不平！

家里的气氛一下子变得异常凝重。望着从小吃尽了各种苦头的丈夫，忧虑，心痛，绝望，不平……各种情绪夹杂在一起，让王凤英一次又一次地质问着苍天："老天，你为什么这么不公？为什么一次又一次地让苦难降临到他身上？他是个孤儿呀，是个从小就失去了母爱和父爱的苦孩子呀！"但王凤英又想，流泪、忧虑、绝望、埋怨……这一切有用吗？苦孩子出身就可以不生病吗？至于何时做手术为佳，鼓楼医院医生的意见值得参考。晚上，王凤英和丈夫一起，互相安慰了一番，并认真讨论了最佳方案。

而此时的赵淳生明白：在疾病面前感叹命运不公，只会增添身心的苦痛和焦灼。他的态度坚决干脆：切除！再挨一刀。态度之决绝出乎王凤英的预料。

切并不难，难的是什么时候切。如果单纯考虑胃癌，那切除的时间越快越好。但赵淳生毕竟同时还是一个肺癌患者，又刚刚做过肺癌手术，术后的恢复必不可少。因此，快了不行，慢了更不行，真是难以抉择呀！

最后，经原南京军区总医院相关专家会诊，认为在肺癌手术后的4个月，再做胃癌手术是可行的，但要考虑到麻药混入胃液刺激胃，会产生大量的黏液。于是，在第一次手术后的4个月，也就是2001年4月6日，赵淳生要迎接自己人生第二次手术。为他做手术的是胃外科主任刘福坤医师，原南京军区总医院全军普外科研究所副所长、普外科副主任。

刘福坤现为江苏省中医院名医堂主任、胃外科主任医师，擅长腹部疑难疾病诊治和复杂手术，以精湛的外科技术治愈了数以千计的重危病人。在肿瘤综合性治疗方面，积累了数千例临床经验，五年生存率较传统治疗方式提高了15%，获得部省级科技进步二等奖2项、三等奖3项。

一个人患两种原发癌症这在医学史本身不多见。作为原南京军区总医院"第一刀"，刘福坤为无数病人做过手术，但像赵淳生这样的病人，他还是第一次遇到。

第一次大手术才4个月，刀口尚未愈合，就要进行第二次大手术，这真是太难了！难就难在做这样的手术，需要全身麻醉。而全身麻醉，对尚在愈合的刀口会有怎样的影响？加上他的年龄，又刚刚切除一叶肺。手术中会发生什么情况，很多事情都无法预测。这次手术不仅是对赵淳生的考验，也是对医生业务水平的考验。

为此，刘福坤精心制定了手术方案。他把多年的从医经验都用上，把手术中、手术后可能发生的一切都考虑到，仅缝合刀口的线就比正常粗两倍，针与针之间的密度增加一倍，这样的一个手术方案可谓严密到家了。

经过几天的前期准备，赵淳生再一次被推到手术室。麻醉师给他打了麻醉药。不一会，他就沉沉地睡去。等他醒来时，手术也成功了。不过，这次手术他的胃被切除了三分之二，而腹部留下的刀口，又是一尺多长。

就这样，从2000年的12月5日，到2001年的4月6日，4个月之内，步入花甲之年的赵淳生，经历了两次癌症切除手术。

这样的遭遇在生活中太少见！难怪与他青梅竹马的夫人王凤英，要一次又一次地质问苍天！苦难为什么总是降临到他的身上？！

苦难，是最不受人欢迎的。但苦难在人生中却扮演着重要角色，没有哪个人的人生是没有苦难的。而经历过无数苦难的赵淳生也坚信，自己每一次经历的苦难，都会在人生的某个时候派上用场。所以，他能做的、他必须做的，就是笑对苦难。

然而，一波未平，一波又起。手术后的第三天，由于不停地咳嗽，最让人担心的事情发生了，赵淳生胃部的刀口多处震裂，脓水从伤口流出，导致感染发烧，体温一下子接近40度。大手术后发高烧是非常危险的，又碰到星

两次手术后的赵淳生（2001.5）

期天。赵淳生一个人睡在重症病房，没有医生同意，什么人都进不去，只有一个值班医生在岗。王凤英万分焦急地找到这位值班医生时，他说任何医生都没有办法，只有找做手术的刘主任。王凤英也顾不上那么多了，硬是从值班护士那里要到刘主任住址，直接冲到他家。当时，他正吃着早点，听到赵淳生的病情，二话没说，急忙赶到赵淳生所在的重症室，当即采取退烧措施，又让护士重新换药。折腾了好一阵子后，高烧开始退到38度了。望着可以说从死亡线上被拖回来的丈夫，王凤英百感交集。

人是救回来了，但在重症室一住就是两个星期。每天，躺在重症监护室的赵淳生，盼着夫人来看他。虽然只有短短的一小时，但有她在自己身边，就会感到踏实、温暖。其他时间就见不到家人、朋友了，唯一能看到的是挂在墙上的那个电子时钟。望着秒针滴答滴答一下一下地移动，一向觉得时间不够用的赵淳生，第一次感到时间过得太慢了，真是受罪呀！每次，看到王凤英进来，都眼泪汪汪的，显得那么无助。从来没有示弱的人，如今竟然这么脆弱！王凤英从内心深处怜惜他。她特意跑出去买个果篮送给值班护士长，求她允许自己下午再来探望一次，帮他翻翻身，擦洗擦洗。护士长破例同意了！

这样熬了整整两个星期，赵淳生被折磨得面色苍白，精神萎靡，瘦骨嶙峋。

之后，他又接受了6次化疗。那是6个周期不间断地对身心的摧残。第一个反应就是恶心，这种恶心与平常不同，恶心得吃不下一点儿东西。第二个反应就是呕吐，胃里一点食物都无法留住。然后就开始大把大把地掉发，没几天工夫头发就掉光了。一向不喜欢照镜子的赵淳生，看着镜子中光头的自己，深深感受到生命的凋零给人带来的极度恐慌和无限感伤。

由于胃被切除了三分之二，最初的两个星期不能进食。以后，每天只能一小口一小口地喝米汤。再后来，一天进食六次，还只能吃流食，吃多了胃就胀，不利于伤口的愈合，但恢复身体却需要充分的营养。所以，每天围绕着吃饭，也是痛苦的话题、痛苦的经历。为了增加营养，他是吃不下也得吃，只好把老干妈辣酱拌在饭里，硬是吃下去。别的病人白细胞都是通过药物提上去的，而他是通过吃提上去的！

那段时间，他想站又站不起来；坐的姿势稍微不对，就会牵扯身上多处刀口；躺下来化疗，一躺就是几个小时，一动不能动。是站也难受，坐也难受，躺也难受；吃饭难受，不吃饭也难受，到了生不如死的程度。

身体的伤痛，化疗的折磨，吃饭的痛苦，当它们一股脑地纠缠着赵淳生时，每天备受煎熬的还有妻子、家人以及学生。由于身边没有子女，白天由夫人王凤英陪伴，晚上只有请学生过来陪护，替换一下自己。直到现在，赵淳生和王凤英对那些学生都感激不尽！

手术最初几天，伤口胀痛得无法入睡，两个值班学生就不停地给他揉，以缓解他的痛苦，让他睡上片刻。他们也趁机趴在床边休息一会儿。用不上一个时辰，疼痛再一次发作，赵淳生不由自主地呻吟着，被唤醒的学生赶快帮他继续揉，一个晚上就这样反反复复，谁也无法睡好觉。

上厕所需要两个人架着，他自己根本无法向前移步。但架着他的两个人，都不能太用力，一用力就会牵扯他胸部的刀口，同样是撕心裂肺的疼痛。每次，妻子看到他痛苦的样子，只能躲起来一个人痛哭一阵子，这样心里才好受些。结果，回国时还满头青丝的她，护理丈夫不到半年，竟然白发苍苍。

2001年底，最后一次化疗结束。这真不是人过的日子，但赵淳生竟然扛了过来。为赵淳生做胃癌手术的刘福坤，在接受作者采访的一个小时内，不止一次地感慨道："我还从来没有见过像他这样坚强的人！很多人只要知道自己得了癌症，心理就会崩溃，一下子就会垮掉，何况是得了两种癌症呢？！"

的确，坚强和乐观，始终是他战胜病魔的法宝。

④

与死神擦肩而过时

最新医学发现，环境与行为对人类恶性肿瘤的发生有重要影响。据估计，约80%以上的恶性肿瘤与环境因素有关，而且要经过漫长阶段的演进过程。

由于女儿赵颖怀孕，1990年4月，王凤英提前5年退休，千里迢迢来到美国帮助女儿带孩子，不得不把赵淳生一个人丢在家里。

一开始，过上单身生活的赵淳生还有点儿高兴。原来，每次加班都得顾忌夫人的存在，有时也会发生点儿不愉快。这下没有人监管了，自己想怎么干，就怎么干。忙起来不吃饭，也不会有人唠叨了。结果，由于劳累过度，多次晕倒在办公室，但他一点儿都不在乎。

1994年，从美国独自回国的赵淳生，想在超声电机领域大干一场。他要搞出中国人自己的超声电机！但这个时候的赵淳生已经56岁。这个年龄开始从零做起，可用的时间非常有限。因此，他的精神始终处于高度紧张状态，早早晚晚，生怕浪费一分一秒，真是分秒必争；年年月月，日日夜夜，都在十二点以后休息，一时一刻都不敢懈怠。

常年身体的透支，加上外部环境以及内在精神的创伤，让疾病钻了空子，它们死死地盯上了赵淳生。结果，62岁的那年，在他的肺部和胃部接连发现两种癌症，做了两次伤筋动骨的大手术，把他折腾得要命。

自古英雄多磨难。对磨难赵淳生并不陌生，从小到大他经历的磨难太多，每次都挺过来了。对这两次癌症折磨，虽然也挺过来了，但身体备受摧残，虚弱得只剩下一口气了。

赵淳生怎么也没想到，第二次胃癌手术快出院时，疝气竟然发作了，疼痛难忍，一步都不能走，不得不立即手术。真是祸不单行呀！

其实，疝气本身不算什么大毛病。但对刚刚做过两次大手术的赵淳生，情况就极其复杂。那段从破损的肠衣处鼓出来的肠子，压迫他的膀胱，一个晚上不知要跑多少趟厕所，但尿却排不出来，导致膀胱发胀，又挤压刚刚缝合的刀口，加上排出肺部毒水的咳嗽，既加剧了疝气本身的痛，又加剧了腹部刀口的痛，两种疼痛交织在一起，让赵淳生痛不欲生。

而当务之急是排尿，如果尿再排不出，那后果真不堪设想。医生只好在他的腹部开了个洞，将管子直接插进膀胱内，把憋了两天的尿引了出来。又将他的左腹切开，让鼓出的肠子复位。然后，像补衣服那样，用一块人工肠衣把破损的地方修补上。

由于这个插曲，让赵淳生在医院整整住了26天，而整个腹部却是千疮百孔！

就这样，62岁的赵淳生在一年之内，竟然连续做了三次大手术！第二次胃癌手术又不能进食，体重顿减26斤。一下子，他的眼睛深陷下去，脖子耷拉下来，再加上脸色蜡黄，看上去就像刚死过去的人一样。

第四次化疗做完后，一下子连走路的力气都没有了。甚至，从床上起身这样再平常不过的动作，他做起来都非常吃力。没有人扶着，既起不来，也走不动，每天只能傻傻地坐在沙发上发呆，真是欲哭无泪。走路一向风风火火，一直觉得自己有使不完力气的赵淳生，这个时候才感到大事不妙。

"我这是怎么了？难道生命真要接近尾声了？！"一向坚强乐观的他，心里也不免冒出"这回恐怕挺不过去的念头"来。

与此同时，他带的学生心里也有了"想法"：读博士需要导师带，如果导师不在了，那接下来的学业该怎么办？每天，负责到医院轮流值班的学生，看到赵淳生经历三次大手术后的样子，也都没有了信心。

一天，行政秘书史从云来到医院。前几天，赵淳生趁夫人王凤英回家烧饭的工夫，刚给她打过电话，让她把近期快毕业的几个博士的论文带过来。怎么，最多三天没来医院，赵老师又瘦了一圈？只见病床上的赵淳生，像棉花团似的躺在那里，一动不能动，见到小史，他也只能略微欠欠身子。

赵老师这是怎么了？！简直像换了一个人！！见到赵淳生这副模样，小史不禁迟疑了一下，感觉这个时候拿出那些论文似乎不太妥当。正当她犹豫不决时，赵淳生发话了："小史呀，快把论文给我吧。不过，这回我恐怕真的挺不过去了。"说这话时，他的表情异常沉重，甚至带着绝望。

心里有什么就说什么，从来不说假话的赵淳生，每句话都发自肺腑。他就是这样，与人处事单纯率真，从来不会掩饰自己的情绪。他一定真的感到不行了才这样说。与赵淳生共事这么长时间，从来不示弱的他，还是第一次说出这样"泄气"的话，也是第一次让人感到情绪如此低落。小史不禁眼睛发酸，眼泪一下子掉了下来。

其实，那一阵子前来看望他的亲朋好友，都能感到情况不妙。眼前的赵淳生骨瘦如柴，连说话的力气都没有了，与原先那个精神抖擞的他判若两人。即使赵淳生自己不说，很多人看到他的样子，心里也禁不住冒出"恐怕他是挺不过去"的念头来。

想想他儿时吃的那些苦，想想他中年丧女的遭遇，想想他在科研工作中的废寝忘食，想想他眼前受的那些罪，前胸、后背、腹部四处都是刀口，再铁石心肠的人，也无法无动于衷。探望他的人眼角一阵阵发酸，但出于礼貌，出于对病人的考虑只能忍着，实在忍不住的就背对着他，悄悄抹几把眼泪。

毕竟是血肉之躯！在经历三次大手术后，赵淳生也感到自己的生命真的到了崩溃的边缘。"死"这个悲凉的字眼，不时会从他的内心深处涌出来。

"中国人最讲求尽人力而知天命。如果生命真的到了终点，那也得接受这个现实。上天给我们多少生命，就受用多少。"当意识到自己的生命已经非常有限的时候，赵淳生想到的不是放弃，而是牢牢抓住这有限的生命。他想到很多科学家，在科学研究过程中，每每都是因为争分夺秒，才创造了一个又一个奇迹。

"说不定，上天也会在我生命最后的关节，把最好的礼物送给我。"而他期待的生命中最好的礼物，就是研制成功中国人自己的超声电机。所以，从手术台下来恢复意识的那一刻，他心里想的就是如何立即进行他的研究工作。

一般人得了癌症，会放下一切工作治病。而赵淳生得了癌症，他既要全力

赵淳生在病中和《振动、测试与诊断》杂志编委会的常编们开会（2001.10）

配合医生治病，也要全身心投入到工作之中。

第一次手术不久，他一只手吊着药水，另一只手还翻看着资料。就在病床上，他撰写了《国家自然科学重点基金研究建议书》，完成了国家自然科学基金项目《精密小型直线超声电机及其控制技术的研究》的申请报告。

第二次手术后，刚刚从重症监护室出来才三天，他就靠在病床上开始工作了。那时，他还没有拆线，每动一下，刀口部位都会钻心地痛。但查房的主治医生刘福坤竟惊讶地发现，这位来自南京航空航天大学的赵淳生教授，竟然半躺在病床上，验算那些在他看来像天书一般的数学公式。

赵淳生正在推导的公式，是超声电机理论模型的基础，住院前他曾与博士生们激烈争论过，总也没找到合适的方法。这阵子生病，有足够的时间卧床治疗，也有了足够的时间整理过去那些理论。刘医生被眼前的一幕牢牢地吸引着，一直注视着病床上的赵淳生，看他演算时的专注，看他何时才能察觉到有人走到他的床边。结果，足足有十分钟，赵淳生都没有抬起头。

一个刚从重症监护室出来才三天的老人，还没拆线就开始研究工作的画面，给他心灵的震撼太大了。无论多少年过去了，刘医生只要一想起这位病人，那个画面就在他的脑海中浮现，一次又一次，每一次都令他感慨万千！

在2001年5—6月份化疗期间，他先后撰写了4份超声电机技术专利申请书；8月份，他去杭州完成了国家自然科学重点基金的答辩，以全票获得了"超声电机关键技术的基础研究"的重点基金项目，为超声电机发展争取到165万的经费；10月份，他筹备和主持了《振动、测试与诊断》杂志第五届编委会，接待日本佳能公司奥村一郎博士来华讲学；12月份，他又主持筹备了"高能激振器的研制"鉴定会……

学生的指导也没有耽误。当时，有个博士做的微小电机需要一个陶瓷片，但这种陶瓷片比较特殊，没有人愿意做。赵淳生得知后，就在病床上与工厂的师傅联系，想方设法帮助学生解决了这个难题。与前来陪护的学生，他谈得最多的也是实验室的事情。得了这么大的病，还想着工作上的事，这给学生的震撼太大了！这是什么人？这是什么精神？

别人来医院就是治病，而赵淳生来医院哪里是治病呀！他简直就是来工作的！三次大手术的前前后后，他除了检查和上手术台，其他时间都在病房工作。目睹这一切，夫人王凤英一度绝望了，心想"这下他算完了"。怎么办？王凤英首先想到"劝"。

"老赵呀，咱们得的不是一般的病，治病养病都重要。你不能再带着重病想着工作了！等病治好了，再工作也不迟。"王凤英轻声说道。

"我躺在这里也是躺，如果不看书学习，多浪费时间！我的时间很有限，我必须珍惜每分每秒。"赵淳生的回答不假思索。

劝不管用，那就强制。只要赵淳生把书拿出来，王凤英立马跑过去没收，坚决不让他看。但王凤英毕竟不能二十四小时一刻不离他的身边，很多时候她还得回家做饭。只要王凤英一走，赵淳生就把他的书又拿出来，入迷地专研。估计王凤英快回来了，再把书藏到枕头底下。不过，这样的游戏很快就被王凤英发现。结果，夫妻之间的争吵不可避免。

在病房这样争吵总归不好。所以，这回是赵淳生妥协了。他向妻子保证，在病床上不再看书，并说到做到。

由于不能当着夫人的面工作，白天他只能躲到病房的厕所里，这里竟然成了他临时的办公室。很多博士论文、实验报告，都是在厕所马桶上边看边改。每本厚厚的博士论文，都密密麻麻写着他的修改意见。有时要修改的地方实在太多，为了不影响同病房的人，他就到走廊用电话指导学生修改，一个月下来，仅电话费就要500多元。在那个年代，这个数目相当于一个普通人一个月的工资。

所以，医院的医生、护士几乎没有人不知道这个从南航来的教授，他在楼道打电话的声音大大的，讲的都是学校工作中的事。所以，第一次手术时，王凤英一大早来到病房，医生、护士们立即围着她："原来，你就是赵淳生的夫人，我们都知道他，都认识他。"

起初王凤英很高兴，但后来发现一件奇怪的事，那就是赵淳生上厕所的时间一次比一次长。同病房的人要上厕所了，他才会从里面出来。有一次，王凤英实在忍不住，就闯了进去。结果，她看到在马桶上的赵淳生，正低头认真修改那些论文，那一页已被他写满，密密麻麻的一片红。

真的是不要命了！绝望的王凤英再也憋不住了，她转身跑到医院的过道，失声痛哭起来。这天，刚巧他们的老朋友王新过来送鸡汤，目睹了眼前发生的一幕。

　　他还牵挂实验室的同事以及工厂的师傅。不同型号的超声电机研制出来，都需要做大量的实验。这期间会遇到各种各样的问题，每一个问题都需要及时解决。这个时候，科研带头人的作用就凸显出来。他会告诉大家，如何解决出现的问题，同时指出正确的方向。加工环节同样重要，只有把不同型号的超声电机制作出来，才能验证其性能。也好在此基础上，做进一步的改进和提高，直到满意为止。所以，无论是住院，还是在家休养，他同时还得指挥负责加工的师傅们。

　　从20世纪60年代就跟随他的吴富勇师傅，有一次夜里接到赵淳生打来的电话。"喂，老吴，您一定要提醒工人，用八字研磨法加工，不能图省事。"一向熟悉他声音的吴富勇感到很奇怪，怎么赵淳生的声音突然变了？

　　"老赵，您感冒了？"吴富勇以为赵淳生病了。"没有，老吴。我好好的。"原来，在家休养的赵淳生，此时到了规定休息的时间。但他哪里能睡得着，再过二十天，这款新研制的超声电机就要交付某研究所试用。时间很急迫，又必须高质量完成。所以，那个晚上他怎么也睡不着。为了不让夫人发现，只好躲在被窝里给老吴打了这个电话。

　　像这样与夫人躲猫猫的游戏太多。从2000年就跟随赵淳生的史从云，对此体会颇深。赵淳生生病期间，所有申报的材料、硕士论文、博士论文、博士后出站报告等，都先汇总到她那里，再由她转给赵淳生。住院的时候，每天只要师母一离开医院，史从云就会接到赵淳生的电话，让她送各种材料过来；出院时，不是送到李府街的家里，就是送到他晨练的公园。地点总会变，有时小史一天要跑两趟，风雨无阻。而且，都必须背着师母王凤英，真像躲猫猫似的。

　　"为此，师母对我意见最大，她曾不客气地对我说，你要再给他送材料，我就不准你来我家！"所以，有一段时间，他们交换材料的地点就改在了晨练公园。但是，再怎么严加监管，王凤英也无法从时间上做到二十四小时全程监控，从空间上做到没有漏洞的全覆盖。而那些漏洞，都被赵淳生巧妙地变成了工作的时机。

　　2001年底，所有的治疗结束，但人也只剩下一把骨头，几个研究生把他抬到五楼的家里。2002年春天，在自己生死未卜的情况下，体力刚刚恢复一点儿的赵淳生却提出要去上班，这下可急坏了夫人王凤英。同意他去，不忍；不同意他去，知道他的脾气，凡是他打算做的谁也拦不住。即使拦住了，他心情不舒畅，无疑会影响身体的恢复。无奈之下，夫人只好同意了他的要求。

　　从此，每天上午王凤英就扶着他去实验室，下午再去接他回来。在去实验室的路上，赵淳生还得用自己的手兜着下腹部，免得下坠的胃肠撑到伤口。更无法走快，只能一点一点地移动。陪在身边的王凤英，总能感到走在路上的丈夫那急迫的心情。的确，办公室的一切都牵着他的心。一到办公室，他不是看图纸，就是指导学生做实验。如果实验结果不对，他就与学生一起现场分析，帮助他们查找原因。

在家做超声电机性能的调节试验（2001.6）

那时，赵淳生家住五楼，办公室在学校科学馆的四楼，一次上下班要爬18层楼，感到非常吃力。于是，他干脆让学生把实验设备搬到自己家里。电脑、示波器、三用表等，家里一下子变成了实验室，摆满了各种仪器设备。然而，家庭用电与实验用电的负荷不同，每次，他一开开关，电表就跳闸，房间顿时一片漆黑。最后，只好请电工师傅把家里的电路改造一番，这样就可以安心在家里做各种实验。

为了做超声电机起动/关断稳定性试验，他把一款新型超声电机安装在自家窗帘上。那段时间，他不允许别人动家里的窗帘，只能他自己动。每次打开、关闭窗帘时，他都要做个记录，观察超声电机的起动和关断是否正常。

他甚至把家里的贵重物品当作实验用品。家里的一部佳能照相机就被他带到实验室，由学生把里面的超声电机拆下来，以对比自己研制的超声电机还存在哪些不足。一段时期，王凤英发现家里刚刚买的照相机、摄像机，用了几次后就不见了踪影。后来她才知道，原来这些东西都被赵淳生当成了研究超声电机的试验品。

"他的生活就是科研，科研就是生活。每天睁开眼睛的他，满脑子想的都是他的超声电机，每时每刻，无时无刻。"

不止一个人这样说过。因此，人们看到，就在他与癌魔殊死斗争的日子里，在他与死神搏斗的关键时期，心里想的还是他的超声电机，永远是他的超声电机。

⑤
频频发生的家庭分歧

成人以后的赵淳生，经历过人生两次大喜后大悲的考验。上一次，是他失去女儿；这一次，他可能会失去他自己。

有一天，赵淳生做梦居然梦到了"鬼门关"。在那里，有一个小鬼拼命想把他拉进去，赵淳生用力撑着，但小鬼的力气实在太大，他撑着撑着就没力气了，就在这千钧一发之际，青梅竹马的夫人王凤英出现了，她上前一把抓住那个小鬼，用尽全身力气与它抗争着，最终把赵淳生从死神手里夺了回来。

第二天，赵淳生兴奋地给王凤英的大学同学，也是他们夫妻一生最好的朋友王敦全打了个电话，告诉他们夫妻："我昨晚做了一个梦，梦到王凤英把我从鬼门关救了出来！"

的确，在与病魔殊死斗争中，夫人王凤英的作用太大了。很多人也说，赵淳生捡回一条命，这多亏了王凤英。

"夫妻本是同林鸟，大难来临各自飞。"但这对夫妻在大难来临时，不但没有各自飞，而是并肩与病魔做着顽强的斗争。

赵淳生生病时，王凤英全力以赴。从接受各种检查的陪同，到治疗方案的筛选，几乎天天往返于各大医院之间。住院期间，她每天早晨五点起床，到菜市场买回各种新鲜食材，变着花样地做，饭是饭，菜是菜，汤是汤，然后马不停蹄地送到医院。中午，趁赵淳生午睡，她又返回家里一边熬中药，一边准备晚饭，然后再赶到医院陪护，直到晚上九点才能回家休息。

六次化疗，每次化疗后白细胞都会急剧下降。正常人是4000以上，有一次，赵淳生的白细胞降到2000以下，只有正常人的一半不到，这意味他的免疫力极低。如果住院用药恢复，既快又能减轻家属的负担，但副作用很大。王凤英决定把丈夫接到家里，硬是靠着红枣、花生、鲫鱼、排骨这些食材，不断翻新地煲汤，让赵淳生的白细胞很快恢复到了正常值！

还有长达五年的中医辅助治疗，王凤英每星期一都要带他到中医那里开药，由于看病的人太多，早晨4：00就得去排队。熬药的过程更费工费时，要用慢火把一锅的水熬成只有一小碗，一天一剂熬两次，两小碗倒在一起冲兑均匀，再分成两次定时喝。五年天天如此，谈何容易啊！

王凤英的付出，赵淳生看在眼里，痛在心里。在赵淳生的内心深处，对妻子始终非常感激！也始终认为，是妻子把他从鬼门关中救了回来。

妻子全力付出为了什么？当然是保他的命。然而，在治病期间，围绕着是坚持事业，还是放弃事业；围绕着是先治病，还是先搞事业，他与家人以及亲朋好友都发生过激烈的争执。

早年，他为了要搞超声电机研究，从美国回来前就与全家吵翻。但任凭家人怎么阻拦，都无法改变他的决心。

这次患病，他仍初心不改，还要坚持把超声电机研究搞下去。因此，很多时候他必须与夫人斗智斗勇。住院期间，他一边治疗，一边工作，夫人当然要干预，结果，他们不是频频争吵，就是玩"捉迷藏"的游戏。

2001年底，做完六次化疗后的赵淳生，身体虚弱到几近崩溃的边缘，竟然还要去工作。而且，重返工作岗位的赵淳生似乎忘记了自己是重症患者，仍像往常一样一干就是十几个小时，直到深夜才回家。每天，王凤英为丈夫做好的饭菜，热了一次，人没有回来，再热一次，人还是没有回来，就这样反复几次也看不到人影。

退一万步，赵淳生一定要搞超声电机研究也不是不可以。但在王凤英看来，一定要先把身体搞好，以后再慢慢搞也不迟。为了保他的命，王凤英带着随时可能失去丈夫的巨大压力日夜操劳，只要听谁说吃什么对身体好，她就千方百计找来做给他吃。

但赵淳生不仅坚持带病搞超声电机研究，还恨不能"一夜修个金銮殿"，急于求成。在整个生病、治疗、养病期间，他拖着半条命也要把超声电机研究搞下去，把生命置之度外。对此，王凤英能无动于衷吗？当然不能。为了阻止他的行为，王凤英能用的招数都用了，但都不见效。后来，只要王凤英流露出一点劝他的意思，赵淳生立即火冒三丈。每天，夫妻之间是大吵经常，小吵不断。而且，他好像越来越忙。白天到单位工作一天不说，晚上回来，草草吃一口饭，还要工作到深夜。王凤英能不气吗？

有一天，都到了后半夜，刚下夜班的侄女王欣，就接到姑父赵淳生的求救电话。原来，姑父和姑妈又吵了起来，一个要去加班，一个不准出门，两人就这样僵持在家里，一个人一个房间，谁也不理谁。

王欣在第一时间内赶到，她一会儿做姑父的工作：没有姑妈，谁照顾您的生活？一会儿做姑母的工作：工作是他的生命，不让他工作不等于要了他的命吗？最后，总算让两位老人都冷静下来，并握手言和。看着他们都像孩子一样笑了，王欣才放心地回家休息。

王凤英大学同学王敦全夫妻俩为他们调解矛盾的时候最多。有一次，王凤英坚持让患病的赵淳生放弃国内的工作，与她一起到美国安度晚年，可是赵淳生死活不同意。为此，两人说着说着就吵了起来，最后竟然吵得不可开交。老同学帮助他们调解的结果是，留在国内工作可以，但规定每天只能工作3~4小时，晚上九点前必须回家休息，等等。为了不到美国，为了在国内把超声电机研究继续下去，赵淳生只好暂时答应了这些条件。然而过不了几天，投入到工作之中的赵淳生，又忘记了一切。

有一天，将近午夜赵淳生还没到家。白天，他到实验室做电机调试实验，可调试过程一直不太顺利，弄了几次都没有达到预期的结果。那就再试，一遍又一遍。时间也一分一秒地过去，赵淳生心里只想着尽快解决问题，早把什么"家规"给忘记了。此时，夫人王凤英坐在沙发上，一边看电视，一边打毛衣，不时地瞄着挂在墙上的钟，越看心里越急、越气。这时，门外传来赵淳生的脚步声，王凤英立即起身，赶紧把门反锁上。赵淳生像往常一样用钥匙开门，可怎么也拧不动，只好敲门。先是轻轻敲，后来就是用力敲，可不管怎么敲，王凤英就是不开。这次她是拿定了主意，想借机好好"整整他"，让他彻底死心，放弃工作，安心养病。

但赵淳生就是赵淳生，只要是他认准的事情，任凭什么人，用什么方式，都无法让他回心转意。

结果，午夜敲门声一下子惊动了邻居。动静闹得这么大，赵淳生依然没有"悔改"之意。无奈，这场风波最终还是以王凤英的迁就而告终。

若干年后，当我们回顾赵淳生在重病期间的种种作为时，也不得不承认，其实，真正把他从鬼门关中救出来的正是他自己。在重大疾病中，他全身心投入到自己热爱的超声电机研究中，几乎忘记了疾病的存在。与此同时，工作带给他的那些快乐，胜过世界上的任何一种药物。

⑥
要命，也要超声电机！

赵淳生患两种癌症时，早已是大学教授、博士生导师。尽管当时国内整体医疗条件有限，高校教授的收入也不高，但无论是学校提供的医疗保障，还是自身的经济状况，都比普通百姓好多了。但在整个治病阶段，他的医疗待遇非常差。第一次患肺癌住院，他住的是加床。

加床放在医院的过道上，住在这里的什么人都有，以外地来的农民居多。每天，过道里人来人往，吵吵嚷嚷，从来没有静下来的时候。对这样的条件，赵淳生从来没有什么微词。在他看来治病要紧，其他的他都能全然接受。

治疗这么大的疾病，做这么大的手术，赵淳生坚持一不输血，二不用进口药。所以，他第一次大手术时，整个治疗费只有8300元。

不输血，一般人难以做到；不用进口药，一般人更难以做到。生这么大的病，一般人都会用进口药治疗，除非那些极度贫困的人。当时，学校给像赵淳生这样的病人，也只是比普通病人多报销一万元的金额，如果全部用进口药，一次化疗就用掉了。但只要他想用，也不是没有条件。

那是个崇洋媚外的时代，当时很多人不仅推崇国外的生活方式，也推崇外国货。只要是进口的，哪怕是锅碗瓢盆都是好的。作为中国人，不爱自己的国土，不爱自己的物产，什么都用别人的怎么行？对当时国人的行为，赵淳生在很多场合都提出过尖锐

赵淳生（右1）和病友们在一起锻炼身体

的批评。在他看来，支持国货就是爱国的最好体现。作为大学教授，不能只在课堂上喊喊爱国口号，他要身体力行。作为党员，不能只把先进写在纸上，他要率先垂范。

同样的疗效，国产化疗药要比进口的便宜很多。作为大学教授、博导，享受国家公费医疗，他完全有条件用进口药。至少，用进口药在化疗期间反应要小点儿，少遭点儿罪。但他拿定主意，即使多遭些罪，也要用国产药。

自己都生死未卜，还想着为国家省钱，很多人对此都无法理解。在这个问题上，他和夫人也产生了严重的分歧。但最终，不管王凤英怎么劝说，都无法改变赵淳生坚决用国产药的决定。

能为国家省点儿就省点儿，这是他一贯的做法。国家，国家，"国"就是家，"家"也是国，这是他根深蒂固的观念。因此，在整整六个疗程的化疗中，他全部用国产药。结果，他化疗的费用少得出奇，每次只有5000多元。这是一般经济条件有限的人的治疗水准，而他却是堂堂的大学教授。

每次化疗，一般人都要注射促进白细胞增生的针剂，但他一针都没有用过，增加白细胞全靠自己吃东西。而化疗最大的反应就是无法进食。即使费劲吃点东西，最后也要吐出来。因此，在六个疗程治疗期间，他额外用的药只有5针止吐药。

他是侄女王欣眼中最乖的病人。前后两次大手术，以及后来的每次住院，他都充分尊重医生，医生说手术，他就手术；医生说采用哪种治疗方案，他就全然服从；医生说拿掉两条肋骨，他就乖乖地让医生拿掉两根；医生说用哪种药，他就用哪种药，从始至终，他都乖乖地听医生的话，听护士的话，听侄女的话，不折不扣，是医院少见的"最乖患者"。

最初，他就是听侄女的话，没有穿刺取癌细胞，而是直接手术。因为，他

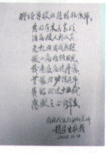

最值得感恩的医师：江苏省中医院刘福坤主任（上左1）、南京妇幼保健医院王欣主任（上右1）、南航陈绍旺医生（下右1）

肺部肿瘤长的位置不太好，如果穿刺风险太大。而且，穿刺刺激癌细胞，扩散的风险也加大。

生活中的赵淳生可不会那么乖乖地受人摆布。相反，他常常坚持己见。尤其在科研工作中，只要是自己认定的事情，别人说什么都没用，为此曾得罪了不少人。但这次生病住院，他却成了最乖的病人。他一切都听医生的，听得那么完全、那么彻底、那么纯粹。这纯粹的背后也是一种信任。在大病面前，他把最大的信任，全然给予了那些积极挽救自己生命的人。

一点质疑都没有，有的只有感恩。2016年后，他为最早发现自己患癌的校医陈绍旺写了一首感谢诗。为给他做第二次手术的刘福坤医生，写了一封感谢信。刘福坤由于多次搬家，把那封信给弄丢了。不过，他还是找到了一张珍贵的照片，那是2006年他们参加江苏省科技表彰大会时的合影。在那张合影的背后，赵淳生这样写道："尊敬的刘医师：衷心感谢您对我的精心治疗和关爱！2006年5月26日"

这样的感激是发自内心的。那些医治自己的人，挽救的不只是他的生命，还有他的事业。因为他的生命，还与一项伟大的事业紧密相关。事业不能终止，生命就不能终止。

"他是一个把事业当成生命的人，甚至胜过生命的人。"同事陈志强在微信简短的留言里，也这样描述了赵淳生。

而这个把事业当成生命的人，在妻子女儿眼里却不乖。尤其在他身体出现严重问题时，他从来都不听她们的话！你们支持我，我干；你们不支持我，我还干。每天，看着他拖着虚弱的病体还要坚持工作，身边的夫人以及远在美国的女儿都心痛不止！

有一次，女儿从美国回来，见到父亲说的第一句话就是："你是要命，还

赵淳生和夫人在月牙湖公园锻炼身体（2002.11.10）

是要超声电机？"赵淳生毫不犹豫地回答："我两个都要！"毫无疑问，在妻子女儿看来，他只能在两者中选择其一，但赵淳生偏偏两个都要。这不是天方夜谭吗？

无知无畏。其实，赵淳生一开始对癌症并不太了解，以为手术过了，也就没事了。什么化疗、转移；什么手术拿不干净，癌细胞很快会转移到全身；什么如果转移，再先进的治疗手段也无济于事，对这一切他全然无知。随着时间推移，对癌症才有了正确的认识。尤其，与他同期查出癌症的四个人中，有三个人在不到半年内相继离开人世，他是唯一活着的！他不禁暗自感叹，原来癌症这么厉害！

无论出于求生的本能，还是出于未完成的事业，他都要保命。为了保命，一个62岁的老人，在短短一年之内，竟然做了三次大手术；在一年之内，他是化疗、调养、化疗，反反复复做了六次。调养期间，需要让白细胞升到正常值，为的是下一次再化疗。这一年，全家就像打仗似的，一点都不能懈怠，否则，一个鲜活的生命随时都有逝去的可能。

为了万无一失，他还接受了中医辅助治疗。苦得难以下咽的中药，他吃了整整五年。每次到美国，他的行李里总少不了中药，常常装满一整箱子。

为了保命，在化疗后的最初两年，他甚至把每一次复查的结果都记录下来，像搞科研那样，把这些数据绘成图表，时刻监控各种指标，做到心中有数。他坚信医生说的，只要在最初两年控制癌症的复发，治愈的可能性就会增加，这是保命至关重要的环节。一旦控制不住，发生转移，那生命就真的无保，随你是什么人，与你目前的地位无关，也与你拥有的金钱无关。

身体稍微恢复一点，他就开始锻炼。第一次肺癌手术，被切掉的肋骨始终没长好，整个人右边从肩到胸是斜的，手臂也抬不高，这是手术切断神经造成的后遗症，只能靠锻炼慢慢恢复。于是，他每天都与夫人打羽毛球，循序渐进，一天也不落，不到三年就完全恢复了正常。从此，夫妻俩也养成了一同锻炼的习惯，一直坚持到现在。

保命是前提，但保命最终是为了未完成的事业。他所研制的超声电机不仅在民用领域，在国防领域也大有用武之地！推广这项发明，不仅对国家的贡献巨大，还可以实实在在地造福百姓。因此，超声电机对他如同命根子一样。为了超声电机，他不惜与自己多年的老朋友翻脸。

有一天，家里来了一位从前的老友，他听说赵淳生生病了，特意来看他。话题自然涉及癌症，也涉及他的科研工作。出于好意，那位老朋友劝他说："赵淳生，你都这把年龄了，又得了重病，事业重要，但'皮之不在，毛将焉附？'你如果命都没有了，事业又从何谈起？"赵淳生听罢，"腾"地一下站起来，阴沉着脸，怒视着老友，严肃地说："我明天就是死了，今天也要干！"结果，家里的气氛一下子变了，出于好心劝他的老朋友，只好独自尴尬地离开，连个招呼也没打！十几年过去了，那位老朋友再也没登他的家门。

事后，赵淳生也很难过。在外人看来，生命与超声电机之间，当然生命更为重要。但在赵淳生心中，他的超声电机与他的生命同样重要。不让他搞超声电机，等于要了他的命。但再怎么重要，也不能这样对待关爱自己的人呀！他也会反省自己。

"赵老师，您身体都弄成这个样子了，就别干了。学生分给其他老师带带，电脑设备分给其他人用用，不就成了吗？要想开点，保命要紧。"听到这样的劝解，赵淳生虽很反感，但有过上次与老朋友翻脸的教训，就冷静多了，他平复一下自己的情绪后说："我既要保命，又要保超声电机，两者一个都不能少！"不过，说这话时的表情还是严肃得吓人。

这样提心吊胆地过了两年，2002年再一次复查时，他的一切指标正常。这意味着，他战胜了两种癌症的折磨，奇迹般地活了过来！

与此同时，他的超声电机"中国梦"，也因为他的坚强、坚持、坚守，在经历种种困难和挫折后，终于开花、结果。研究成果达到了世界先进水平，从试验走向了生产，从中国走向了世界。

"要命，也要超声电机。"这个意愿太强大了，老天最终也为他所有的坚持所感动，让他做到了事业、身体两不误！

如今的赵淳生面色红润，嗓音洪亮，根本看不出是经历过两种癌症折磨的人。

然而，他毕竟是得了两场大病的人，身上有四处刀口，加起来三尺多长，肺和胃都被切掉一部分，肋骨也被拿掉两根。这样"体无完肤"的人，在我们周围能有几个？命都难保，还搞什么科研？！

最担心他健康的夫人，多次劝说："你从五十岁才开始搞超声电机，如今产品研发成功了，也得到了应用，无论从哪个角度都很成功了。如今，你都是快八十岁的人了，该歇歇了。"赵淳生的回答却是："只要有一口气，我就要做下去。我还要搞超声电机的产业化，这同样是我的梦。"

一个八十岁的老人，仍然有梦。为了这个梦，他让自己走上了一条更为艰辛的创业之路。

中国超声电机领域的
开拓者赵淳生

第五篇　艰辛的创业之路

①
从"小作坊"起步

研究超声电机的根本目的在于应用，只要有应用、有市场，研究才有意义、才有生命力。

从1997年底，赵淳生一边搞研究，一边开始向社会推介产品。为此，他需要将样机先加工制作出来。由于学校没有加工设备，只能委托外单位来做。每天，他骑着一辆又破又旧的自行车，早早地赶到东南大学精密机械实验室。随身携带的有设计图纸，也有加工超声电机所用的材料。这些材料市面上很难见到，价格也非常昂贵，在自己没有多少研制经费的情况下，购买这些材料是不小的一笔开销。因此，无论是运输环节，还是加工环节，能省则省。由于时间紧，每次赶到加工车间的赵淳生，都累得气喘吁吁，满头大汗。

在加工过程中，他要不断修改、完善设计。因此，这种加工不是简单的加工，而是研究性的加工，中间有各种意想不到的情况、各种的不尽人意、各种的推倒重来。超声电机转子中有一个极不起眼的腹板尺寸，到底用多厚才合适；黏结定子与转子的胶层，到底贴多厚才适中，等等，都要在加工过程中一点一点地摸索。

当时，赵淳生买不起研磨机，定子和转子的平面只能用手工研磨。手工研磨的方法很多，不同方法研磨出的平行度和光洁度不同。最好的研磨方法是走"8字"研磨，但需要工人精力高度集中，也需要有十足的耐心。有时，师傅为了省力就走直线研磨，赵淳生就会当场指出，并亲自示范如何走"8字"研磨。有时，看师傅忙不过来，他就自己动手。白天忙不完，晚上就与师傅一起加班。或者把零件带回学校，在办公室玻璃台板上，涂上研磨膏一磨就是个把小时。那时候的赵淳生，俨然一个"磨工"。

零件加工完要组装、调试，很多问题就出现在这些环节。比如，贴上的胶看起来挺牢，可组装运转后不久，定子与压电陶瓷片之间脱胶，出现陶瓷片碎裂或脱落现象；按照理论，胶层厚度应该3~5个微米，可组装后的厚度无法测量准确；等等。不管出现什么问题，只要有一点儿与理论不吻合，就得进行修改，然后再重新组装与调试，一遍又一遍，直到各项性能指标达到要求为止。忙活了一年多，才完成10台样机的加工。

2000年秋天，他就带着这些样机，参加了由南京市政府主办的南京科技成果交易洽谈会。那天，尽管大雨滂沱，赵淳生还是拖着疲惫的身躯参会。他不能错过全国600多家企业与他合作的机会。他的那个展台围观的人不少，只要有人询问，他都热情地讲解。一天下来，口干舌燥，两腿发软。回到家里，只有一个人的房间略显冷清，此时的赵淳生感到真的太累了。他很想上床休息，但新的一天还有那么多的事情等着他，他不能停下来。就这样硬撑着，直到把白天的材料都整理好才会上床休息。

其实，这个时候他的身体已经出现了问题，他感到自己非常容易疲劳。以往累了，睡一觉就能恢复，但最近好像怎么休息照样感到疲惫。他也知道情况不太妙，只是一心要把产业化搞起来的他，真的没有时间顾及他自己的身体。

一项新技术的诞生不易，要让人们接受它更不易。尤其，赵淳生打定主意要把超声电机产业化，那总得找到愿意用自己产品的人吧？最初，他就为客户提供免费的超声电机，只要他们给出应用情况报告即可。

花了那么大代价做出的超声电机，却免费给人家用，很多人对此不理解。

"我们研制的超声电机用于典型的实例有：二元机翼颤振试验、便携式汽油发电机、压电陶瓷切片机、化学电泳分析仪等。"在一些项目申请书上，这样的字眼跃然纸上时，很多人终于明白了赵淳生的良苦用心。后来大家还发现，这些用户的使用情况，还能帮助他们提高研究水平，修正已有的理论，完善产品的质量，真是一举多得。

接受新事物需要一个过程，从不理解到理解同样需要一个过程。

有一段时间，很多人对赵淳生不管在什么情况下，都热心接待各个层面的人参观实验室也颇有微词。毕竟每次有人参观，都需要花时间准备，而大家身上的科研任务繁重，这不是浪费时间吗？尤其，很多时候明明说好了时间，大家都准备好了，可临时又接到取消的通知，人白忙活了一阵子。再遇到这种"放鸽子"的事情，大家就更抱怨了。

对时间一向珍惜的赵淳生却乐此不疲。军方的领导、地方的官员、科研院所的专家、企业的老板，来的人五花八门。很多人与超声电机一点关系也没有，但只要他们来到研究所，赵淳生就十分耐心地介绍超声电机的发展及应用情况。

除此之外，每年365天，他在外的时间竟有100天之多。这些日子，很多时候他都在不失时机地向社会各界宣传超声电机。哪怕去开一个学术会议，他都要力争为主办方开一次讲座，讲的内容也是超声电机。

多年以后，当研究所一步一步发展起来，大家终于明白了，原来每一次这样的介绍对超声电机的发展都至关重要。可以说，没有一次又一次不厌其烦的接待、面对面的宣传，就没有后来那么多项目的支持，就没有中国超声电机发展的今天。

在很多事情上，赵淳生都能像这样做到未雨绸缪。与他共事的人都知道，他不仅能敏锐地捕捉到当今世界科研发展最前沿的东西，还知道带团队往哪里走，更知道怎么走。

但赵淳生毕竟是学者，他以为把成果和样机卖给企业，很快就可以实现产业化。因此，从2002年起他开始卖专利和样机，相继将超声电机技术转让给广州、上海等企业。然而，超声电机不同于20世纪的激振器，由于技术难度太大，结果都宣告失败了！

于是，他决定自己创业。起初，他只能从有限的经费中每年有计划地节省一部分资金，用于购买各种设备。先是研磨机，后是切削机，需要的设备一台一台买了进来。没有加工场所，经过多方努力，最后终于在学校学生食堂旁边找到一间闲置的平房，一个简单的超声电机加工厂初具规模。

其实，这充其量就是个小作坊。不过，有了它再也不用往外单位跑了。但光有设备是远远不够的，实现超声电机产业化关键是人。他首先想到与自己合作多年、在机械加工领域积累了丰富经验的吴富勇师傅。他退休后被东南大学精密实验室返聘，他们早在20世纪70年代就认识了。当赵淳生提出："希望您能加盟我们的团队，帮助我在有生之年实现超声电机产业化这个梦。"对赵淳生很了解的吴师傅，二话没说，就加盟到赵淳生所带领的中国超声电机团队，赵淳生让他担任这个小作坊的机械加工车间主任，成为这里不可缺少的一员。

接下来，按照既定的目标，赵淳生开始了充满艰难、曲折，又极富有戏剧性的产业化的进程。

②
第一次创业失败

2008年5月，超声电机公司成立了，公司的全称为"连云港春生超声电机有限公司"。一年以后，该公司又在南京白下区成立分公司，全称为"南京春朝超声电机有限公司"。随后，南京首家企业院士工作站成立。

所谓的企业院士工作站是以企业为主体，以产业发展和科技创新需求为导向，以产学研合作项目为纽带，依托院士这一重要资源，为企业科技创新提供智力支撑的平台。已当选为中国科学院院士，又一心想搞超声电机产业化的赵淳生，顺理成章地成为这个工作站的当家人。而他背后的这家企业，就是连云港春生电子科技有限公司。

挂牌那天，一向安静的实验室顿时热闹起来。只见大厅内摆满了各种民用产品，这些产品的共同特点都由超声电机驱动。

嚓嚓嚓，仅几秒功夫，一张废纸就被"啃"成了碎片，人们见识了由超声电机驱动的新型碎纸机的绝妙。

同时演示的还有两台裁布机。用传统电机驱动的裁布机个头明显偏大，而用超声电机驱动的裁布机比它小了四分之三。开始工作时，吱吱吱，随着一阵刺耳的响声，传统电机驱动的裁布机将一块布料裁成两半，而由超声电机驱动的裁布机则文静得像个小姑娘，"不声不响"地完成了同样的动作，围观的人不禁啧啧称赞。

这时，赵淳生又拿起展台上一个小纽扣模样的东西。原来，这同样是台微型超声电机，直径只有2毫米。转动起来的声音也很微弱，用耳朵根本就听不见，只能用手触摸才能稍微感觉到它在转动。

由于体积小，这种超声电机用途非常大，未来可以用于肠胃窥视手术。还可以做成特殊药片沿肠道或血管送达病灶处，对癌症进行靶向治疗，几乎不伤及患者的正常细胞。

美国科学家已成功研发出一种外形类似普通胶囊的智能药片，药片里装有一个直径只有几毫米的微型超声电机，它能定期在人体内释放药物，已在伊拉克战场获得成功应用。它不仅耗能少，只是传统电机的百分之六；价格也便宜，只有传统电机的五分之一。

真的是太神奇了！难怪赵淳生像着了迷似的要把中国超声电机产业化搞起来，这些东西一旦用到生物医疗领域，将极大地造福人类。

"我搞超声电机，目的绝不是仅仅弄成几个样机，获几个奖；也不是仅仅能在实验室加工几件产品，而是要做成产业，以产业化的方式真正造福社会，推动国家自主创新的进程。"2005年11月，在南京希尔顿国际大酒店召开的南京科技学术年会上，曾被评为第六届南京市"十大科技之星"的赵淳生，向与会人员这样说道。

而与春生这家企业合作搞超声电机生产，是赵淳生推进超声电机产业化进

赵淳生获第六届南京市"十大科技之星"（2005.11）

程的第一次尝试。他在超声电机产业化道路上的探索，是真正意义上的摸着石头过河。

合作方的负责人是春生，原来在连云港经营一家机械加工企业，由于不太景气，看好了超声电机这项高新技术的发展前景。

这是一次实质性的合作。春生电子科技有限公司承诺投资3000万元，赵淳生用3项超声电机发明专利入股，预计年产系列超声电机1.2万台，用超声电机驱动与控制的微纳米定位系列产品880台，国内市场占有率达70%。按照这样的规划，公司的成立无疑将极大地推动我国超声电机产业化的进程。

公司成立后不久，赵淳生将团队一些教师作为技术骨干派过去，充实合作方的技术力量，并全力支持他们成功申报1000万元的政府扶持资金。

资金有了，技术也有了保障，市场也有需求，按道理企业的发展应该红红火火。然而，公司在运营方面存在不小的问题，在管理理念上，合作双方也存在不小的分歧。派去的人根本不被重用不说，作为超声电机生产所需的最基本的测控设备，虽然只需要10万元，但合作方始终不愿意出钱购买。

此次合作赵淳生只负责技术层面的事，公司财务、管理等方面则由合作方春生公司负责。虽然赵淳生认为公司发展需要购买这样的设备，但对方不出钱也没有用。没有测控设备，产品质量就无法保障，企业怎么能办好呢？

最初，赵淳生想通过自己的努力挽回。他专门跑到地处连云港的这家公司，一住就是一个星期。每天，自己带上午饭与员工一起上下班，逐一找他们谈话。他想通过自己的努力，挽回公司营运不佳的局面。

然而，三年过去了，公司始终没有什么起色。在万般无奈的情况下，赵淳生决定将入股的知识产权撤出。但对方只同意共享，不同意撤出。赵淳生这才意识到，搞企业与搞科研真是不一样，实在是太难了。但再难他也不想放弃！

那个年代科学家办公司在我国少之又少，他超前的行为让很多人产生怀疑。加上没有现成的东西可以借鉴，没有相关的政策予以支撑，结果，赵淳生在产业化道路上的第一次探索，最终以失败而告终。

③
重新创业

与外单位合作不行，那就试试内部合作的方式。2011年5月，南京市科研"九条"政策出台，让赵淳生的思想进一步解放。他立即响应市政府的号召，带头出资100万元，与HH等4人自筹130万资金，在南京市建邺区注册了一家超声电机公司，赵淳生为法人、董事长。

对新公司的名称赵淳生格外重视。他一遍一遍地琢磨，最后确定公司的全称为"南京万玛超声电机有限公司"。与此同时，他还获得南京市首批"'321计划'领军人才"称号，得到200万元的政府支持资金，以及面积达300平方米的场地。随后，他们在建邺区建了一条每月生产1000台（套）的半自动化旋转超声电机生产线。

2011年底，依托南京万玛超电机有限公司前期的产业成果，他们又成功申报了国家地方超声电机工程实验室。有了这个实验室，就有了加工超声电机必要的场地与设备。与此同时，客户也越来越多。而这个小公司也从最初入股的4人，很快地发展起来，最多时员工近20人。

自己的资金、技术、人员，南京万玛超声电机有限公司运营一切顺利。起初，他们为一些单位加工样机，后来，就有人直接找他们加工产品。

但制作样机与产品生产完全是两回儿事。样机做得好，不代表产品也能做得好。在这个过程中，他们围绕手里的订单，在专心致志做产品的同时，也做技术攻关。可以说，这是真正意义上的一次产业化试验。赵淳生从技术到管理，各个层面的事都投入了大量精力。尤其技术层面，采用什么样的结构，使用什么样的材料，等等，他都亲自抓。那个阶段的万玛，上上下下的人员工作效率都出奇地高，既做出了很多产品，也搞出了很多成果，有关超声电机的很多发明专利，都是在那个阶段完成的。

深圳信冠科技股份有限公司需要的一款超声电机，原来只能从日本进口。人家的价位是每台1.4万元，而万玛只需3500元。不仅便宜，质量也不比日本的差。由于性价比高，信冠就想把所有的超声电机都给万玛生产。但刚刚起步的南京万玛超声电机有限公司，只能依托学校实验室现有的设备加工少量产品，如果批量生产，那就需要一套完整的生产线。

学校毕竟是学校，搞个实验室加工少量样机一般没问题，但要在大学建个生产线，这可不是赵淳生能驾驭得了的。而且，要建立生产线，现有的资金显然不够。第二次创业，同样遇到了难题。

怎么办？有一天，《南京日报》的记者来学校采访赵淳生。一见到记者，赵淳生就开诚布公："我手里只有专利成果，而国内市场需求很大，只能将自己的研究成果变成专利技术作股，与社会资本合作办企业。"第二天，《南京日报》上发表了一篇题为《七旬院士办公司亟盼资金扶持建生产线》的文章，其副标题是"拥有100余项专利，17年来不断尝试产业化，如今获首批订单"。

文章登出以后，先后有8家公司愿意出资与他合作，他们中有搞机械加工的，有搞房地产的。那几天的赵淳生，像打了鸡血一样兴奋，他感到自己向超声电机产业化的梦想又迈进了一大步。上门合作的单位，每家的情况不同，优势也不同。想来想去，他最后选择其中一家——南京××房地产股份有限公司合作。

这家公司的董事长（之后简称Q董事长），早在2008年前就多次上门要与赵淳生合作，其夫人又是和赵淳生合作几十年吴师傅的徒弟。这样的一层关系，加上Q董事长多次上门要求合作的诚意，尽管有前两次与人合作失败的教训，但赵淳生在没有对这家房地产公司调查研究的情况下，就决定与这位Q董事长联手，一起建设我国首个研发与生产一体化的超声电机产业基地，共同摸索超声电机在中国产业化的道路。

显而易见，这样的合作缺少周密的调研，风险就在所难免。

④

第三次合作上当

这一次合作的蓝图被Q董事长描绘得分外好。他承诺前期投入资金4300万元，他只要43%的股份，其他57%归南京万玛超声电机有限公司。班子也搭起来了，由他任董事长和法人，ZZ任总经理。有这么大的投入，加上之前南京万玛超声电机有限公司运营的基础，赵淳生相信这次合作一定能够成功。

2012年9月22日，在南京市六合区政府的支持下，在万玛公司的基础上，他和Q董事长携手，"江苏丰科超声电机科技有限公司"正式挂牌。公司在南京市六合区龙袍街道产业园注册，注册资金达1亿元。

南京市六合区政府为这家新公司提供了128亩土地，计划盖10万平方米的生产厂房和研发用房，总投资达5.7亿元，建成我国首个最大的超声电机产业化基地，年产量将达100万台（套）。

按照这样的投入，公司成立了人事部、生产部、质检部、销售部，并在短期内招聘各类人员近50人。

2013年春，研发用房在六合破土动工。在一片临时用铁丝网围起的空地上，高高挂起的横幅写有"丰科超声电机产业基地项目"，一时成为一道亮丽的风景。按照最初的设计方案，厂房最先纳入了建设范畴。那年的7月，赵淳生顶着烈日，戴着安全帽来到施工现场，看着拔地而起的厂房，脸上露出了笑容，他盼望已久的中国超声电机生产基地终于有了着落。

之后，赵淳生一门心思抓技术。公司运营方面的事情，都由Q董事长负责，最重要的财务当然也由他负责。

然而，赵淳生万万没有想到，公司刚成立不到一个月，合作方前期投入的2000万元资金就被悄悄地抽走，只剩下了80万元。

原来，号称可以投入4300万元的Q董事长，不但没有这么多的资金，还欠了不少债。赵淳生以20项超声电机专利作价5700万元与他合作，没过多久，Q董事长就背着他用这20项专利抵了债。作为开发房地产出身的他，从一开始之所以一次又一次跑来要与赵淳生合作，他看重的并非是赵淳生所描绘的超声电机产业化的远景，而是赵淳生本身所拥有的院士头衔。他只想借着院士的名义，以合作的方式从政府那里套取地皮。

地皮是有了。六合政府为了让这家高科技公司落地本土，所提供的128亩工业用地，每亩只需23万元，共计2944万元。公司于2012年9月注册，2013年春天动工。然而，到了夏天，这家备受六合区政府期待的高科技公司，丝毫没有付钱的意思，催了几次，都被Q董事长以各种借口挡回。那段时间，Q董事长一边与政府周旋，一边抓紧建设，本想弄个既成事实，再想办法将土地转让，土地升值的钱就是一笔巨大的利润。

这就是所谓的"空手套白狼"，是很多人惯用的手法。然而，这次他失算了。尽管他们已经开工，但由于没有按规定支付土地钱款，政府下令停建并责令其撤出。

此时的Q董事长仍装腔作势，说要拿出800万元来租借厂房，购置设备。对他深信不疑的赵淳生，起初以为他只是暂时资金紧张，一时买不了地，那就先解决临时厂房，原来万玛那边的订单很多，借用学校的实验室以及设备加工生产总归不是长久之计。在赵淳生的建议与催促下，他在六合用30万元年租金租了厂房，并购置了100多万元的仪器设备，还真有点儿轰轰烈烈干一场事业的架势。一点儿内情都不知的赵淳生，等租来的厂房一装修好，就下令让原来在学校工程实验室工作的万玛公司一班人马全部搬到六合。每天，30几个人上下班有固定的班车，中午公司还提供免费的午餐。此外，对所有聘用人员Q董事长都给予不少于市场价码的工资。

不过，假的就是假的。搬到六合不到两个月，连每天1000元的交通费、员工的午餐费等，都没钱支付了。与此同时，催要设备购置费的电话接连不断。这个时候，Q董事长就躲开了，只留下总经理以及办公室主任来应对各种讨债的人。

"现在看来，这次我们是上当了。董事长和法人本不应该由一个人担任，但合作之初他提出要当董事长，同时兼法人，我们也没多想就都让他当了。尤其，这个Q董事长又不诚实，没有钱却说自己有钱。如果当初他告诉我们没有钱，那我们就不用出去租厂房，也不用装修，更不用搬家，这样可以节省不少经费，足以支撑公司再维持一个阶段。"一向"一是一，二是二"的赵淳生，最不能容忍的是不诚实。

因此，这样看似"辉煌"的日子，前后只维持了两个月。到了2015年底，公司连三十几个人的工资也发不出来了。与此同时，各项业务也处于瘫痪状态。虽然有订货，但没有钱购买前期需要的加工材料；好不容易凑齐了购置材料的钱，但到了要开工时，又因为出现的新问题，导致生产无法进行。

早在2013年8月，ZZ接到Q董事长打来的电话，让他向赵淳生汇报公司资金短缺问题，希望赵淳生帮助他解决200万元资金。他同时承诺，借款很快会还回。

当时，赵淳生正在兰州开会。接到ZZ这个电话，赵淳生二话没说，立即答应帮助Q董事长解决资金缺口问题。那些从社会上招聘来的员工，要靠工资养家糊口，不发工资怎么行？但200万元毕竟不是个小数目，怎么办？为了让公司能正常运营下去，赵淳生决定找自己的亲朋好友借。不过，让一向好强的赵淳生开口向别人借钱，真不是件容易的事。他答应是答应了，但真到了开口借钱时，却又犹豫了。好几天，借钱的电话也没打出去。而且，借钱的风险他不是不知，万一出点儿差错，自己该怎么向朋友交代？不过，为了这次合作成功，他必须全力以赴与Q董事长共渡难关。

在赵淳生的担保下，ZZ负责办了借款手续。200万元是借到了，可是到了归还日期，Q董事长却迟迟没有归还的意思。赵淳生当初借钱时，答应别人马上会还。答应的事就得做到，这是信誉问题。因此，到了还钱的时间，赵淳生只好再找一个人借200万元，把第一个人的先还上。过一段时间，再去找一个人借200万元，把第二个人的钱还上。直到2014年春节过后Q董事长把200万元还上为止，他先后向人借了4次200万元。

起初，他拿定主意与合作方共渡难关。不过，持续这么久的拆东墙补西墙的日子，不仅让赵淳生对与Q董事长合作的前景产生了动摇，也让他意识到他上了Q董事长的当了。他确实没有钱让公司运行下去了！而材料费、人工费、水电费等，每个月的开支都不少。为了节省开支，赵淳生决定先裁员。那些平时不太用心工作的，自然就被淘汰，最后只剩下18个人。他们跟随赵淳生，重新回到学校工程实验室，继续超声电机的研发与生产，完成那些航空航天方面的订单，完成"嫦娥四号"需求的样机，以及继续供应智能装备所需的样机。这些人是中国超声电机产业化的火种，没有他们万万不能。为了留住这些人，在Q董事长没有资金支持的情况下，赵淳生就自己掏腰包将他们养起来。事实上，那时的赵淳生与Q董事长已经决裂了！

每月十号是发工资的日子，一般在五号左右，赵淳生就会在第一时间内给ZZ打来电话："账上还有钱吗？工人的工资怎么办？"ZZ如实向他汇报："Q董事长那边还是没有钱到账。"赵淳生当即让ZZ到自己这里来拿钱。为了让员工能接受，只好以借他们的名义。除了工人的工资，赵淳生负责垫付的还有公司日常的各种运营费用，每个月都不少于10万元。

这毕竟不是长久之计。经过慎重思考，在对Q董事长的财务进行一番了解的基础上，2016年3月，他决定中断这次合作，同时提出撤出自己的专利。

公司办不下去，解散是板上钉钉的事了。终止合作可以，但要撤回已经被Q董事长抵债的专利，这不等于釜底抽薪吗？因此，Q董事长不但没有答应，而且态度非常强硬，一点商量的余地都没有。赵淳生又提出，终止合同，对方退出。但对方的回复是，退出可以，前提是赔偿他2300万元的资金。

显然，一场官司不可避免。

⑤

将Q董事长告上法庭

2016年3月底，赵淳生委托律师把Q董事长告上了法庭。同年6月，南京市六合区人民法院受理了这个案件。

第一次开庭时，由于法院需要经营单位的往来账目，结果意外发现账上竟然有2000万元的逃逸资金。也就是说，Q董事长在公司成立时打入账上的资金，又被他偷偷地转了出去，这在法律上是不允许的。赵淳生的律师拿出2015年公司上半年所有的会议记录，资金不到位一直是讨论的主要议题。显然，作为董事长的他不具备办公司的资质，在法院调解无效的情况下，只好做出解散公司的判决。

对这样的判决，Q董事长不服。他还想把公司继续办下去，因此官司还得继续打。

第二次开庭时，法院做出责任方执行合同的判决，但已经到了山穷水尽的投资方，无法执行投资的承诺。所以，法院一审做出如下判决：江苏丰科超声电机科技有限公司于本判决生效之日起解散。

打官司是个漫长的过程。尽管一审判决"江苏丰科超声电机科技有限公司于本判决生效之日起解散"，但 Q 董事长不甘就这么了结。他知道赵淳生不缺少合作单位，也知道年近八十的赵淳生最缺少的是时间，就想拖延时间。

官司还得继续打。2017 年 1 月 10 日，江苏省南京市中级人民法院受理了这起民事案件，原来的被告变成了原告。丰科公司提出的上述请求是：撤销一审判决，改判驳回万玛公司的诉讼请求。

在南京市中级人民法院受理这个合作纠纷案件期间，Q 董事长派人不是来催要原来订货的款，就是打探跟随赵淳生回到工程实验室这批人的动向，并将他们在学校工程实验室工作的场景拍照，企图从这里找到有利于他们的证据。

一方要解散，一方还要合作。解散有解散的道理，合作也有合作的理由。而二审的争议焦点是：丰科公司经营管理是否已经发生严重困难，继续存在是否会使股东利益受到重大损失。不过，二审中，万玛公司与丰科公司对一审法院查明的事实均无异议，同时，均未提交新证据。很快，南京市中级人民法院在对一审法院查明的事实予以确认的情况下，2017 年 3 月 1 日，做出了最终判决：驳回上诉，维持原判。本判决为终审判决。

一个"终审"，为这段漫长的官司画上了句号。

显然，这次与 Q 董事长的合作又以失败而告终。对此次合作寄予厚望的赵淳生，受到的打击很大。从始至终他都那么信任合作方，在他出现资金困难时，企图全力帮助他渡过难关。然而，最后因为资金的问题，合作还是终止了，这让他多少有些伤心。在他看来，合作就是合作，不该掺杂其他用心。他没有想到，与他合作的人还会有其他目的，有的人只想套点资金走人，有的人是想套到政府的土地后走人。而他，就是想让超声电机产业化。不同的目的，必然让双方无法共同走下去。而且，承诺的事情与最终能落实的事情总有那么大的差距。缺失了诚信，让合作起来就没有规矩可以遵循，各种不愉快的事情也就接踵而至。

如果十年前让他经历这样的失败，他可以从头再来，毕竟他还"年轻"。但已经到了八十这个年龄，让他从头再来，他不知道自己是否还有时间。三年对于年轻人来说，真不算什么，但对一个八十岁的老人来说，这三年真是太宝贵了。

然而，他却失去了，又一次失去了。

⑥

科技强国强军之梦

其实，有了与连云港合作失败的教训，赵淳生这次与 Q 董事长的合作本应该慎之又慎。但最后，赵淳生还是没有做到，甚至连合同的很多条款都没仔细研究，就与这个 Q 董事长携手搞起了超声电机产业化。而且，在自己占57% 股份本应该作为董事长的情况下，把董事长的大权轻易让给了他，以至于使公司运营阶段处于被动地位。他之所以这样轻率，有一个不能忽略的原因，那就是社会上需要超声电机的用户越来越多，尤其超声电机在智能装备上的应用前景，让他急于从学校实验室走出来，独立搞个超声电机生产线。

早在2000年住院时，他就开始琢磨将超声电机应用到医疗器械上。在与主治医生的一次闲谈中，赵淳生知道这位主任的儿子在上海某医疗器械研究所工作，他就把主任的儿子和军区总院的人找来一块谈合作。经过一段时间的准备，合作真的进入实质性阶段。这次合作的成果是核磁共振注射器，这是他们首次把超声电机成功应用在医疗器械中。不久，又将超声电机用作细胞穿刺系统中的关键部件，解决了"细胞穿刺"既可以快速定位，又不会对细胞产生较大损伤的难题。每年，这种基于超声电机驱动与控制的医疗设备，仅深圳那边就需要好几百台。

民用蛋品检测仪原来都从国外进口，日本生产的每台8万元，而我们自己研制的同类产品，不仅达到了日本产品水平，价格还比日本的低得多。现在国内养鸡场、蛋检部门、经销公司，基本都用由赵淳生他们研发的国产蛋品检测仪。此外，还有便携式发电系统、集成电路检测仪；还有三关节机械手、扫地机械人，等等，赵淳生所研制的超声电机在这些民用产品上，也可以得到广泛的应用。

从2006年开始，赵淳生带领自己的团队对"航空航天超声电机技术"和"在极端环境下超声电机的试验技术"等重大项目开始研究。随着智能装备领域对超声电机越来越多的需求，许多单位都要求与他合作。2010年、2011年，赵淳生与 ×× 研究所合作，先后向国家相关单位申请了"高性能超声电机在 ×× 控制系统上的推广应用"和"应用于 ×× 控制系统的超声电机技术"。与此同时，赵淳生提议让团队 CC 教授利用超声电机搞一项开创性的智能装备。

2011年7月，赵淳生去昆明工学院讲学期间，CC 教授同时来到昆明，并和他的大学同学 SS 会面，还与 ×× 厂领导进行了沟通。这个同学原本在昆明 ×× 工厂工作过，当时在苏州某大学读硕士。7月21日，CC、SS 两人和 ×× 厂领导一起到昆明工学院宾馆拜见了赵淳生。见面后，大家共同讨论了合作问题。厂方对这个项目很感兴趣，愿意提供10万元作为该项目的启动经费。这样，南航和××厂就签了"××新型智能装备"的合同。SS也由此决定，从苏州某大学硕士毕业后，就来南航读赵淳生的博士。

在赵淳生的建议和支持下，从云南回宁后，CC开始组建"智能装备"课题组。经过一年多的地面试验和计算机模拟试验，初步证明用超声电机来搞这项智能装备不但可行，而且还有许多优势。于是，2012年，赵淳生提议与××厂联合向国家科技部申请了"新型智能装备探索项目"（简称探索项目），赵淳生作为项目负责人在北京进行了首场答辩。这是赵淳生首次对超声电机应用于"新型智能装备"的"Ideal"的一个详尽叙述和论证，专家们对此很感兴趣，一致认为：搞这种新型智能装备非超声电机莫属，就很顺利通过了！

2013年春，拿到项目正式下达任务书的赵淳生，考虑到自己年事已高、精力不够，就让年轻的CC教授担任该项目副组长，具体负责操作这个项目。

CC教授硕士毕业后，来到南航成为赵淳生教授的博士生，博士毕业后留在赵淳生院士团队工作，先后担任所长助理、副所长，很快又晋升为博士生导师。由于他在学习及工作期间表现出较强的工作能力，赵淳生很自然地把他当作这个"探索项目"可靠而有力的助手。

获得这个"探索项目"不易，完成这个项目就更不易。这款用在新型智能装备上的超声电机，由于运行时要承受巨大的冲击力，超声电机总会出现结构强度不够的问题，以至于不能正常工作。这是在超声电机研制工程应用中碰到的新问题。由于超声电机的用途不同，对其结构强度的要求也不同。

为了解决超声电机结构强度问题，赵淳生带领年轻人一个环节一个环节地排查、计算和试验。那段时期，已78岁高龄的赵淳生，再一次全身心投入到这项艰巨的工作中，不分白天黑夜地干。有一次做实验时，实验室没有椅子，他双膝就跪在地上，整个身子趴在一张破旧的桌子上，神情专注地摆弄着一台电机，似乎忘记了周围的一切。

一个曾经患过两次癌症的老院士，跪在地上做实验的画面，永远地定格在南航那间简陋的实验室，也永远定格在年轻人的心中。

最后，他通过大量的计算和实验，亲自拿出了一套解决方案。大家按照他的方案重新开始一步一步做下来，结果，居然将困惑他们很长时间的超声电机结构强度问题解决了。

之后，经过两年的努力，到2014年底，他们在超声电机高精度、高稳度、高强度等方面都取得了重要的进展。

高精度是超声电机又一技术难题。对于智能装备而言，精度直接影响装备的高性能。一般精度在几个微米，从几个微米到零点几个微米，每推进一个数量级，都要付出巨大的努力！在这个过程中，赵淳生以科学家的态度允许大家失败。在经历了成百上千次的失败后，他们实现了纳米级的精度，这意味着他们从理论上可以让这项新型智能装备性能达到更好。

一个个技术难题解决了，不代表万事大吉。接下来，就要真刀真枪地到场外做试验了。

外场试验定在 2015 年 11 月 21 日，课题组成员早几天就去 ×× 厂做准备了。赵淳生单独一人乘飞机于 20 日下午到达 ×× 厂。到厂后，顾不上休息，就由 CC 带他去地面试验室，检查明天外场试验的准备工作。晚上，召集课题组全体成员和厂领导的汇报会，讨论和分析明天外场试验应注意的诸多问题。

21 日凌晨 5 点从工厂出发了。试验场地距住宿地有几百公里的崎岖山路。汽车飞速行驶着，把一排排树木远远地抛在后面。前方是晚秋的田野，还有绵延的群山，苍郁而丰腴。广袤的蓝天挂着几抹白云，空气中飘浮着旷野的芳香。然而，赵淳生无心欣赏沿途的美景，他满脑子都是在外场试验中可能会遇到的那些难题。

车子起初开得还算平稳，但到了盘山公路地段，整个车子像个醉汉，摇摇晃晃的，刚刚向左甩出，马上又向右甩出，一左一右地摇摆，把人颠得几乎要散架。人招架不住，汽车也招架不住。由于转弯过于频繁，摩擦产生的高温将离合器烧了。只见一股黑烟从司机的脚底冒出来，机灵的司机见状赶紧刹车。真是太危险了！如果再迟一点，后果不堪设想，大家不禁捏了一把冷汗。

在路上被汽车折腾半天的赵淳生，到了实验场地就与年轻人一样，一边经受大风沙的洗礼，一边经受强紫外线的沐浴。没有地方可坐，就一直站着；没有地方吃饭，他就与大家一道蹲在野外，吃着冷盒饭。

赵淳生亲临野外试验现场（2015.11.21）

前全国人大常委会副委员长路甬祥院士视察"机械结构力学与控制
国家重点实验室"并题词（2014.6.4）

　　试验开始了，一个环节又一个环节，每一步他都在一旁督战，俨然一个指挥千军万马的大将。第一次出现什么问题，第二次又出现什么问题，每个问题他都装在心中。

　　这样的试验回来后，他都要亲自主持问题分析会。由于他在现场亲自经历过，分析会就特别有针对性，效率也非常高。结果，在短短两年之内，经过地面和现场试验200多次后，试验结果一次比一次好。一直到2015年11月21日，在现场均得到满意的试验结果，远远超出国家科技部的要求。赵淳生团队课题组成员以及××厂的领导都非常满意！为此，××厂还开了庆功宴会。

　　那一刻的赵淳生，脸上挂着欣慰的笑容，他太高兴了！自己在有生之年，由于"新型智能装备"的研制与生产，终于为实现科技强国贡献了一点力量。

　　赵淳生所进行的科研项目，一直受到党和国家领导人的支持和关心。2014年5月23日，前全国人大常委会副委员长路甬祥院士视察"机械结构力学与控制国家重点实验室"，看到赵淳生年近八十还在为我国国防建设做贡献，他挥笔写下"创新育人　强军报国"八个大字。

　　现在，人们越来越意识到超声电机这种作动器是现代装备向高精度、高效率、高可靠性、智能化和轻量化发展的核心技术之一，决定高端装备和智能装备的性能，其水平对国家科技和工业化进程具有重要影响。

　　这可不是普通意义的研发和加工技术，而是涉及国家高端装备和智能装备的研发和加工技术，因此必须牢牢地把握在我们中国人自己的手里。

　　为此，在第三次与Q董事长合作失败后，赵淳生宁愿自己掏腰包也要把生产这种新型智能装备的人保留下来。为此，他克服了重重困难，执着地在超声电机产业化道路上不懈地探索。2015年，他带着团队一班人完成智能装备的研制与生产定型；2016年，在极端困难的情况下，他带领超声电机国家地方联合工程实验室人员，完成上述已签订的智能装备合同任务；2017年，又继续研制和生产更多的智能装备……

一边是赵淳生与他的超声电机产业化又一次陷入低谷，一边是社会以及国防建设巨大的需求，因此无论如何，赵淳生也要把超声电机产业化继续搞下去。这不仅关乎国家的安危和富强，也是他报答祖国的最好方式。

⑦

引留管理和技术骨干

在超声电机产业化进程中，除了解决技术层面的各种难题，赵淳生要解决的最大问题是人的问题。管理骨干、技术骨干，只要与超声电机产业化有关的，哪类人才都不能缺少。

作为高校博士生导师，他每年都有带研究生的指标，所以，搞科研他身边总不缺学生。但是搞产业、办企业，必须有专职人员。而像搞超声电机这样技术含量高的企业，对专职管理人员的要求相应也高，不仅要懂技术，还要懂管理，同时要善于与人打交道。

但就一个懂技术的要求，就把很多人挡在他的视线之外。毫无疑问，只能从身边物色专职管理人员。身边的博士大多是冲着搞学问来的，让人家放弃所学专业去搞八字还没一撇的产业，这需要相当的勇气。一个偶然的机会，让南航毕业的博士 ZZ 进入了他的视线。

这个 ZZ 博士个头不高，但精明强干，沟通能力也不错，这是与校内外各种人打交道的基础。为了把 ZZ 留下，赵淳生费了不少心思。人是留下了，但 ZZ 爱人不在南京工作。为了让他安心搞超声电机产业化，就必须解决他爱人的工作问题。一个学者整天泡在实验室里，哪有什么社会资源解决这个难题。为此，赵淳生不知道跑了多少部门，可始终都是碰壁。那一阵子，他的公文包一直装着 ZZ 爱人的求职简历，无论走到哪里都带着。

一个偶然的机会，南京市白下区产业办要与高校搞校企合作。区里的领导找到了赵淳生，希望他能"出山"担任白下区科技产业咨询委员会副主任，哪怕挂个名也行，赵淳生同意了。到了开会那天，听说白下区的区委书记也到场，赵淳生感到这是一个好机会。那天，他特意把 ZZ 爱人的材料放在胸前的口袋

从·放·牛·娃·到 院士

CONG FANG NIU WA DAO YUAN SHI

里。当区委书记向赵淳生正式提出挂名的请求时，一向乐于与人合作的他，却提出了一个附加条件。他对这位区委书记说："合作可以，但我有个条件，就是把我校 ZZ 博士的夫人调到白下区工作。"最后，在这位区委书记的大力帮助下，ZZ 爱人真的从镇江调到南京白下区工作。

ZZ 博士，可以说是赵淳生搞超声电机产业化选中的主要人之一，也是他最信任的一个人。从万玛公司开始，ZZ 就是赵淳生搞超声电机产业化运作的主要人物。

专职管理人员有了，接下来就是进一步招兵买马。懂得材料工艺的，精通机械加工的，擅长驱动与控制的，只要与超声电机生产有关的专业人才，一个都不能少。

此前，20世纪60年代为赵淳生加工第一台激振器的吴富勇师傅来了，他一直担任研究所机加工实验室主任。在近40年的交往中，赵淳生与这位工人出身的吴富勇师傅也结下了深厚的友谊。2013年12月，吴富勇迎来自己人生的七十大寿，赵淳生为此欣然提笔，为他的挚友写下"艺海无涯 精益求精"八个大字。这份生日礼物，在淳朴的吴富勇眼里实在太珍贵了。他特意裱好挂在办公室墙上，每天看到它对自己就是一种无声的勉励。

在扬州搞了一辈子放大器的梁大志，也被他慧眼识珠挖了过来。梁大志原来在扬州一家电器公司，是从事放大器研发的工程师，在这个行业也算小有名气。1999年，在全国首次超声电机学术交流大会上，这个在电器方面学有所长的"能人"，也进入了赵淳生的视线。十年后的2009年，在他决定搞超声电机产业化后不久，他就把梁大志从扬州招到刚刚成立的春朝超声电机有限公司，专门从事超声电机驱动 / 控制方面的研究工作。从此，由于这位其貌不扬的梁大志的加入，超声电机"电"这条腿也由弱变强。

还有，南京大学博士毕业搞压电材料的杨颖、南京工艺装配厂总工艺师，也被他一个个地招来。这些人有的搞了一辈子的材料，有的搞了一辈子的加工，有的搞了一辈子的控制，都是各行各业的精英。

找到这些人不易，留下这些人更不易。为了留住这些人，对每一位员工赵淳生都百般呵护。不管哪家的困难，他都得管，包括父母生病、爱人工作、孩子上学。有时，员工因为工作闹矛盾、发脾气，他就跑过来做工作。因此，很多时候在超声电机团队成员眼里，赵淳生俨然一位慈父，他对他们的关心有时都超过自己的父母。

从外地引进的还要解决居住问题。由于梁大志不是南航人，靠正常途径解决住房几乎没有可能，他只能通过内部协调，让自己的博士后腾出暂时不住的

214

房子。虽然只有四十多平方米，但有了固定住所的梁大志，就能把家属接来，工作自然更安心。然而，梁大志的爱人身患严重的类风湿病，每天爬六楼很吃力，赵淳生得知后，又想尽办法将他们从六楼调到了一楼。

从此，梁大志爱人的病，他也无法忘记。为此，他托江苏省中医院名医堂主任刘福坤为梁大志的爱人找医生治病，大大缓解了长期困扰她的病痛。

对梁大志本人他也很器重。来南京后不久，就派他到日内瓦参加国际会议。在办理出国手续的过程中，遇到很多麻烦，最大的麻烦是找不到人替他担保。他虽然在超声电机研究所工作，但在学校人事部门眼里，他就是个临时工。超声电机研究所的负责人也不敢为他出国做任何担保，更别说学校人事部门了。没人签字担保，这个国门就迈不出去。为了让他出去，赵淳生就以个人的名义为他担保，使得从没走出国门的梁大志，可以走出去与世界同行交流。正是在那次会议上，他们拿回了一个日内瓦国际发明银奖。

然而，光靠感情留人是远远不够的。待遇留人无论对哪个行业，都是一个无法回避的现实问题。

对从社会招聘来的员工，他均按照不少于市场的价码支付他们的工资。技术水平高的、经验丰富的、能力强的，每月可以拿到上万元的工资。核心人员的工资，同等情况下甚至比在学校工作的人拿得还要多。

从2015年12月起，在丰科公司董事长没有钱支付员工工资、公司处于瘫痪状态的情况下，为了留住各方人才，赵淳生甚至背着夫人王凤英，把自己的私房钱全部拿出来，而且还以私人名义向××公司借了200万元来垫付工资。

所以，了解赵淳生的人都知道，为了推进超声电机产业化进程，赵淳生不仅把所有的时间都搭上了，甚至把所有的资源、所有的金钱都搭上了，就是欠债也在所不惜！

这是一种什么精神？一时，还没有人能回答得出来。夫人王凤英给予的答案是："一心为公，无私无畏！"

⑧
艰难的历程

搞科研，赵淳生得心应手；搞产业，可真不是他的强项。前面提到引留技术骨干就很难，但真正上马，组织生产加工，那就更难了。

首先，是具体加工的难。

　　一台超声电机有几十个零件，每个零件都有很多道加工工序。基于我国制造水平的现状，在实际生产加工过程中，每个零件加工都不是一帆风顺的。甚至，在具体的每道工序中，都会出现意想不到的问题。

　　机壳加工时，用的材料不同，加工方法也不同。如果用铸铝，由于硬度不够，只能用手工一点一点地抠。如果工人忙不过来，赵淳生会与师傅一起动手做。由于他全程参与，不仅大大提高了工作效率，也缩短了加工周期。而且，这个过程让他对超声电机的了解更为深入，可以说从理论研究到制作成品，每个环节他都了如指掌。

　　仅仅寻找转子与转轴的固定方法，不知花费了多少时间。首先要选择材料，由于不同金属材料的性能不同，到底哪种材料最合适，需要一种材料一种材料去试。最后，总算找到最佳材料钛合金。其他材料，不是容易生锈，就是强度不够。材料找到了，那两个部件如何固定？方法同样很多，可以铆接，也可以焊接，到底哪种方式最合适，同样得不断地试。加上转轴与转子之间本身有垂直度的要求，在加工过程中的难度就更大，稍微偏离一点，都会对超声电机的性能带来较大影响。最后，他们在空心轴的顶端，将中心孔翻过来形成一个接触面，再将这个翻出的面铆接到转子上。如果没有这个翻出来的接触面，直接将转轴铆接到转子上，不仅垂直度保障不了，强度也达不到要求。而这些都是在生产过程中，必须要解决的关键问题，要多难就有多难！

　　而与超声电机有关的，不仅有材料的问题，也有机加工问题；不仅有驱动问题，还有控制问题，这是真正意义的多学科交叉的高科技产品。不管哪个方面出了问题，都会制约超声电机产业化的进程。

　　其次，是调试过程的难。

　　超声电机的性能，与其说是研制出来的，还不如说是调试出来的。在完成了每一个零件的加工后，就要进入组装调试阶段。这个过程同样需要一点一点地试，变一个参数，测试一下性能，再变一个参数，再测试一下性能。而改变的参数，可能是电压，可能是结构，真是千变万化。为了实现超声电机的慢转速以及快速响应，在调试过程中经历了上千次的失败，反复调整，反复优化，最后，使超声电机最慢达到24小时只转1转，最快的响应每秒1000次。所以，调试过程是对心理和毅力的极大考验，也是对科学态度的检验。在这个艰难过程中，赵淳生以一个科学家的眼界和心胸，对各种失败给予极大的包容，为调试工作的成功奠定了基础。

　　一段时间，一批超声电机的产品加工调试好，但放置一段时间后，均出现无法启动的现象。而且这种现象是随机发生的，没有规律可循，很是棘手。显然，产品存在这样问题，意味着无法卖给用户。一时，这个问题成为赵淳生在产业化道路上的拦路虎。这个问题不解决，很多重大项目就无法接。然而，这是一个世界性的难题，即使在超声电机产业化走在世界前列的日本，很多产品也存在这样的问题。日本人用了一个"笨"办法，就是为每个产品配一把小扳手，万一无法启动，就用小扳手改变一下超声电机的初始条件，超声电机就能重新动起来。这种办法虽然有效，但毕竟很麻烦，对太空上使用的产品，这种办法显然不实用。要想把超声电机应用到更多领域，必须解决这个难题。毫无疑问，赵淳生最后解决了这个难题。为了验证这一技术的稳定性，2011年，赵淳生让人把这款超声电机安装在自己家的窗帘上。那段时间，家里的窗帘只有他才能动。结果，用了10年下来，一直到现在，每一次使用都很成功。这意味着赵淳生解决了产业化道路上一个又一个技术拦路虎。

第三，就是找加工场地的难。

早期，学校把一个闲置的平房借给他用。到了归还的日子，他的加工车间又几经折腾，先是在学生食堂旁边的空房子，后来又到了三号楼。但一旦生产进入到批量阶段，不管是大批量还是小批量，在大学校园里显然不合适。所以，借助社会力量搞产业化是赵淳生唯一的选择。

当然，还有合作之中的难题。

一个意向合作单位，常常要谈很多次，一家不合适再谈另一家。他们中有北京的、浙江的、深圳的，等等，对每一个合作方，他都亲自与他们联络，亲自汇报，亲自谈合作，每一次谈合作来来往往都不下20场。而每一次，他都要倾尽全力地推进。

最后，就是资金的难。

一个实体企业一旦要落地，其背后必须有强大财力的支撑，没有经费什么事都干不成。为了经费，他四处找合伙人。钱投下去了，但并不会马上见成效。然后，还得想办法再找到经费，以维持企业的正常运行。几次寻求合作，都是因为没有资金；几次合作失败，也都是因为缺少资金。

技术本身难，加工制作难，资金场地难，合作伙伴难，然而现在看来，最难的其实还不是这些，而是德才兼备的人才。明明可以使用的技术和人力，由于人为的原因不能正常发挥作用；明明简单的事情，出于各种目的，简单的事情就变得格外复杂。

在与Q董事长打官司期间，他既要与外界周旋，又要处理内部接连发生的匪夷所思的事情。与此同时，还在支撑研究所所属的车间持续不断地出产品，完成合同任务。大到公司发展运营，小到具体的技术细节，他都要管，都得管，每天都要忙到深更半夜。

因此，时间对赵淳生来讲真是太宝贵了。每天，他的日程都排得满满的。甚至到医院检查的时间，甚至上厕所的时间，他都得充分利用。

⑨

再一次重新起航

从春生（春朝）到万玛，从万玛到丰科，一连三次办公司推进超声电机产业化进程，结果都失败了。怎么办？到此为止，还是继续走下去？毫无疑问，一定要走下去。

为此，从2016年3月起到8月止，在半年时间内，年近八十岁的赵淳生，连续与三十多家单位洽谈合作。一家又一家，每一家都得他亲自去谈。有时，是上午谈一家，下午再谈一家。为了抢时间，一天之内在路上要连续奔波八九个小时。

在自己主动寻找合作伙伴的同时，赵淳生没有忘记不失时机地对产业化进行宣传。

2016年10月21日，在南京召开的一次国际智能制造大会上，赵淳生向与会人员讲述了他艰难的创业过程。看到一位八十岁的老人在推进中国超声电机产业化进程中经历的种种挫折，看到一位八十岁的老人为了梦想所付出的种种努力，前来参会的南京市领导被深深地打动了。他们几乎是在第一时间内，就把南航赵淳生搞超声电机产业化的事迹汇报给省委有关领导。

在国家大力提倡科技创新的今天，江苏竟然有这样一位老人，他完全可以舒服地躺在家里，晒晒太阳，颐养天年，但他却为超声电机产业化而日夜操劳着！

一个月后的11月23日，也是江苏省第十三次党代会胜利闭幕次日下午，原省委书记李强冒雪来到南京航空航天大学。听说他这次来的主要目的是调研学校科技创新、科技成果的转化情况，赵淳生尽管出差在外，还是克服困难连夜赶回学校。他要当面向李强书记详细汇报超声电机在科研、生产和国防上的应用情况。在汇报中，他重点介绍了团队研发的超声电机在民用领域的广泛应用前景，特别是"嫦娥三号"所用超声电机是由南航制造的，然后话锋一转说："由于浙江的投资环境好，为了产业化尽早落地，我要与他们合作。"从浙江来到江苏的李强书记，立即握着赵淳生的手说："超声电机具有很好的产业化前景，我们江苏省一定要通过相应政策，促使这一科技成果产业化落地。"

其实，赵淳生早就认准了就地创业。为了贯彻中央关于"大众创业、万众创

原江苏省委李强书记（左图中）及省政府领导来南航视察，参观超声电机（右图）

新"，赵淳生决定发动自己创办的南航精密驱动与控制研究所全体人员来办公司，以赵淳生团队23个自然人总共出资（现金）400万元，其中赵淳生出资150万元，于2016年12月26日，在南京市江宁区注册了"南京淳控超声电机研究院"。

紧接着，以此公司作为赵淳生团队的股份平台，于2017年1月23日，和南京航空航天大学资产经营管理公司共同在南京市江宁区注册了"南京航达超控科技有限公司"。这是一个研究型实体公司，标志着赵淳生在产业化的道路上，又迈出了新的一步。

新成立的"南京航达超控科技有限公司"（下面简称超控公司）在产业化的道路上，完全采取全新的模式运作。精密驱动与控制研究所负责研发，解决深层技术的问题，一般零件生产借助社会力量完成，超控公司则负责装配、测试等关键生产环节，以及少量新型样机研发。

这是吸取以往的经验和教训的一次新探索。

内部的机制理顺了，外部的环境也逐步好起来。这一次，经历人生种种坎

赵淳生代表南京航达超控科技有限公司在江宁区举行入园签约仪式（2017.7）

坷的赵淳生，在产业化道路上经历无数失败的赵淳生，迎来了自己期待已久的中国超声电机产业化的春天。

在市政府的帮助下，原来非常难办的事情，现在一下子容易多了。不仅注册很快完成，资金也很快到位。就连后续加工生产超声电机的场地都已落实。如此快的速度，这在过去是想都不敢想的。

赵淳生亲笔写的公司招牌

在学校的大力支持下，2017年新年刚过，他与学校国资处的领导一起去看场地，最后，学校决定将江宁校区东区艺术中心一楼租给新成立的公司。江宁经济开发区对这个落地在江宁的项目，也给予了最大的支持。江宁经济开发区管委会主任纷纷接见赵淳生院士，并签约。

新公司完全是白手起家，没有任何固定资产。赵淳生就用他搞国家"973项目"剩下来的经费，买了最基本的机床和仪器设备，并将这些机床和仪器设备登记为国有资产，交付学校适当的运行费。

2017年5月，公司正式入驻南航江宁校区艺术中心第一层，门口挂上了由赵淳生亲笔写的院牌"南京淳控超声电机研究院"。公司员工从赵淳生团队聘用一部分，从当地招聘一部分。到2017年底，公司共有员工15人，机床设备和测量设备也陆续到位。

2018年春节过后，大家都以饱满的热情来公司上班了！都为新公司努力工作，认真贯彻赵淳生提出的"爱国、拼搏、创新、合作、诚信、坚持"公司十二字理念。相信，他们的未来，必将是美好的！

第六篇　为师之艰

①
为每个学生指出发展方向

　　除了超声电机，赵淳生常记挂于心的就是自己的学生了。在美国探亲时，也不忘通过电话及网络对学生进行远程指导。有时是给学生推荐文章，更多时是逐一询问学习、科研情况，看看他们是否遇到了无法解决的问题。仅2004年上半年，在美国检查和治疗期间，他与国内学生来往的电子邮件就多达200封。电话更是频繁，一个假期要打4000多分钟的国际长途。

　　为了不打扰学生休息，赵淳生与学生通话的时间通常安排在美国的夜晚。一到夜晚，家人都睡下时，他就开始工作了。半夜起来的女儿，总发现老爸在打电话。为了他的身体，自然严厉阻止，并规定夜里十二点之前必须上床休息。但心里惦记着学生的赵淳生，不可能遵守这个规定。女儿只好采取极端措施，到了夜里十二点，她就把家里的电话线拔了。最初几天，赵淳生真的不打电话了。但没过几天，他就想到了一个对策，先假装睡下，等女儿睡着后，再起身把电话线恢复，继续他跨越大洋彼岸的指导，一谈就是一个多小时。

　　生活中的他可以忘记很多事情，但每个学生的培养计划他都清晰地印在脑里。每个学生的开题报告、课题进展报告、学位论文，他无不亲自审阅、批改。在他手下毕业的学生，不少都获得"优秀学位论文"。

　　最初，他每个星期组织一次学术交流，学生们各自汇报自己的研究进展、遇到的问题。他一边耐心地听，一边与大家讨论，分析问题所在，直到把问题解决为止。后来，所带的学生越来越多，他就每月组织一次学术报告会，每次他都亲自参加。

　　平时，无论在哪里遇到学生，他询问最多的是他们的学业。如果学生的学习或研究没能按时推进，或没有达到要求，无论什么原因，他都会提出严厉批评，毫不讲情面。有时，他大大的声音连在过道里的人都能听到。很多学生都怕这个严师，去见他时，内心难免都有些忐忑，有时还会哭着离开。

有期望才会有要求。这种期望越高，要求也就越严。对学生的严厉，丝毫没有影响他对学生前途的关心。相反，他会根据每个人的特点，为他们指明各自的发展方向。这些学生学历虽然很高，但他们很多人对自己将来能做什么并不十分清楚，而他们的导师赵淳生，似乎比他们自己更了解。很多人就在他的引领下，不仅走上了科学研究之路，还成为科教战线的骨干，做出不凡的业绩。

33岁开始攻读博士学位的时运来，起初对自己没有太高要求，毕竟年龄大了，能拿个博士学位就不错了。但赵淳生可不这么想，他不仅要求时运来顺利毕业，还要求他把"全国优博"拿下来。

起于1999年的全国优秀博士学位论文培养计划，鼓励博士生的创新精神，对高层次创造性人才的培养具有促进作用。因此，自从有了这个培养计划，赵淳生对学生的要求就更高了。

"全国优博"论文与普通博士论文的要求自然不同。首先，选题要站在本学科发展的前沿，并有重要理论意义或现实意义；其次，在理论或方法上有创新，取得突破性成果，达到国际同类学科先进水平，具有较好的社会效益或应用前景。要求之高，难度之大，世人皆知。

"什么？您还要求我去争取'优博'？"时运来以为赵淳生在与自己开玩笑。"对。一定要拿下这块'金牌'！"那天，头戴一顶鸭舌帽的赵淳生，说这话时一点儿迟疑都没有。

看到自己导师的态度那么坚决，时运来就说："赵老师，您看我的年纪也不小了，我真的拼不动了，拿这个'优博'信心不足呀。"

"33岁怎么就说不行了？！我43岁才到法国攻读博士学位，年纪比你现在大不大，困难比你现在多不多，但我还是去做了。而这个决定，对我的一生都至关重要。所以，你不能放弃，一定要攻破这个难关。"

在赵淳生的鼓励下，时运来读博的起点不高也得高。所以，整个博士阶段，他就按照这样的目标来要求自己，全力以赴向"全国优博"进军。

求其上，必得其中。2012年，由于时运来瞄准的是"全国优博"，这使得他轻而易举就拿到了一个省级"优博"。2013年，正当他信心满满地准备拿下全国"优博"时，不知什么原因，国家取消了"优博"的遴选。

取消归取消，时运来感到，正是有这么一个高远的目标，让自己的收获满满。过去所有的努力都没有白费，在2014年国家技术发明奖的申报中，他所做的工作对这个奖项做出了很大的贡献。结果，只有33岁的时运来，非常幸运地成为这个国家级奖项的第三获奖人。这个奖对他具有里程碑意义，为他日后的发展奠定了坚实的基础，很快就晋升为副教授。

从2009年就跟随赵淳生的芦小龙，来自安徽农村。毕业时，他想回到河北老家，简单找个工作，能过上个小日子就行了。

"什么，堂堂一个博士只想过个小日子？"赵淳生知道后竟十分着急，他觉得这个学生资质不错，非常适合搞尖端研究，如果不在高校从事科学研究，无论对他个人，还是对国家，都是一种浪费。

从芦小龙向赵淳生透露了这个想法后，赵淳生就开始盯上了他。有一天，他特意选在快要下班、少有人打扰的时间段，把芦小龙找来"谈心"。一般人"谈心"，都会先倾听别人的想法，但赵淳生这次"谈心"，是在早已了解学生想法后的一次有的放矢。因此，一见面，他直接抛出"全国优博"这个撒手锏。但冲击"优博"，意味放弃的东西太多。至少，别的同学都工作了，自己还得留在学校继续研究，他想与女友过小日子的打算岂不泡汤？而且，获得"优博"的门槛很高，风险也很大，万一不成功，单单经济损失就不小。万一成功，自己十有八九就会被学校留下来，而这里的竞争太激烈，芦小龙不想给自己太大的压力。

"你这么年轻，怎么就想着享受？尽管大城市竞争激烈，但发展机会也多，作为年轻人首先要有远大的志向，不应当现在就考虑享受。"赵淳生一遍又一遍地告诉芦小龙，一个人在关键时刻所做出的选择，对自己的事业发展乃至一生的重要性。然而，早已拿定主意的芦小龙，好像压根儿就没有听进去。

一次不管用，那就进行第二次。再谈，还是围绕事业与生活的话题，当然核心还是冲击"优博"的目标。这回，赵淳生为了给他打气，提出只要他答应下来，整个团队都会作为他的后盾，在科研成果申报、论文发表等方面全力以赴地支持他。这个承诺力度够大的了，可是还不管用。

接下去，就是第三次、第四次、第五次、第六次、第七次，赵淳生不厌其烦地找芦小龙做工作。在这个过程中，赵淳生把湖南人所具有的那种执拗，表现得淋漓尽致。

直到第八次时，赵淳生才显得有些不耐烦。他单刀直入："大家都很忙，我也不会再找你谈这个话题了。你是我的学生，我给你提供这样的机会，至于你愿不愿意抓住，那就看你的了。"

那一次谈话，给芦小龙的震撼很大。以往那么多次与导师的谈话，自己好像都在梦中一样，唯有这一次他醒了。毕竟，一次又一次与他谈话的人是自己的导师，又是自己最崇拜的人，一个在任何困难面前都不低头的人，为了让自己把人生目标定得高远一些，他竟然找自己谈了八次！可见这件事情的重要性。

芦小龙再也无法把这件事不当一回事了。那天晚上，他郑重其事地给在安徽的父母及未婚妻打了长途电话，详细地向他们做了汇报。

"什么？你的导师、一个大名鼎鼎的院士，为了你的发展，竟然找你谈了八次！我们父母对孩子的前途，也没有这么关心过呀！"芦小龙的家人感动了。他们认真地商量了一番，决定支持卢小龙留在南京高校继续从事科研。

芦小龙也意识到，冲击"优博"这个目标，无论成功或失败，对他今后的发展只有好处，没有坏处。

第二天，当芦小龙把新的决定告诉自己的导师赵淳生时，这位执拗老人的脸上终于露出了欣慰的笑容。

如今，芦小龙按照导师指出的发展方向，留在学校从事超声电机研究。2014年，顺利晋升为副教授。接着，又在美国圣地亚哥大学进修一年。回校后导师又推荐他申请洪堡奖学金。递交了申请书不到一年，于2018年9月就得到德国洪堡基金会的通知，拟于2019年3月赴德国开展研究项目，研究期限为二年。根据学校规定：出国进修以后，至少回校工作两年以上才能再出国长期学习。芦小龙把此事向他汇报后，他就在那份"洪堡申请书"上挥笔写下了"机会难得，人才难得，敬请聂校长批准他及时赴德留学"，并立即把这个报告送给聂宏校长。聂校长随即和学校人事部门沟通，同意芦小龙按时去德国进行洪堡基金项目研究。

2019年3月，在芦小龙临行前，研究所组织了隆重的欢送会。在会上，赵淳生强调说："芦小龙是我们所第一个被德国洪堡基金会邀请去做项目的学者，我们期望以后有第二个、第三个……我们要想办法把世界一流的超声电机专家引进来，比如'111基地'引进的专家，也把一批德才兼备的优秀人才送到世界

欢送芦小龙赴德国做洪堡奖学金研究计划留影（2013.3）

一流实验室进行高级研究！只有学习先进，才能超越先进。"

他最后希望芦小龙，好好把握这个机会，刻苦学习，学成回国，为建设和繁荣我们的祖国而贡献自己的力量！

②
处处为学生着想

在学生眼里，赵淳生既是严师又是慈父。他把每一个学生都当成自己的孩子，始终以一份慈父的心，希望他们方方面面都好。他不仅指出每个人发展的方向，也关心他们的生活。学生们的恋爱、结婚，他过问；小两口闹矛盾，他也不会袖手旁观。

有一天，细心的赵淳生发现 YY 的气色不对，精神也有些倦怠。他敏锐地察觉到，YY 博士肯定遇到什么事了。追问一下，才知道是他心仪的女朋友提出与他分手，YY 博士感到没有挽回的余地了，痛苦、难过极了。

这个 YY 博士，面部微黑，眉尖长有一颗黑痣。他不仅是赵淳生的学生，博士毕业后，还当过他的秘书。从他的恋爱开始，包括爱人工作调动，赵淳生几乎样样都管。

"你把她的电话号码给我。"赵淳生几乎用命令的口吻对 YY 博士说。最初，YY 博士有些犹豫，但看赵淳生那么坚决，一向知道他脾气的 YY 博士，只好乖乖地把女朋友的电话号码给了他。

当天，赵淳生就把电话打过去。他详细地向 YY 博士的女友介绍了他的情况，尤其是他的优点被他重点强调了多次。言外之意就是，你与 YY 分手要慎重，这是个难得的好男人，离开他你会后悔的。这个电话效果非常好，最终，坚决要与 YY 博士分手的女朋友改变了主意。现在，他们不仅结了婚，还生了一个可爱的宝宝，幸福地生活着。

接着，就是 YY 博士爱人工作的调动。为了让 YY 博士安心工作，他爱人的事，也是工作的一部分。一段时间，赵淳生到处打听哪里有用人的需求。当得知学校某处要人时，赵淳生从国外回来，刚下飞机就让他们小两口到他的办公室，他要模拟招聘现场，当场给予指导。有如此高手的指点，YY 博士的爱人参加答辩时表现不凡，给评委留下深刻印象。但由于专业不太对口，当时的部门领导不太敢擅自做主。赵淳生得知后，立即去找时任校长，把情况做了详细的汇报。作为学校唯一土生土长院士的秘书，其工作当然有特殊性，秘书的事也相当于院士的事。这样，拿到校长特批签字的赵淳生，又帮助 YY 博士爱人找到了合适的工作。现在 YY 博士已是副教授兼任超控公司常务副总经理，工作特别安心、勤奋，正在赵淳生的指引下，把公司向美好的未来推进！

有一个女硕士毕业时，急着与远在美国的男朋友相聚，在没找到工作的情况下，竟然将户口从学校迁出。她揣着户口本回到家乡，在办理出国手续时，才发现自己犯了个致命错误。出国必须有单位证明，但对于一个要奔赴美国的人，哪个单位愿意接收自己呢？没有单位接收，就无法开具工作证明，真是叫天天不应，叫地地不答。这位女硕士想到了导师赵淳生。

推开赵淳生家门的那一刻，女硕士就像见到了亲人，还没等说话眼泪就流了出来。赵淳生知道，自己的学生遇到难事了。耐心听她讲述完，直率的赵淳生告诉她，在学校范围内的事他还好出面，但开工作证明这样的事，自己还真无法办到。女学生一听，急得大哭起来。但哭也没用，望着失望而归的学生，赵淳生心里比她还着急！他知道，如果他帮不了这个忙，那等于拆散了这对恋人，于心何忍？

原来遇到这类需要与外单位打交道的事，他都请夫人出面帮忙。但现在夫人不在南京，怎么办？他只好自己硬着头皮，跑到夫人的单位，自报家门，请人家帮忙。夫人毕竟在这个单位当过领导，人家看在过去老领导的情分上，帮助他临时找了个接收单位，并出具了一份工作证明。

女硕士顺利出国，与自己日夜想念的男友团聚。不久，他们就结了婚。如今，已经是两个孩子的妈妈。而这一切，都是导师赵淳生给自己带来的。这样的恩情，被她一直铭记在心。每次从美国回来，她的行程再忙，也不会忘记看望恩师赵淳生。

另一个 TT 博士，毕业前在郑州某大学找到了工作。对方承诺，如果在年底能来报到，单位就分配给他一套200平方米的住房。到了明年，按照新的政策，他就拿不到住房。这个博士的毕业论文答辩时间是12月25日，离年底只有一个星期不到。此时，送出去评审的论文还不知在谁手里，无论哪一个人耽误一点儿时间，这个 TT 博士都会错失200平方米的房子，真是十万火急。

赵淳生当即让学生打听，他的论文材料都送到哪里去了。按常规，这也是保密的。但他的情况实在有点特殊，费了半天周折后，有关部门总算破例告诉了他论文的去处。原来，三篇论文均被送到国内知名大学的同行专家手里，其中有一个专家还在国外。知道单位了就好办，赵淳生顺藤摸瓜，他立即一个单位、一个单位地打电话，最终找到三位评审专家，亲自打电话将学生的情况向他们一一汇报，恳请人家以最快的速度将论文返回，以确保25号的答辩如期举行。

三份评审结果很快返回学校，国外的那份评审结果是传真过来的。25号

TT博士为赵淳生七十大寿时敬赠的礼物

那天，TT博士也顺利通过了答辩。到了30号，他办完了全部毕业离校手续，终于赶在年底最后一天到郑州报到，这中间真是一分一秒都不能耽搁。就业、住房、娶妻、生子，以后这个TT博士的人生大事都顺风顺水，生活美满幸福。他知道，这幸福来自一个老人的付出。因此，就在毕业后的当年，也是赵淳生七十大寿时，他特意从郑州背个特制的匾送给自己的恩师。以后，只要一有时间，就带上自己的妻儿，看望导师赵淳生。

这就是赵淳生，每个学生的困难，他都全力帮助。正常下情况，他这样的真心付出，也换回了真诚的回报。然而，在他倾力帮助过的学生中，也有几个恰恰相反，他们没有铭记导师的恩情，竟做出让他痛彻心扉的事情来。

③
被学生所伤

在赵淳生所培养的研究生和青年教师中，也有极少数人做出让赵淳生纠结而伤心的事。早期与他一起从事超声电机研究的两个骨干，一个是他的博士JJ，一个是博士后ZM，就是如此。

JJ博士原来在国家机关工作，1994年9月至1997年10月在南航攻读博士学位。他读博士期间，刚好是赵淳生从美国回来搞超声电机研究起步时，他与赵淳生一道，最早开展了超声电机研究。博士毕业以后，因为不愿意马上回原单位，再三要求留下读博士后。按照学校当时的规定，本校博士不能在本校读博士后。于是，赵淳生从有限的经费中挤出2万元，将他挂在南京某大学的博士后流动站。名义上是该大学的博士后，其实全部工作仍在赵淳生这里，继续由赵淳生指导，并参加研究中心的一切活动。自己的博士，又是自己的博士后，赵淳生打算在他博士出站后，就将他留在本校，继续从事超声电机研究。

在此期间，由于发生的多起学术不端事件，赵淳生不仅举报了他，也打消了留他在校工作的想法。

为了让他能继续完成博士后工作，赵淳生在经费极其困难的情况下，硬是挤出2万元帮他解了燃眉之急。为了帮助他爱人调到南京工作，也是费了很大的周折。作为他的导师，他把最大的信任一股脑地给予了他，将自己在美国、日本带回的有关超声电机的各种资料，全部交给他学习研究。就在研究工作刚刚有了眉目时，他竟然做出许多出格的事情来。

开始，他怎么也无法相信这是真的。后来，在铁的事实面前，赵淳生虽然严厉批评了这个学生，但他自己同时也被这件事击倒。自己辛苦多年的研究成果，一下子成了南京另一所大学的成果。在知识产权得不到有效保护的年代，他投诉无门，只能自己生闷气，肺都要气炸了。为此，赵淳生接连几个通宵都彻夜难眠。有一天，终于晕倒在了实验室。

那是1999年4月的一天下午。在科学馆一间由厕所改建的办公室内，赵淳生一边忙着研究工作，一边忙着即将召开的全国首届超声电机研讨会。到了下午四点多钟，学生们纷纷离去，只剩下他一个人时，他突然感到一阵眩晕，身体顿时失去了平衡，一下子瘫坐在椅子上，动也动不了。当时，尚有一点儿意识的赵淳生，马上想到在科学馆值班室工作的王新老师，连忙打电话给他。当王新急急忙忙赶到他的办公室时，此时的赵淳生已经晕了过去。后来，他是怎么被送到军区总院抢救的，自己一点都不知道。

紧接着的第二年，赵淳生就患上了肺癌、胃癌。

1994年，ZM博士来到他这里做博士后，与他一道开展超声电机研究。之前，她是东南大学的博士，从事机械故障方面的研究。她来时，将在东南大学读博士期间该校计算机上的一块数据分析插件板也带来了。按道理，这是违规行为，相当于偷窃，应该受到谴责。但当时的赵淳生由于不知情，就没有揭发她的问题。

博士后ZM在研究工作中表现出色，一出站就留校工作。那个年代高校的住房极其紧张，为了留住她，赵淳生必须想方设法帮她解决住房问题。由于她是单身，不符合学校分房政策，但如果能出1万元的现金，学校可以破例分给她一套一居室的住房。

为了这1万元的现金，赵淳生动用了所有的资源。他想到研究所办的杂志，就以杂志登广告的名义，以每个季度2500元的标准，从他的课题报销了1万元的广告费。

办杂志就是办杂志，还收什么广告费？当时学校财务处处长不同意赵淳生的做法。被拒绝的赵淳生，拿出湖南人的"蛮劲"，他当即拍着桌子，大声说："你说不行，就不行？那我说行，一定行。"

说完，他从财务处处长办公室冲出来，冒着大雨跑到了分管科研工作的副校长那里。由于出门急没有带雨伞，结果，全身被大雨淋湿。一见到校领导，他顾不上擦从头发上流下来的雨水，迫不及待地将博士后ZM的工作情况详细做了汇报。副校长立即给财务处处长打个电话："你看赵老师冒着这么大的雨来找我们，广告费也不多，你就给他报了吧？"接到学校领导的命令，财务处处长只好同意了。有了这1万元，学校破例为一个单身教师，分配了一套住房。

为了让留校的ZM发展更好，赵淳生又想方设法帮助她申请德国洪堡奖学金。"出国镀金"无论在哪个年代，都是非常重要的事情。在申请过程中，有一天，博士后ZM负责接待香港某大学的一名女教师，她听了ZM介绍超声电机研究情况后，感到这个方向不错，就产生了挖人的想法。她私下与ZM交谈，给出了非常优厚的条件。在赵淳生这里使用经费处处要精打细算，而人家的科研条件如此之好，待遇如此之高，相比之下，赵淳生费了九牛二虎之力才为她争取到的住房，显然不值一提。结果，ZM选择去了香港这所大学。在她走之前发生的一件事，也让赵淳生伤心至极。

有一天，赵淳生负责接待从国外来实验室参观的一批客人。自然要介绍他们在超声电机研究中所取得的阶段成果，来人饶有兴趣。像往常一样，赵淳生带他们来到实验室，把已经能实际运转的超声电机演示给他们看。结果，打开电脑时，尴尬的一幕发生了，原来电脑成了空壳，里面那块数据分析插件不见了，没有数据，图形出不来，演示也演示不起来。赵淳生一下子想到，刚来南航做博士后时的ZM，把原单位电脑上一块数据分析插件带来使用的情节。无疑，这次她故伎重演，临走时又把这块插在南航电脑上的插件偷偷带走了。带走就带走吧，可是连个招呼都不打，赵淳生能不气吗？

导师在他们最需要的时候，总是伸出双手全力帮助他们，然而，在导师最需要他们的时候，有的人却见利忘义，纷纷离开自己的导师，给自己导师的精神上带来了巨大的困扰与伤害。赵淳生真是难过到了极点！

而后期学生中，也有类似的人。其中，最典型的就是WW博士生。他早年考取赵淳生的博士，博士毕业后留校任教。

为了培养这个学生，赵淳生把自己申请的项目让他具体操作；在自己的成果上挂上他的名字；倾力帮助他申请到多项国家自然科学基金，最终使得没有发表多少文章的WW副教授，在赵淳生的提议下顺利晋升为教授。而且，赵淳生多次表态，要好好培养他，希望他能进入"杰青"序列，甚至院士。

然而，这个博士生WW在赵淳生为实现超声电机产业化艰难摸索之际，同样做出让导师倍感愤怒和伤心的事情来。

他口口声声说不办公司，不做公司层面的事。然而，私下里却开了6家公司。2013年2月，他在南京注册了一家公司，公司的全称为"南京声魔方电机工程技术有限公司"，法人代表、执行董事长均为其夫人，他自己为监事，是地地道道的夫妻店。2015年6月又办了一家"南京振声精微机械科技有限公司"，其岳母为法人，其岳父为董事。2016年4月，又办了一家"南京致动精密科技有限公司"，其岳父为法人，他的博士生为董事。同年6月，该公司和西安科贸机电有限公司、武汉铁恒科技有限公司等3家公司在苏州高新区注册了"苏州达致精密驱动有限公司"，这家公司网页所展示的产品，全部是南航精密驱动与控制研究所网上公布的，其中还有一台用于××智能装备上的超声电机，严重侵犯了南航的知识产权。赵淳生能视而不见吗？显然不能。然而，在他揭露此事的第二天，苏州达致公司的网站就关闭了，载有南航超声电机全部产品的网页也消失了。此外，他还在山东烟台办了个"山东湘凡科技有限公司"，在合肥办了"安徽湘凡科技有限公司"，一家人一共办了6家公司，这在高校还不多见。

中央号召要"大众创业，万众创新"，如果按照《中华人民共和国公司法》，遵守知识产权、法律法规去办公司，这是应该加以鼓励的。然而，WW却违规违法，将5个专利转给了山东一家科技公司。技术入股这是市场的行情，谁出技术，谁就持有相应的股份，结果，他的岳母占45%的股份。也就是说，国家下达给南航的项目，在WW的暗箱操控下，变成他私人的股份，让国家行为、学校行为、团队行为变成个人行为！

这起事件，涉及多地、多人、多个单位，错综复杂。事态还在发展之中。于是，年近八十的赵淳生，在与丰科公司打官司的同时，在为了超声电机产业化寻找新的合作伙伴的同时，不得不腾出时间，带着脑卒中还在恢复中的老伴，奔波于各地，实地调查、处理由此引发的各种棘手问题。这期间，他念及WW毕竟是自己的学生，是自己一手扶植培养起来的，始终没有停止对WW进行耐心的教育。在不到一年的时间内，仅发给WW的微信，打印出来就有厚厚的一大本。

2017年1月1日，针对WW的一系列错误，赵淳生本着治病救人的初衷，本想让他深刻检查，起到教育他的目的就到此为止。然而，无论赵淳生怎么苦口婆心，WW只是表面承认自己错了，背地里却搜集导师"黑"材料，提供给不明来历的人，以此打击自己的导师！

伤心至极的赵淳生，在晚年的时候再一次被自己的学生伤害和激怒了。这一次，赵淳生不得不将自己一手培养的得意门生告上组织。仅整理这些上告材料，就花去了他大量宝贵的时间。但事情的性质的确太严重了，他不得不依靠组织的干预，在那本厚厚材料的最后，这位八十岁的院士郑重地向组织提出的请求是：视情况按照党纪国法给予WW必要的处分。

经查，在2015—2016年期间，WW利用担任项目负责人形成的学术资源和优势，擅自解除学校与××合作单位协议，个人截留科研项目，致使科研项目进展停滞，损害了学校科研声誉；违反科研经费管理相关规定，违规支出47.128万元；违反学校知识产权管理规定，私自以参股或成立公司等方式转化职务科技成果。

2018年5月，根据《中国共产党纪律处分条例》第八十八条第二款，第一百零四条的规定，中共南京航空航天大学纪律检查委员会给予WW严重警告处分；与此同时，根据《事业单位工作人员处分暂行规定》第十八条第（二）项，第十九条第（十）项，学校行政给予WW记过处分。

这个处分，是学校各方在慎重考虑到他还年轻，要给他一定的改过自新的空间和机会的前提下做出的。

其实，这样的处分是把双刃剑。从来都将学生视为自己孩子的赵淳生，在这样的处分中，也受到极大的伤害，但他别无选择。

在无奈中，他不禁感慨万千：原来清华大学某院士曾对他说："老赵，您不要以为您培养的博士生，都是您的接班人，其中有的是您的掘墓人呀！"他这番话，真是千真万确呀！

而对赵淳生而言，这个他一手培养起来的WW，不仅是"掘墓"的人，还是"掘心"的人啊！

由此引发他对我国的文化教育和诚信教育的种种忧心和思考：从小学到中学，从中学到大学，以致到研究生阶段，我们只重视学生的智育，未重视德育；只教学生如何做学问，而忽视教学生如何做人、做事！更忽视了诚信教育！为此，2019年7月，赵淳生在《中国发明与专利》上发表了一篇题为《大力弘扬中华民族的传统美德——诚信》的文章，文中不仅揭露了WW不诚信的恶劣言行，也揭露了西安××公司不遵守协议、忘恩负义的丑恶行径！

大力弘扬中华民族传统美德——诚信

赵淳生

南京航空航天大学机械结构力学及控制国家重点实验室，南京

摘要：诚信是中华民族的传统美德。严守诚信是习近平新时代对每个人的要求。然而，不诚信已成为当今的社会的通病，严重阻碍着社会和经济发展。作者在本文中叙述了亲身经历的二个不诚信的典型案例。以此告诫人们：做人、做事、做学问，不讲诚信，会害人害己害社会！作者呼吁：党和国家各级组织，加强诚信教育，加强诚信文化的建设，大力弘扬中华民族严守诚信的美德。

关键词：中华民族，诚信，超声电机、知识产权。违法乱纪

图分类号：G306　　　**文献标识码：**A

④
助人为乐成为习惯

赵淳生因为探亲、度假经常要往美国跑。说是探亲度假，其实，他整天泡在美国各大学图书馆查阅、复印资料。回国时，把这些宝贵的资料带回来，让自己的学生以及团队的青年教师学习，使他们的研究视野具有国际水准。

而让更多人都参与到国家项目中，是他培养学生以及青年教师的重要途径。在他看来，只有参与到国家重大科研项目中，才能直接地为国家做贡献。尤其是国家自然科学基金，不仅代表自己的科研水平和能力，也代表对国家贡献的大小。因此，每次他都异常重视国家自然科学基金申报工作。

而能否申请到这个基金，需要很多条件。很多高校都将申请这项基金与职称晋升挂钩。因此，全国众多高校的教师，都把申请这个基金当成很重要的事情，竞争异常激烈。

为了提高申请国家自然科学基金的命中率，整个研究所上上下下几十号人，每个人申报什么项目，从大的方向，到具体的细节，他都一一过问、指导、把关。每个人的申请报告，他都亲自看、亲自改。同样是厚厚的一大本，每次都要逐字逐句地改。有时，整个申请书几乎被他重新写了一遍。而写这样的一份基金申请书，相当于写一篇高质量的论文。

在修改基金申请书的过程中，他把一生的科研经验，毫不保留地与年轻人分享，也让他们学到很多书本上学不到的东西。毕竟，年轻人把握科研大方向的能力还很欠缺，他们的站位往往不高。但赵淳生这方面的能力太强了，经验太丰富了。所以，经过他修改后的基金申请书，高度一下子就不同了，命中率也大大增加。

一个科研团队太需要像赵淳生这样在科学研究上具有前瞻性的人了！在他的指导下，全所21个人（除实验人员外），几乎每个人手里都有国家自然科学基金项目，有的人甚至有2~3项之多。最多时，一年可以拿下13项国家自然科学基金。而很多高校上百人的学院里，每年能有一个这样的基金就很了不起了。

这是什么概念呀？！在高校的人都知道，这是个惊人的数字。这在全国不能说不是个奇迹。而这惊人数字的背后，与赵淳生把握科研大方向的能力有关，同样与赵淳生的付出有关。

这个数据说明，赵淳生带领的中国超声电机团队在业界的影响力太大了，他们是真正意义上的国家队。这个国家队致力于将科学研究与国家发展紧密结合，把国家的兴衰与自身发展紧密结合，成员们以远大的志向、非凡的抱负，最大限度地实现了人生价值。

与此同时，他十分注重为学生创造使之脱颖而出的条件。学生发表论文，他总是名列最后；学生在研究中一旦有了成果，他便积极地为学生申请鉴定、报奖、报专利，把学生推向前台，不失时机地向同行专家宣传、介绍他们，从不提及他在指导上的决定性贡献。

在经费极其紧张的20世纪90年代，他就把自己的博士生李朝东带到国外去学习。

近些年来，每年都召开的有关压电材料与超声电机技术国际研讨会，他不仅带年轻人参加，而且很多次都带多人。此外，还积极创造机会让年轻人与世界知名专家面对面学习。2014年在苏州开会期间，会议议程安排得非常紧，晚上九点了，他还把日本赫赫有名的教授请来，让参会的年轻教师与这位世界级的大师面对面交流，结果每个人的收获都很大。原来，为了保护知识产权，很多与超声电机技术相关的技能，或者说小窍门，都不适合用书面的形式表述。只有面对面交流，才能学到这些东西。不仅如此，这样面对面地对接以后，让中国超声电机界的后辈们，有了更多的机会走出国门，频繁地与各国超声电机专家交流。尤其，"国家111引智基地"申报成功后，这样的实质性合作与交流就更为频繁。

自己的学生，他这样无私帮助过；超声电机团队的每个成员，他这样无私帮助过，这个都好理解。让人无法理解的是，对身边每一个想进步的人，赵淳生照样会全力以赴地帮助。

20世纪90年代，听说大学同学王敦权的女儿考上了南京大学，赵淳生就开始为她的未来进行谋划了。他首先提出让孩子考托福，然后争取到国外学习深造。但那个时候出国的途径少，成千上万的人只能参加托福考试。报名的人实在太多，为了吸取女儿的教训，赵淳生半夜爬起来去排队，连报名费都全权负责。以后，还以实质性合作的方式，把这个爱学习的年轻人带到科学研究这个行业中来。研究成果出来了，就让她去参加学术交流大会，并让她在会上发言。

就这样，他把对科学的热爱，一度延伸到每一个爱学习的人。无论是谁，只要他感到这个人有上进心，能为国家做事，他都会伸出双手，竭尽全力地帮助他们。

袁慎芳，既不是赵淳生的学生，也不是科研团队成员，只因为这位女博士是南航已故陶宝琪院士的学生，只因为他们曾在同一所大楼共同从事科学研究，赵淳生就经常给予她学术上的指导和帮助。

20世纪90年代，还在读硕士的袁慎芳，每天中午吃饭回来总能看到赵淳生从楼上下来。后来，通过自己的导师陶宝琪，袁慎芳认识了他。原来，这个每天都这么迟去吃饭的人，与自己的导师在很多方面都很相似。他们身上都有一股子拼劲，都有一种奋发向上的精神。认识赵淳生前的袁慎芳，先是从导师那里受到一种精神的感染，而后就是赵淳生对自己的感召。每次，他们在南航科学馆的楼道相遇，赵淳生都像关心自己的学生那样关心她。

袁慎芳留校当教师后，起初对申报国家人才计划摸不着门路。2011年第一次申请时，感觉像是在申请一个科研项目，结果落选。赵淳生得知后，主动帮助袁慎芳把关，所有的申报材料他一一过目，长达100多页的PPT他逐页帮助修改。结果第二年，袁慎芳成功入选"国家杰出人才计划"。

在赵淳生的鼓励下，2013年袁慎芳又一次向自己发起了挑战。在她准备申报时，赵淳生正在美国度假。但申报工作的进展，赵淳生始终关注着，袁慎芳从国内发出的每一条求助信息，他都当成非常重要的事情看待。结果，无论是美国的白天，还是黑夜，袁慎芳总能在第一时间内接到赵淳生的答复，让袁慎芳在这次申报工作中少走了不少弯路，一举入选"教育部特聘教授"，成为学校有史以来第一位"双料"高层次人才。

戴振东，这位国内赫赫有名的研究壁虎的专家，早期在从事运动力学测试系统研究最艰难、最迷茫、最困惑的时期，正是有了赵淳生无私的帮助，才让他借用赵淳生发明的"快速迭代"法，大胆地闯、大胆地试，最终走出科研的低迷期，为南航开辟了一个全新的学科生长点。作为这个新生团队的带头人，戴振东很多做法都是从赵淳生那里学来的，学习他把一个看似不起眼的小东西，做出了很大的亮点；学习他在团队建设中，容许年轻人犯错误，只要愿意回来的，他都重新接纳的宽广胸怀，以及倾力扶持每一个人的那种无私精神；学习他在产业化道路上探索的那种勇气和信心，还有其中的爱国情怀。

为了帮助别人，他即使在度假，也不在乎被打扰。短信不停地发，电话不停地打，夫人王凤英怎么制止也制止不住。为此，他们还经常吵架。吵归吵，赵淳生还是要情不自禁地帮助每一个需要他帮助的年轻人。

2015年5月，夫人王凤英过八十岁生日，从来没有陪夫人游玩过的赵淳生，在女儿的建议下，答应陪夫人坐游轮庆祝生日。但每年这个时候，学校都要进行一年一度的职称评审，也是他格外忙碌的时期。学校方方面面的青年教师，他关注的、关心的人很多。他在学校时，除了不失时机地宣传他们，还会把有的人分头找来，在他的办公室模拟职称评审场景，先郑重其事地听一遍汇报，然后再从专家的角度，指出汇报中存在的问题。但现在人在游轮上，与国内还有12小时的时差，不帮了？那怎么行？！为了不影响夫人休息，他半夜三更跑到风浪很大的游轮夹板上，给学校领导及有关部门负责人打电话，一打就是半个多小时，那可是国际长途呀。

助人为乐对赵淳生而言已成习惯。因此，赵淳生的学生、团队的很多人，以及有缘与他结识的很多人，都能从不同的角度，感受到赵淳生所给予他们的那些无私的帮助、无私的爱。在他的帮助下，很多人在不同的领域崭露头角，最大限度地实现了自己的人生价值。

⑤
面对学生学术造假

每次到美国探亲度假，赵淳生大部分时间都泡在图书馆里。别人泡图书馆只看自己感兴趣的内容，他泡图书馆要看的东西涉及每个学生的研究方向。在瀚如烟海的英文书库中，他要查找对学生的研究有参考价值的那些资料。结果，每次回国的行李箱里，装的全部是这些东西。

带回的资料是让学生学习用的。不过，有两个博士生看到这些有价值的英文资料，居然产生了别的想法。原来，在高校无论是博士毕业、博士后出站，还是晋升职称，都要在相应刊物发表高水平的论文。眼下，他们正愁没有东西可发表。赵淳生带回的这些资料，都是外国学者在相关领域研究的最新成果，如果将这些成果直接用英文在国内发表，被发现的可能性极小；如果翻译成中文在国内刊物上发表，估计不会有人仔细对比；就算被人发现了，一般也不会有人去揭发。抱着侥幸心理，俩人商量后决定把赵淳生从美国带回来的资料，在国内某期刊以合作的方式发表。

不久，第一篇这样炮制的论文出炉，只是把原文翻成中文，少用了两张图，就堂而皇之地在其校刊上发表了。再看看周围的反应，好像大家真的不太关注。这两个博士不禁暗自窃喜，胆子也更大了，觉得可以继续如法炮制。

无巧不成书。由于论文的内容与超声电机有关，赵淳生又是国内超声电机领域公认的专家，结果，XX杂志社的编辑将这篇英文论文寄给行业专家赵淳生来评审。

2000年3月中下旬，赵淳生拆开编辑部寄来的论文时，两个熟悉的名字进入他的视线，他不禁仔细地阅读起来。读着读着，赵淳生觉得这篇文章好像在哪里见过，从标题到结构，从文字到插图，怎么这么眼熟？一定是在哪里见过。最后，他终于回忆起来，原来这两位博士发表的论文，竟出自他从美国带回来的那些资料。再看看后面的参考文献，还引用了他们自己在1999年8月发表的一篇中文论文，再一查那篇已发表的中文论文，竟然也是他从国外带回来的参考资料。

科学研究讲求的是"真"，来不得半点儿虚假。把别人的东西篡改成自己的东西，这种抄袭行为令人不齿。赵淳生越看越气愤，他"腾"地从椅子上了站起来。当时这两位博士，一个早就从他手下毕业，已在国内某知名大学就职，一位在该大学读博士后。怎么办？举报，还是装作没看到？赵淳生重新坐到椅子上，紧闭双眼，一时也犹豫起来。这毕竟不是一件小事，但纵容自己的学生学术造假，对眼里一向容不得半点儿沙子的赵淳生而言，同样是件痛苦的事情。

"不行，我必须制止这种行为。"过了几天，赵淳生决定给那家学报编辑部写封信：

某某大学学报编辑部：

你们好！3月份就收到贵刊一篇英文文章，要求在4月15日审完，由于工作实在太忙，未能及时审完给你们，十分抱歉，请原谅！

从甲博士和乙教授合作的文章发现：

（1）题目与摘要与日本学者 T.Senjyu 等人的文章雷同；

（2）甲、乙等人的文章内容是从 T.Senjyu 等人的文章中摘抄的，其主要公式完全一样；

（3）甲、乙等人从未做过实验，其试验结果也从 T.Senjyu 等人的文章中摘下几幅图。

由此可见，此文纯属剽窃，自己无任何东西。

……

2000年5月10日

在这封信中，他详细介绍了自己带回国外资料给学生学习的经过，并把当时复印的原件作为证据，一起寄给了那家杂志的编辑。

编辑收到赵淳生的来信后，立即核实了他所介绍的情况。结果，确定抄袭行为成立。很快，这件事就汇报到该校有关领导那里。南京航空航天大学博士生导师赵淳生举报自己学生抄袭行为，学校必须得有个回应，做出必要的处理。

在此之前，这两个博士还以类似的手法，联合申报了一项国家自然科学基金。那是1999年5月，作为函评专家，这份申请报告正好又寄到了赵淳生手里。函件是国家自然科学基金委员会材料与工程学部电工学科寄来的。打开一看，其中就有自己的博士生甲和乙合作上报的一份材料。按常理，自己的学生申请国家自然科学基金，他会网开一面，能给予照顾就照顾一下。可仔细一看，这份申报材料存在严重的侵权行为：居然把别人的论文篡改成自己的论文，其中，有2篇论文将第一作者名字去掉，换上自己的名字，有1篇在原作者名字前，加上自己的名字。而这3篇论文，均是赵淳生与其他博士和博士后共同完成的，并在国际会议上发表了。显然，这种行为比剽窃还要严重得多！

毫无疑问，赵淳生不会姑息这种行为。但他们毕竟是自己的学生，考虑再三，赵淳生决定先与自己的学生通个气，以教育为主。

得知自己篡改学术成果的事被导师发现了，两个学生也慌了神，毕竟他们知道自己导师的厉害。那段时间，这两个学生先后回母校多次，希望得到赵淳生的原谅。但赵淳生的态度明确，犯了如此严重的错误，必须要做深刻的检查。

没过几天，其中那位已工作的学生又来了。他手里拎着两盒茶叶，见到赵淳生就笑眯眯的，不停地道歉。赵淳生本来以为他会对自己的错误做深刻的检查，结果，那个学生不但没有做深刻的检查，竟提出让赵淳生帮自己隐瞒，不暴露侵权行为，并打个高分的请求。还说，如果自己能申报成功，他愿意拿出骗取的那笔科研经费中的2万元，补偿给南航。

骗取科研经费已经错了，还想与导师合谋进一步骗取国家的经费？这不是错上加错吗？！赵淳生当然不会同意这荒唐的想法。不但不同意，还当面严厉批评了这个学生。结果，这个学生临走时一反常态："侵权也没什么了不起的，这样做的人我们学校多着呢！岂止我一个？！"

堂堂一个大学教师，如此对待自己的错误，这让赵淳生十分恼火。当天下午，他本着实事求是的原则，郑重地向国家自然科学基金委做了反映。

无疑，侵权的事实都存在。结果，他们不但这一次没有申请到国家自然科学基金，而且，国家自然基金委员会对该校下了红头文件，规定他们在三年之内没有资格申报国家自然科学基金了。

2000年9月，那位已在该大学任副教授的甲博士，因为在这起抄袭事件中负有主要责任，加上篡改学术成果的问题，被校方开除了公职。另一位乙博士由于是在站博士后，又属于责任较轻的一方，校方对其做了相应的纪律处分。这个处分，对他博士后出站找工作无疑也有很大的影响。

自己的两个学生在抄袭与篡改成果事件中均受到了应有的处罚，影响了他们的前途。对此，赵淳生也感到痛心。但他的学术良知告诉他，他自己这样做没有错。

"我知道从学术良知上，我做了一件正确的事。不过，被我举报的这两个学生，把我恨得要命，直到现在他们还怀恨我呢！哈哈。"虽然哈哈笑着，但他的内心还是隐隐作痛的。

赵淳生这样勇敢揭发自己的学生，难道不怕辱没自己的名声？或者被揭发的学生因为积怨铤而走险报复他？后来，有媒体记者问到这个问题。赵淳生似乎早有准备，他爽朗一笑："我要是惧怕，就不这样做了。关键是现在学术造假已经阻碍了科技发展，造假者为了自身的利益，全然不顾法律法规和道德的约束，动不动就弄虚作假，一点羞耻感都没有。而且，很多学术造假都被外国人首先发现并揭发出来，这不有辱国家和民族的脸面吗？！"

停顿，沉默。说完这话，赵淳生的眼神也变得格外严峻，他对自己国家爱之深切的情感，从这眼神中显露无疑。也让人再一次感到，这个做过放牛娃的院士，不但学问高深，还有一股凌然正气洋溢在眉宇之间。

那天，采访他的记者顺势将一本他们办的《信息时代》递给他浏览，请他谈谈信息时代"科技与人文"如何协调发展？赵淳生想了想说："我希望，信息高速公路比现实高速公路更快、更便捷。但是，人的思想境界更应跟上时代，否则学术界的弄虚作假会更加猖獗。"

科技是第一生产力，作为支撑科技大厦的学术界，如果没有了求真的底线，那给社会发展带来的负面效应将不堪设想。因此，作为已经培养了一大批学生的博士生导师，赵淳生一直这样告诫自己的学生：科学需要严谨、真实，不能有半点儿马虎和虚假。

他是这样说的，也是这样做的，而且做得不折不扣。

⑥
带好博士就不能讲人情

现在已是福州工学院骨干教师的郑伟，十年前在没来南航的硕士学习阶段，在一次查阅文献时就"认识"了赵淳生。那是为了选择一种新型驱动器，他上网查阅资料，当他输入关键词"超声电机"时，结果大部分论文的作者都是"赵淳生"。从那时起，他不仅知道了超声电机，也知道了中国超声电机开拓者赵淳生。他多么希望有朝一日，自己能成为他的博士。

三年之后，郑伟如愿以偿。在南航学习博士课程的同时，赵淳生就安排他进入课题研究。学习与研究同步，不抓紧时间显然不行。每天下午六点多，已经很晚才去吃饭的郑伟，回来时经常看到赵淳生仍然埋头在实验室工作。望着专注于实验的赵淳生，郑伟心里总是犯嘀咕："他怎么比年轻人还勤奋呀！"直到天全黑下来，不得不回家的赵淳生好像还意犹未尽，看起来对实验室的一切都那么留恋。

人虽到了家，可心仍然在实验室。不一会儿，郑伟肯定会接到赵淳生从家里打来的电话，谈的都是白天处理的事情。

赵淳生对工作的极大热情和投入，深深感染着他身边的每个学生，包括郑伟。结果，他们似乎比身边其他博士更加刻苦、努力。

没多久，郑伟就完成了他读博阶段的第一篇学术论文。他很自信地把论文送到导师赵淳生那里。两个星期过去了，赵淳生打电话让他来拿。一般导师也就看几天工夫，他怎么看这么久？郑伟心里有些疑惑。从赵淳生手里接过那本厚厚的论文时，只见很多页面用红笔写满了修改意见。难怪他看了那么久！原来，赵淳生不仅对论文涉及的内容进行了修改，甚至连用错的标点符号也一一标注出来。论文中有一幅试验装置照片，照片中的超声电机是TRUM45型，而郑伟做试验用的是TRUM60型的，由于当时没有拍照，就偷懒把师兄拍的照片放到自己的论文中，不仔细辨认的话，从外观看不出什么区别，而且对内容也没有什么影响。但就这么一个不起眼的错误，还是被赵淳生发现并指了出来。

"搞科研讲求实事求是，不能有半点虚假。"赵淳生要求他重新对试验样机拍照，替换原来的照片。

这件事给郑伟的印象极深。从此以后，他在学习研究中也会像自己的导师那样，以非常严谨的态度对待。而这样严谨的态度，也让日后从事科学研究的他受益匪浅。

李朝东是赵淳生20世纪90年代带过的第二个搞超声电机的博士生。他不仅与导师赵淳生一起经历和见证了中国超声电机研究发展艰辛的过程，作为他的学生，他对导师严谨的学术作风体会最深。

1998年，在学习和科研任务都异常饱满的情况下，眼看快要毕业的李朝东，要跟随赵淳生到日本实地考察学习。这对从事超声电机研究的李朝东来说，是个非常宝贵的学习机会。李朝东再忙，也不会放弃这样的机会。尽管撰写博士论文的任务异常繁重，他还是从头到尾跟随导师完成了在日本的考察任务。回国后不久，他连续几个晚上没睡觉，加班加点把原来已经写了一半的论文赶出来。李朝东心想，尽管论文有不太完善的地方，但看在自己与他在日本学习考察那么久的份上，赵淳生怎么也得网开一面，让自己顺利毕业吧？

然而，李朝东错了。不管什么原因，赵淳生对每一个博士的要求一点都不会降低。他在通篇帮李朝东把论文改过以后，仔细研究起论文中提到的一个物理模型来。这个物理模型是李朝东的独创，他把超声电机运行机理用一个物理模型表达出来，同时可以解释很多现象。不过，在这个模型图中有一个小小的间隙。

"超声电机运动是个连续过程，怎么会有间隙？你怎么解释这个间隙？"李朝东根据自己的研究和理解，详细地向赵淳生解释了一番，从逻辑上似乎也说得过去。

"但只有口头的解释不行，你必须弄个数学模型，更加科学、规范地解释清楚。"看到赵淳生表情那么严肃，李朝东顿时傻了。他知道，导师的态度意味着自己这个学期无法顺利毕业。

果不出所料。为了向导师解释清楚这个物理模型中的间隙，他用了整整两个月时间，才编出一套计算机程序，总算用一个数学模型把问题圆满解释清楚了。但想急于毕业的李朝东，却错过了当年的毕业时间，半年以后才拿到自己的博士学位。毕业答辩的时候，答辩的场地换成了正规的会议室，赵淳生自己还特意换上了一件西服，显得很隆重。每每学生要毕业时，赵淳生都会显得格外高兴。像农民播种以后，经过一个季节的漫长等待和劳作，终于收获了甘美的果实那样。不过，从导师让自己完善论文起，那个期间的李朝东，心里充满了对导师的怨恨和不解。

多年以后，当李朝东再一次回忆起往事，却真心感谢导师当年对自己的无情。

正是导师的严谨，让他自己在日后的教学科研工作中受益。他博士毕业后到上海大学任职不长时间，就申请到了4项国家自然科学基金项目。现在，已经是上海大学科研骨干的李朝东，深切体会到老师对学生的严格，其实是最无私的表现。显而易见，对学生严格意味老师自己不怕麻烦以及付出更多的心血。但正是有那些不怕自己麻烦，不怕自己辛苦的老师，才能把学生培养得更好。现在在上海大学当教师的李朝东，也会像当年导师赵淳生对待他那样，从每一个细微之处严格要求自己的学生。

赵淳生带博士与其他导师还有个不同之处，一般导师往往只看重文章，只注重理论部分，他不但注重理论部分，还特别重视实践环节。每个博士毕业论文，理论部分是怎么写的，实验就得怎么呈现出来。而且，在毕业答辩时，他要求自己的博士都要现场给专家们演示实验结果。这不仅是给博士生找麻烦，也是给自己找麻烦。因为，博士生答辩时，要邀请校内外相关学科的专家打分，万一学生演示不好，得分过低，将直接影响自己的学生能否顺利毕业。但他依然要坚持这样做。为此，在学生正式答辩前，他都要亲自到博士生的实验室，查看他们的预演情况。有一次，有一个博士在给他预演时，就出现了"故障"。显然，这款超声电机没有达到理论上的性能。

"论文中的描述和实际情况差距太大，这不是忽悠人吗？你需要重新实验，从头再来一次。"总之，任何人想蒙混过关，在赵淳生这里是不太可能的。都必须老老实实地尊重科学，尊重实验结果，让事实说话。

另一位学生李志荣，从他的博士开题报告，到课题进展报告，从各项课题申报以及发表的近10篇科研论文、毕业论文等，无不经过导师赵淳生亲自审阅、修改。他的修改，不是一般性的通篇阅读，也不是一般性的浏览，而是从基本概念到具体内容，从结构安排到篇章段落，全方位地梳理，有的段落甚至被他重写了一遍，把好好的一篇论文改得"乱七八糟"的。

一般一篇博士论文都有几十万字，仅仅通读一遍至少也得个把星期。而赵淳生不管自己多忙，不管自己身体状况如何，不管自己是否在学校，他都要逐字逐句地阅读修改。而且，不是修改一遍而是多遍，直到符合要求为止。这其中的付出，只有他的博士生们知道。

然而，带一个博士，可不仅仅是修改一篇博士论文那么简单！每个博士成长的背后，都倾注了他大量的心血。

一个学生尚且如此，从1961年留在南京航空学院开始，在将近半个世纪的从教生涯中，赵淳生先后培养了一批中青年教师，指导博士后20多名，博士生48名，硕士生27名，这需要花多少时间呀！

时间从哪里来？挤！因此，他惜时如金。甚至，上厕所的时间也不能放过。很多博士的论文，就是他在厕所里修改的。多年下来，也养成了长时间蹲马桶的习惯。

所以，赵淳生总是那么忙碌，他似乎总有做不完的事情。很多学生甚至会在香甜的睡梦中，接到他的电话。原来，深更半夜他还在思考白天他们谈论的问题。很多学生也不敢睡懒觉，因为，说不准导师会打电话给自己，询问最近的研究进度。

而那些在午夜发过来的邮件，更让学生们感慨，导师这么大的年纪每天还这么努力，自己如果不努力，能说得过去吗？

第七篇　科学家的家国情怀

①

为了民族工业的腾飞

与发达资本主义国家相比，我们民族工业还很落后。深切感受到我们与发达资本主义国家差距的赵淳生，从一开始就暗下决心，自己搞科学研究一定要与国家经济发展紧密结合。在自己专业范围内，国家经济发展需要什么，他就搞什么。因此，在我国社会主义建设初级阶段，振动领域最需要的电动式激振器，就成了他的首选。

任何一项技术发明，如果没有应用就毫无价值。尤其对民族工业而言，要紧的是把发明的技术应用到实际生产中，只有这样才能促进民族工业的发展。不过，在20世纪60年代，这几乎是无法逾越的鸿沟。由于难度太大，很多科技发明只能躺在实验室里睡大觉，最后真正转换成市场所需产品的少之又少。

就是到了20世纪末，以至于21世纪初，这样的问题也一直存在。国家投入巨大财力的科研项目，最后往往体现在发表了几篇文章，申请了几项专利而已。

赵淳生不满足于此，他要把自己的研究成果变成实实在在的产品。为此，早在20世纪70年代末，他就带着自己研制的电动式激振器走出校园，与社会各行各业广泛接触。他把自己的技术免费出让，免费为厂家培训。很快，国内多个厂家在他的技术扶植下开始规模化生产，产品不仅占领了国内市场，有的还占领了国际市场。

现在看这个电动式激振器也许算不了什么，但在当时国家整体科技、经济落后的情况下，能研发出这样的产品也不容易。首先，需具备把握科研发展趋势的能力；其次，需具备对市场需求的敏锐性；还需具备跨学科的组织与领导能力，而这一切赵淳生都做到了。他依据这个项目，在极其困难的情况下，将机械、电子、材料、信号分析与处理等多学科人才汇聚到一起，不仅完成了产品的研发，还让产品应用跨越钢铁、建筑、航空航天等众多行业，成为那个时代将理论与实践很好地结合，并带来巨大社会效益与经济效益的典范。

结果，原来这种在多个行业中必不可少的仪器完全靠进口，现在人们使用的几乎清一色是国产货。正是由于赵淳生的发明与创造，由于他的奉献与努力，至少在激振器这个领域，我们国家再也不用受制于人了。

在这个过程中，赵淳生深深体会到知识的力量：很多企业得益于自己的产品，至今仍将电动式激振器作为主打产品；很多人得益于自己的产品，至今仍有成千上万的人在这个行业发展；国家科学研究得益于自己的产品，至今仍是很多科研机构不可缺少的实验设备；城市建设得益于自己的产品，国内众多城市告别只能建六层以下楼房的历史……人到中年的赵淳生，看到自己研发的小小激振器，竟然能发挥如此大的作用，感到作为党培养成人的孤儿，总算找到了一种报答党、报答社会的方式，内心无比地欣慰与自豪！

在科学技术研究领域，谁掌握核心技术谁就拥有主动权。别人的技术永远是别人的。中国人要想赶超世界科技大国，必须在一些关键技术上拥有自主知识产权。因此，这个产品成熟后，1994年他从美国做访问学者回来，又瞄准了超声电机。

早在20世纪80年代，超声电机在国外就有了相当的发展和应用。尤其日本一直处于领先地位，掌握世界大多数超声电机技术的发明专利，几乎各知名大学都对超声电机进行研究。其研发与生产水平都很高，并拥有世界一流的现代化生产流水线。到20世纪末和21世纪初，中国、美国、德国、法国、英国等纷纷开始超声电机研究，现在除日本之外，美、德、法、中、瑞士、韩国、土耳其、新加坡等都有超声电机产品进入市场，其中，美国超声电机技术发展最快，其应用领域也最广。

1994年，赵淳生在美国麻省理工学院（MIT）做访问学者时，见到该校航空宇航系研究超声电机，而且是刚刚起步。可是10年后的2004年，当他再次去美国访问时，发现超声电机研究已在美国各大名牌大学遍地开花。不仅Stanford、Berkeley、Wisconsin、Penn. State等都投入了相当的力量进行研究，一些国防部门，如NASA、JPL和DARPA（Defense Advanced Research Project Agency）等也投入大量人力、物力从事超声电机研究。而且，他们的研究成果已走出实验室，进入产业化阶段，在航空航天、半导体工业、MEMS和BioMEMS等领域有着广泛的应用。

美国奋起直追的结果，是在超声电机技术上几乎与日本并驾齐驱。我们中国必须加快研制进程！而美国之所以强大，一个很重要的原因就是很多知名教授都办企业，将技术"物化"下来，以实体的方式直接参与经济建设。但受传统观念以及社会发展现状的限制，20世纪末，以至于21世纪初，在我国科学家办企业简直是闻所未闻。

见证美国在超声电机研究领域的奋起直追，看到超声电机产业化对美国科技、经济发展的巨大推动作用，从青年时代就确立了科技报国这一远大志向的赵淳生，决定身体力行。他要成为在中国既搞科学研究，也要办企业的第一人。

老牛明知夕阳晚，不用扬鞭自奋蹄

在这种形势的驱使下，每天只要一睁开眼睛，赵淳生都能感到有一条看不见的鞭子在抽打自己，让自己不顾一切地去拼搏、去奋斗，哪怕牺牲生命也在所不惜。

"老牛明知夕阳晚，不用扬鞭自奋蹄"。赵淳生亲笔书写了这副对联，将其装裱后挂在位于明故宫校区的办公室。这既是他的座右铭，也是他晚年心境最真实的写照。

这个世界总有那么一些人，他们甘愿为自己热爱的事业献身。古希腊爱国科学家阿基米德就是如此。面对蛮横的士兵，他连头也不抬，专注地在地上画他的几何图形，最后死在士兵的屠刀下。

赵淳生身上同样蕴藏一种献身精神。所以，在他患两种癌症住院治疗期间，都没有间断过超声电机的研究。他对医生说的一句话是："我就是不要命，也要超声电机。"

但超声电机技术相对于传统电机技术是一种超越。世界各国科技工作者都在努力研究，对核心技术也非常保密。不仅学不到，用钱买也买不来。尽管国内外有不少关于超声电机技术的资料可以借鉴，但一些关键技术还得靠自己解决。

这个过程实在是太难了！在超声电机研制过程中，赵淳生经历了无数次考验，失败、失败、再失败。一般人在经历几百次失败后，或者放弃，或者绕开走。但他绝不！失败了，他还要重新开始，一百遍、一千遍、一万遍，就这样做下去，直到成功为止。

终于，他带领自己的团队突破了一个又一个技术难关，掌握了一项又一项核心技术。然后，又马不停蹄地着手产品的生产，这同样是极其艰辛的过程。

有时，为了提高超声电机一点点的稳定性，或使其输出效率提高一点儿，就要牵涉一些参数的修改。但究竟怎么改？可通过计算来预估，但是最后还得靠试验来验证。修改一次设计就得做一次试验，看看结果如何。然后，再改、再看。这需要非常执着的精神，需要非常持久的耐心。在这一过程中，哪怕是取得一丁点儿的突破，都是异常艰难的。因此，没有人愿意为此浪费时间。但赵淳生知道，正是在这些细节上一点一滴的改进，最终的产品质量才能够提高上去。

"超声电机这种产品，与其说是研究出来的，还不如说是精心调试出来的。"这是赵淳生多年经验的总结。与超声电机有关的所有进步，几乎都是一点一点地试出来的，最后，才知道什么材料最好，什么结构更合理，什么参数更合适。

就靠着这样的韧劲，他一路走过来。结果，只要看看2000年的电机，再看看2007年的电机，即使是外行也能看出它们之间的差别来。的确是不一样！这小小提升的背后，是他带领团队付出的无数艰辛的努力。不为别的，只为了把民族工业搞上去，实现自己科技报国的理想。

他做到了。只用了一年时间，就研制成功我国首台能实际运行的行波超声电机；之后，用了不到20年时间，先后研发了60余种新型超声电机，并形成3个旋转型超声电机系列和1个直线超声电机系列。

结果，赵淳生在晚年再一次创造了不凡的业绩：一种在航空航天、智能装备广泛应用的超声电机，中国原来没有自主知识产权，而现在一系列国产超声电机不但研制成功，还走出了实验室。

科技创新必须解决创业的短板。更何况他所做的，不仅仅关乎科技成果的

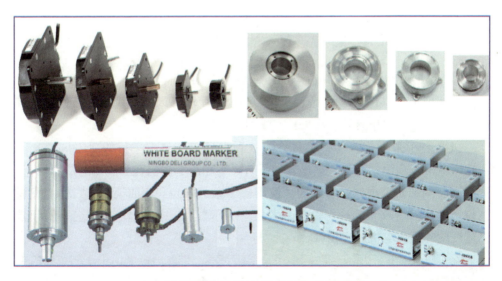

三个系列的旋转行波超声电机及驱动器

转换，还关乎民族工业的腾飞！

为了实现真正意义上的产业化，赵淳生开始了更为艰辛的探索。然而，从2008年到2016年，他经历了三次失败。所有的人都劝他别干了，但年近八十的赵淳生仍不肯放弃。他四处奔走，为的是重新开始，尽快开始！

如果不能尽快重新开始，中国超声电机产业化进程会严重延缓；如果中国人自己不能搞这样的产业，不仅国民经济受到影响，国防建设也要受到影响。我们国家航空航天尤其是智能装备方面的大量需求，不能永远依赖进口吧？这可不是开玩笑的事情！作为科学家，他不能眼睁睁地看着关系到国家经济和安全的技术及产品我们自己不能做主。因此无论多难，无论自己年龄多大，只要还有一口气，他都要把超声电机产业化这件事一直做下去。

这与名利无关，只关乎造福人类以及回报社会；这与地位无关，只关乎国家安全以及民族工业腾飞。这就是一种家国情怀，只有那些可以称为伟大的科学家，才会拥有的一种情怀。

在这样的情怀驱使下，他要让中国自己可以生产出成千上万的超声电机，应用在我国航空航天、国防、汽车、医疗等领域；还要打入国际市场，实现超声电机的"中国梦"。

而超声电机"中国梦"，就是他早期确立的那个为了民族工业腾飞之梦。为了这个梦，他从青年奋斗到中年，又从中年奋斗到晚年。而每一段的奋斗历程，又都是那么地难忘。

②

突破日本的技术封锁

20世纪90年代，日本在超声电机研制与应用方面无疑走在了世界最前列。他们的超声电机早已走出实验室，进入产业化阶段。因此，决定从事超声电机研究的赵淳生，总想有朝一日去日本学习。

机会终于来了。1998年10月，他收到在日本仙台市举行的"1998IEEE国际超声电机"会议的邀请，这是实地了解日本超声电机研究和应用的最好机会。他根据前期的研究成果，将题为《使用棒形振子纵向和弯曲模态的大推力直线型超声电机的研究》的论文提交给大会。从那时起，中国赵淳生的名字就频频出现在国际超声电机研究领域。

除了开会，他把所有的时间都用来参观考察。带着自己的博士李朝东先后走访了东京大学（The University of Tokyo）、东京工业大学（Tohyo Institute of Technology）、山形大学（Yamagata University）、爱知工业大学（Alchi Institute of Technology）、东北大学（Tohoku University）、东北工业大学（Tohoku Institute of Technology）等6所高校，以及佳能公司（Canon Inc.）、新生工业公司（Shinsei Co.）、精工公司（Seiko Instruments Inc.）、本多电子公司（Honda Electronics Co.）等4家企业，同日本超声电机学术界和产业界进行了广泛的接触。

这些高校和企业代表了日本超声电机研究和应用的最高水平。访问期间，他想方设法同上羽贞行、富川一郎、指田年生、内野、高刚野浩等日本超声电机领域的顶级专家会晤，与他们进行深度研讨。为了能在有限的时间内与更多专家切磋，他几乎跑遍了整个日本。还绕了一个很大的弯，跑到日本山形大学，为的是能与在超声电机理论上搞得很深的富川一郎见上一面。富川一郎当时已出版过超声电机理论专著，其中基于电模拟的《超声电机理论与应用》在学界影响很大。在东京，他还拜访了著名的超声电机发明家指田年生，和他探讨了超声电机推广应用中所要解决的关键技术。

向世界级的大师学习是让自己成为大师的必由途径。在科学研究领域，如果你无法成为世界级大师，就无法引领科技前沿，那只能被动地跟风。

参观也是学习过程。每到一地参观，他都紧紧跟着负责接待的技术人员，不停地向他们询问超声电机研制和应用中的那些要害问题，这让接待他们的日本人很惊讶！佳能公司一位负责超声电机开发的部长说："我们还是第一次接待能提出这么多高深问题的参观者。"

佳能公司是考察的重点。当时的佳能可以说是世界超声电机生产和应用最大的公司。通过各种关系，好不容易与该公司超声电机开发部主任联系上了。见面那天，赵淳生真诚地向他表达了合作意图，然而，人家似乎对合作并不感兴趣。最后，赵淳生只能在传达室看了一个生产录像。这种现代化的生产线太让人震撼了！我们中国何时能追赶上他们？！一边看录像，赵淳生心里一边不断冒出"我们一定要尽早赶上他们，甚至超过他们"的想法。

一看完录像，赵淳生就迫不及待地提出："我想拷贝一份，带回去学习可以吗？"没想到，刚才还彬彬有礼地接待他们的那个人，脸一下子沉了下来，断然拒绝了他的请求。

沉默，尴尬。大约停顿了几秒钟，只见日方负责接待的那个人突然又笑了起来，他抬手指着墙上的一幅世界地图说："你们中国这么大，我们日本这么小，我们要是把脑袋里的东西都给了你们，那我们吃什么？"结果，赵淳生那次专程去日本学习，既未参观到该公司的实验室，也没能走进生产现场。

2006年，他又和几个博士生利用在日本召开首届超声电机国际会议的机

和日本超声电机发明家指田年生首次
会见（1998.10）

会，联系到另外一家生产超声电机的公司去参观。

这次的境遇与上次差不多，同样是在接待室隔着玻璃墙看了看陈列多年的老产品。想多问问目前生产和技术发展中的一些问题，日方有关技术人员却避而不谈。

看来学是学不到了，那就用钱买吧。赵淳生想试一试买个现成的超声电机。

"我能买一台超声电机带回中国吗？"没有想到，这家公司负责接待的人同样当场回绝了他的请求。

学是学不到什么，实物样机也买不到，总不能空手回去吧？没办法，他只好托请在日本留学的博士后（曾是他的博士生），让他以在日本留学所在单位的名义，向佳能公司购买一台超声电机。结果，对方的答复是："我们的超声电机是不会卖给中国人和韩国人的。假如你把我们公司的产品转卖给他们，那你要负责！"

后来，在美国他也有过类似的经历。那时，在美国麻省理工学院航天学系实验室工作的赵淳生，亲眼看到美国人把从日本带回的照相机拆开进行研究。有一天中午，赵淳生想把拆散的超声电机零件拍下来，结果被美国人发现，受到他们的阻止。

日本人保密，美国人同样保密。一次又一次这样的经历，更坚定了他一定要搞出中国人自己的超声电机的决心。

他要想方设法搞到日本的原型机。美国人就是用这种办法，把日本的研究成果以最快的速度学到手，并后来居上。

但要搞到日本的原型机实在是太难了！他把在日本可能联系上的人都联系上了。甚至将在日本学习和工作多年的张建辉、裴进浩他们能动用的关系都用上了。但仅靠认识的几个在日本的中国人，还远远不够。他就发动他们再去找他们在日本的熟人，这样熟人再找熟人，有时是绕了几道弯，才能找到真正接触超声电机原型机的人。

这些人虽然可以买超声电机，但按规定他们所购置的超声电机需要变成所在单位的固定资产。因此，赵淳生要想从他们手里再买来已经变成固定资产的超声电机，要多麻烦就有多麻烦。一般人肯定就退缩了，因为无法绕过那么多的沟沟坎坎，但赵淳生无论如何也要想办法买到它。

这不是通过正常途径购买的产品，而是从私人手里买来的，自然没有购物手续，也没有发票。这样买回来的东西不仅价格昂贵，而且也无法报销，只能自己掏腰包。

赵淳生（右3）参观佳能公司并受到热情招待（1988.10）

中国超声电机领域的开拓者赵淳生

从事超声电机研究以来，这样的事情他经历得太多了。包括在美国研究初期，很多研究设备他都是这样淘到的。当时，研究超声电机需要的四线示波器，一台就要10000多美元，而美国大学付给他的工资每月不过2000美元，真是买不起！买不起怎么办？他就发动在美国的家人一起想办法。在女婿的帮助下，他到处打听有没有公司倒闭，好从他们那里淘些降价处理的仪器设备。最后，花1000多美元把人家处理的四线示波器买到了手。

突破国外技术封锁同样要付出代价。第一次与自己的学生去日本，前后一共17天，他们就睡了17天的地铺。

为了节省在日本的开销，出发前赵淳生把国内能找到的关系都找了。身边的同事不用说，省内高校的同行不用说，就连远在东北的吉林大学的关系也被他挖了出来。这些关系有的是直接的同事，有的是同事的朋友，有的是同事朋友的孩子，只要听说哪里有人在日本学习、工作，赵淳生在走之前都要想方设法把他们的联系方式、学习工作单位以及居住地址要到手。

20世纪90年代开始超声电机研究的赵淳生，当时只借了系里1.5万元的启动资金，为了把研究进行下去，他不得不卖掉研制成功的电动式激振器以补贴研究经费的短缺。在这种情况下，他和学生在日本访问的一切开销，能省则省。

在东京的几天，他们住在东南大学颜景平老师的女儿家里。她来日本东京进修，单位领导考虑到安全等因素，给她租了一套一居室的房子，只够一个人居住。突然冒出两个从中国来的男人，怎么住？赵淳生也知道多有打扰，与一个女孩子住在一起很不方便，但这的确是没办法中的办法。还好，严老师的女儿除了有一间6平方米的卧室，还有一个吃饭的地方，平时放一张折叠桌，几把折叠椅，晚上，把桌子、椅子放到一边，在腾出的地面铺上被子，这就是她能为中国大陆来的教授和博士生准备的床铺了。而这样的地铺竟然是赵淳生在日本17天中，住过的最好的地方。

在仙台，他们住在中国博士生宿舍。万万没有想到的是，在经济发达的日本高校，博士生的宿舍出奇的小，小到每个人的床白天只能贴在墙面上，晚上睡觉的时候才放下来。洗浴室就更小，连马桶和洗脸盆总共2平方米不到，一个人在里面都转不过身来。就这么大的居住空间，一下子多出两个人，想在房间里睡个地铺都难，那几天他们就睡在过道里。过道无疑是公用空间，晚上也有人进出。不过，四脚朝天躺在过道里的赵淳生，对这样的居住环境却很满足。白天到各处去考察，晚上回来只要一躺下，就呼呼地沉睡过去。

在山行大学，他们就住在从吉林工业大学来日本进修的几位老师那里。其中，有一位叫张建辉的东北人，他淳朴热情，与赵淳生非常投缘，他们都有学者的率真，又同样迷恋科学，他对来日本考察、学习的赵淳生有求必应。由于这样的机缘，赵淳生认识了这位东北人，也无法忘记这位东北人。若干年后，当他的事业发展需要更多人加盟时，自然想到了这个张建辉。当他得知张建辉从日本回到了北京工业大学时，想方设法把他从北京引进南京航空航天大学，与自己一起搞起了超声电机研究。

住在胡俊辉家的那几天，几位学者把睡前时间全用来研讨。超声电机这个新玩意实在是太神奇了，科学这个东西也实在太让人着迷了。当一个未知的神奇的东西在吸引着你，你学过的知识会一点一点地帮你解开这个谜。你好像走近了它们，又好像离它们有十万八千里的距离；你认为这样可以接近它，他认为那样可以接近它，公说公有理，婆说婆有理，说着说着，几个学者就激烈地争执起来。为了超声电机的驱动原理，他们竟然争得面红耳赤。一边争论，一边拿出草稿纸演算、推导，一遍一遍地推导，直到后半夜。那股子对科学的痴迷与执着，真的让人感动！

这一机缘结识了胡俊辉，从此，这个儒雅的学者也进入了赵淳生的视线。若干年后，胡俊辉在赵淳生的感召下，也加入南航超声电机的大家庭。

靠着各种关系解决了住的问题。但吃的问题，多半是用自己买回的两箱方便面和方便粥解决。每次坐地铁回到住处前，他带着李朝东专找便利店，竟挑那些既便宜又能填饱肚子的东西买。有时，会到附近的超市买一些方便食品；有时，跑到哪里，就在附近买便宜的快餐。餐馆那些地方，他们想都不敢想。偶尔，也有在日本留学的博士生请吃一顿，才略微改善一下伙食。

那个年代的日本，城市之前的交通工具除了地铁就是新干线轻轨。新干线以三倍于地铁的速度取胜，成为人们出行的主要交通工具，但价格也是地铁的三倍。同样去一个地方，要多三倍的钱，这在当时的赵淳生看来实在是太贵了。所以，在日本17天的出行，他们一次新干线也没舍得坐，全部乘地铁。有时，为了去一个地方，他们要在地铁里转几次车。每次只要上车坐下来，赵淳生就会呼呼地睡着。要下车时，李朝东再把他叫醒。醒来的赵淳生用力揉着自己的眼睛，迷糊糊地再去换乘地铁，坐下来又继续睡。然后，又被叫醒，继续赶路；然后，坐下来再睡……从那时起，赵淳生就养成一个习惯，白天、晚上争分夺秒地工作，在出行的路上，无论是乘公交车、地铁，还是乘飞机，只要有坐的地方，他一坐下来就能马上入睡。

就这样，在日本的17天他总共跑了10多个单位。白天参观学习，到了夜晚不管多累，赵淳生都得把当天的见闻整理好，并考虑好第二天的行程。他的那个小本子上，写满了要去参观的实验室、公司的名称，以及要去拜访者的名字。在17天行程中，他风尘仆仆地领着自己的博士生，凡是与超声电机有关的地方都去了，唯独没有去观光旅游。可以说把每一分钟都留给了超声电机。参观时带着极大的兴致，还有一般人无法理解的热忱。而每次"淘"到他需要的最新资料，他都兴奋得像个孩子，一下子忘记了疲劳，也忘记了饥饿。

回国前一天，原计划应该休息一下。但把在日本的时间用于休息，这实在是太可惜了。结果，他又马不停蹄地去参观了生产世界上最小的超声电机公司Seiko（精工）公司。

在回国的途中，背着从各地买来的各种材料、工具的赵淳生，紧锁着的眉头终于舒展开来："这次，我们把日本的超声电机'一网打尽'了。"结果，刚登上飞机不久，他就睡着了。

已经步入半百的赵淳生，实在是太累了！

③
每一件事都要做到极致

20世纪80年代，从事电动式激振器研究的赵淳生，经常要与工厂的工人打交道。他所研制的激振器用在哪里，哪里就会有他的足迹。他要密切关注使用情况，为后续改进做准备。所以，他的激振器有第一代，也有第二代、第三代，每一代都有不小的提升。后来研制的超声电机也如此。第一代超声电机与后面延伸出来的系列超声电机，无论是技术层面，还是工艺层面，连外行人都能看出其中的提升。而每一个小小的提升背后，都饱含一位老科学家艰辛的付出。

南航国防学科重点学科实验室挂牌仪式（2007.10.19）

这就是他的风格，做任何事情都要做到极致。

2007年，精密驱动研究所成立后的第二年，国防科工委启动国防学科重点实验室申报工作。无疑，这是研究所在发展史上迎来的一次重大机遇。

申报初始材料由杨颖教授执笔，在她认为已经写得很完善的情况下，就赶在当天下班前把材料交给了赵淳生。第二天，杨颖收到赵淳生返回的材料，电子信箱显示的时间竟是凌晨二点四十二分。再看材料，已经逐字逐句被密密麻麻修改了几遍。而经他修改过的，无论高度还是广度，的确不一样。后来，又经过这样几次反复的修改、完善，才完成了这份上报给国防科工委的材料。

然后，他亲自到北京汇报。汇报那天，他一边听别人汇报，一边修改手里的材料，直到最后一刻。只见他面带微笑，先给评委们鞠躬，然后开始汇报申报国防学科重点实验室的想法。原来，他不是要建一个普通的实验室，而是要建一个能为国防建设提供最前沿技术的中心。依据这个中心，他要凝聚国内一流人才，做大、做强我们民族具有自主知识产权的国防产业，让超声电机广泛应用在国防建设中。

一种爱国情怀体现在汇报中；一种战略眼光也体现在汇报中。加上他那富有激情和感染力的演讲风格，深深打动着每一位评委。最后，这个由他牵头的国防学科重点实验室，从全国40多所高校脱颖而出，得到专家们一致好评，并获得答辩总分第一的好成绩。

申报国防学科重点实验室如此，申报国家引智基地也如此。他的博士后、超声电机研究中心技术骨干李华峰教授，对此印象最深了。那次，他与赵淳生一起到北京参加"国家111引智基地"项目的评审。这是个国家级的引智基地，主要面向海外吸引院士级的人才加盟。这样的引智项目无论对学校的发展，还

引智基地外方首席专家华西耶夫（P. Vasiljev）于2012年荣获中国政府友谊奖并受到温家宝同志亲切接见

是对超声电机团队建设，都太重要了。在赵淳生看来，这是继申报国家级重点实验室后，又一项重中之重的工作。

为了申报这个项目，赵淳生再一次投入全部精力。来北京前，仅汇报用的PPT就被他修改了好多遍。然而，让李华峰教授感慨不已的是，头天晚上他都上床休息了，赵淳生仍然趴在宾馆的桌子上，一遍一遍地看着那份汇报PPT。一边是凌乱的床铺，一边是灯光下一位七十多岁老人专注的身影，那个场面实在太震撼了，不由得心生敬畏。每次，看到那么大年纪的人还与年轻人一道工作，甚至比年轻人更忘我地工作，对团队每个人都是一种无形的激励。因此，他所带领的这个中国超声电机团队越来越兴旺。

毫无疑问，"国家111引智基地"成功获批。一时间，先是立陶宛教育科技大学教授、前俄罗斯联邦工程院院士P.Vasiljcv（华西耶夫），后是韩国知名教授和德国超声电机专家，一个个世界级、大师级人才加盟到团队中来。华西耶夫院士还是世界首届超声电机终生成就奖的获得者，他们都是被世界学术界公认的"大家"。这些"大家"通过"引智基地"深度参与到学校超声电机研制的诸多环节中。每次，华西耶夫院士都带着一个团队来中国南京航空航天大学，一住就是三四个月。这段时间，他们把最前沿的技术深度融入赵淳生团队的研究工作中，不仅把南航超声电机研发队伍带到了一个新的高度，也大大提升了我国超声电机的研制水平。结果，"大功率超声电机的研制""超声电机在微小直升机上的应用"等，一项项与国家发展紧密结合的项目纷至沓来。

对待像国防学科重点实验室、国家引智基地这样重要的汇报，用严谨的态度，无论做到哪种程度，人们都能理解。然而，让很多人无法理解的是，他对待任何一个报告，哪怕是为小学生做的一场报告，也要倾注全部心血。报告主题都大差不差，但针对不同对象，他的内容都要做很大改动。大到开篇和结构，小到每一个数据的真实性，一幅图片的角度和光线，都要仔细斟酌。对不太理想的图片，要么重拍，要么进一步修饰，直到满意为止。给小学生与大学生做报告的开场白肯定不同。而且，每场报告他都亲自准备，绝不会让研究生代劳，更不会仅仅念念稿子应付。

如今，年近八十的赵淳生依然保持这样的习惯。经他审阅的每一篇博士论文，每一份项目申请书，每一个课题论证报告，他都严谨地对待。这种严谨已然到了苛刻的程度。要么不做，要做就做到最好。这其中，处处体现着科学家对卓越永无止境的追求。

---

④
学习和传播科学精神

1956年5月，高中毕业的赵淳生第一次坐上了火车，他要与同学一起去长沙。沿途的一切吸引着赵淳生的目光。绿色铁皮箱子连成长串，里面有桌椅、有窗户，像个流动的家。火车开起来时，像飞一样，两边一排排的树木，一亩亩的稻田，一眨眼就不见了。每到一个地方，火车就停下来，有人上有人下。从没出过门的赵淳生觉得太有趣了！可算见到大千世界了！过了个把小时，到了一个小站，他也下了车。那时，他不知道火车上有厕所，下车是找厕所以解内急。可是，在下面转了半天，直到火车启动了也没找到。车上的同学急得满头大汗，就在火车启动的刹那间，赵淳生出现了。还好，刚启动的火车开得很慢，加上有列车员站在门口，一把将跑过来的赵淳生拉上来。真是惊险的一幕！再迟2秒，恐怕就很难追上火车了。

2015年夏天，赵淳生把这个故事讲给前来南京参加全国科技夏令营的孩子们。他想用自己的经历告诉他们，科学家不是天生的，而是自己一点点磨炼出来的。他本人直到高中毕业，外出看什么都感到新鲜、好奇，一副傻傻的样子。自己之所以能从一个放牛娃成长为中国科学院院士，靠的不是聪明伶俐，而是后天的勤奋、刻苦，还有锲而不舍的精神。

成为中国科学院院士后，面对社会各类群体的机会很多，每一次他都不失时机地传播科学精神。早年他在法国巴黎攻读博士，在居里夫人所在的那所学校，曾受过那里至高无上的科学精神的熏陶。现在已是八十多岁的老人了，仍在不断地学习、不断地实践、不断地向社会推介自己的产品。

科学精神是一种探索精神。在好奇心和兴趣的引领下，人类不断地向未知世界进军。在这一过程中处处充满荆棘，甚至还掺杂着感性与理性的斗争，谬论与真理的较量，乃至世俗的阻挠、病痛的折磨。因此，能达到所谓"光辉顶点"的人，一定是既具有渊博的学识，又具有坚韧不拔意志品格的人。

居里夫人正是这样的人。这个世界上唯一一位两次获得诺贝尔奖的女科学家，为了提炼镭，她和丈夫在简陋的棚屋里苦苦奋斗了四年，用了四百多吨沥青矿，二百多吨化学药品和八百多吨水。期间，他们没有看过一场电影、听过一场音乐会，也没有访问过一个朋友。在最困难的时候，他们用光了储蓄，饱受饥寒之迫、辐射病痛之摧，最终才揭开镭的秘密。

居里夫人这种人被我们称之为科学巨匠。人类正因为有了他们，才一层一层地剥开宇宙万物本质的外壳，一步一步抵达自然奥妙的核心。而无论是火药、电灯的发明，还是蒸汽机、计算机的发明，都是这种探索的结果，极大地推动了人类社会的进步。

赵淳生的一生也是从事科学探索的一生。无论是早期的电动式激振器研发，还是后来的超声电机研发，他不仅解决了技术难题，还让这些技术在国防、民用等领域得到广泛的应用。

在这一过程中，他深切体会到科学之路的艰辛以及这艰辛背后隐藏着的只属于科学的魅力。科学之路是条创造之路，创造意味着前无古人；科学之路是条崎岖之路，处处充满艰难险阻、荆棘蛇蝎，但它却是人类社会至高无上的"神途"。赵淳生希望更多人加入其中，在他看来科学事业不是少数人的孤军奋战，而是一群人乃至一个民族的齐头并进。

2012年，国家主席习近平来到国家博物馆参观《复兴之路》时提出了"中国梦"，他把"中国梦"定义为"实现中华民族伟大复兴的梦想"，这个梦既是国家的梦、民族的梦，也是每个人的梦。实现中华民族的复兴，基础在教育，关键在科技。而自己的一生，不就是在践行"中国梦"吗？

从2013年起，围绕着"创新 创业 实现'中国梦'"这个主题，赵淳生从校内到校外，从省内到省外，在短短4个月内，应全国10多所著名大学和近10家科研单位之邀，先后做了25场学术报告。其中，包括清华大学、北京航空航天大学、大连理工大学、武汉大学、华中理工大学、东南大学、湖南大学等15所大学，以及多个学会及政府机关，受众超过万人。他们中既有在校的大学生、中学生，也有刚刚走上工作岗位的青年才俊。每到一地，他热情传播科学精神，满怀深情地讲述个人成长对国家发展、民族兴旺的重要性，很好地配合了国家层面"中国梦"的主题宣传。

首场报告始于2013年8月5日，在新疆大学召开的全国高校作动测试技术研讨会上。之后，相继在乌鲁木齐、徐州、武汉、南京等地的高校开展巡回讲座，内容涉及"科学精神与实践""超声电机技术""创新 创业，实现'中国梦'"等专题。在全国的巡回讲座中，他既讲超声电机的发展，也讲个人的经历，通过鲜活的事例，向人们展示一个科学家的爱国情怀和为实现"中国梦"所做出的不懈努力。每场报告都座无虚席，有的学生干脆席地而坐，听者无不被眼前这位科学家的精神所打动。

清华大学汽车安全与节能国家重点实验室在第114次学术沙龙简报中这样报道：

2013年11月18日，赵淳生院士演讲题目为"创新创业，实现'中国梦'"。

讲座当中，他详细讲述了超声电机技术在南航的创新发展和应用。超声电机在军事工业、航空航天、核工程技术、移动通信、生物工程等方面的广泛应用。在第三

在清华大学讲学（2013.11.18）

和第四部分结合自己七旬人生经历，讲述自己出身战乱年代，艰苦求学，到放弃留美生活独自一人回到中国，白手起家，一心从事科研，到身患癌症，坚持工作，到最后创新创业，将研究成果转化为社会价值，实现"中国梦"的全过程。赵先生所流露出的对祖国的热爱和忠诚、对科研事业的坚持和执着、对社会的责任感和使命感，深深打动了与会的每一位听众。结语部分，赵先生慷慨激昂，鼓励大家奋斗拼搏、创新创业、坚持理想、实现"中国梦"。

100多名师生不仅收获了超声电机知识，同时还被赵淳生深深打动，真切感受"中国梦"所带来的正能量，受到极大鼓舞。讲座结束后，掌声经久不息。

湖南科技大学是这样报道的：

2013年11月10日，赵院士在湖南科技大学做"创新创业，追求'中国梦'"报告。在报告会上，赵淳生院士利用视频、图片、动态模型等方式将同学们带入了超声电机时代。他通过自身的经历总结出了自己的"圆梦四部曲"：承担责任、勇于探索、抓住机遇、贵在坚持。他认为每个人都要做

好迎接各种挑战的准备，他坚信机会永远都是留给有准备的人。他认为只有认定目标，持之以恒，才能收获成功，实现梦想。

整场报告会，师生无不被他的创新创业经历深深吸引，更为其真挚的爱国情怀和与癌症抗争的顽强精神深深折服。来自12级的张郁莹同学说：年过75岁高龄的院

在湖南科技大学讲学（2013.11.10）

士还能为了国家和自己的梦想如此拼搏，除了敬佩，赵院士带给我们的更多的是震撼与鼓励。

2013年10月25日，赵淳生在湖南省研究生创新论坛上，做了题为"创新创业，追求'中国梦'"的主题报告。他们这样报道：

在这场报告中，他将高深的超声电机技术，用图表等方式进行了讲解，此外，他旁征博引、深入浅出，如拨云见日般让前来听报告的师生对这样高端的技术豁然开朗。一字一句间，处处体现他深厚的科学底蕴、深邃的人生智慧。这是一次深入学习的盛宴，更是一次创新思维交流的逐梦动员。对于研究生创新思维意识的培育和创新人才的实践、创新能力的培养，提高研究生教育整体质量和水平具有重要的指导作用。

……

从这些报道中，可以看到晚年的赵淳生在传播科学精神方面所做的努力和取得的巨大成就。

听了赵淳生的报告，华中科技大学杨发灯同学这样说："心有一团火，思绪万千生。不分昼和夜，学生时时念！个个离走影，唯您挥心泪！我可能不是您最优秀的学生，但您必然是我最喜爱的老师！！！"

学生们感慨："我们身边居然有这么好的老师！"

教师们感慨："我们中国居然有这么出色的科学家！"

几乎每一场报告，他都会引用科学家华罗庚晚年曾说的一段话："独立思考

能力，对于从事科学研究或其他任何工作，都是十分必要的。在历史上，任何科学上的重大发明创造，都是由于发明者充分发挥了这种独创精神。"

"科学是一项伟大的冒险，是值得花费一生的伟大事业……从事科学研究和科学教育可以使人精彩度过一生。因为其中总是充满着新鲜，引起你的好奇心，并不断给你惊喜。"生物化学家布鲁斯·阿尔伯茨的一段感言，也是赵淳生自己从事科学研究的真切体会。他把古今中外科学家总结的道理和自己切身感受，借助报告传递给更多的人，让更多的人从中受益。

而每次出现在讲台上做报告的赵淳生，不管天气多么炎热，他都要把西装穿上，并系上领带。只要是预约好的报告，哪怕是发高烧，他也不失约，坚持到场。整场报告，声音总是那么洪亮，神情总是那么自信，从他身上焕发出的那种对事业的热爱和激情，从他坎坷经历中所凸显出的执着，从他带病也要履行承诺所反映出的人格，所有的一切都深深地感染并激励着每个听众。

2015年7月18日，作为科学家代表赵淳生应邀为全国科技夏令营江苏高校营的营员做了"科技创新 实现'中国梦'"的报告。两个小时下来，他滔滔不绝，情绪激昂，根本看不出是接近八十岁的老人。在报告的最后，他说道："人生的道路是曲折与漫长的，充满着成功与失败，顺境与逆境，幸福与痛苦，遇到挫折怎么办？不要失去信心，只要坚持不懈，就会成功，就会胜利！人活到老，就要学到老，尽管我已经七十多岁，我仍要孜孜不倦地学习，带领我们团队继续开拓创新，追求超声电机的'中国梦'！"语气坚定有力，赢得台下长久的掌声。

通过全国各地的宣传，现在主动到公司联系业务的用户越来越多！赵淳生始终认为，超声电机技术研究与应用虽然不同，但在推动超声电机产业化的过程中，两者又是相辅相成的。研究为应用和产业化提供技术支撑，而应用和产业化又是将研究成果推向市场、实现真正落地的途径。纵然这样的探索既艰辛又坎坷，但赵淳生执意在这条路上继续摸索，追逐他自己的那个超声电机的"中国梦"！

一个八十岁的老人仍然有梦。为了这个梦，他把自己有限生命中的每一分每一秒，都看得格外重要。

⑤
甩掉"野蛮人"帽子的决心

2011年，赵淳生来到我国兵器集团某研究所参观。一进大门，"摆脱'野蛮人'，追求'中国梦'"的大幅标语牌一下子吸引了他的目光。

他快步走到牌子下，看见下面有这样一段话："我时常被问及这样的问题——纯科学与应用科学究竟哪个对世界更重要。为了应用科学，科学本身必须存在。假如我们停止科学的进步而只留意科学的应用，我们很快就会退化成中国人那样，多少代人以来他们都没有什么进步，因为他们只满足于科学的应用，却从来没有追问过他们所做事情中的原理。这些原理就构成了纯科学。中国人知道火药的应用已经若干世纪，如果他们用正确的方法探索其特殊应用的原理，他们就会在获得众多应用的同时发展出化学，甚至物理学。因为只满足于火药能爆炸的事实，而没有寻根问底，中国人已经远远落后于世界的进步。我们现在只是将这个所有民族中最古老、人口最多的民族当成野蛮人。"

这是1883年8月15日，美国著名物理学家亨利·奥古斯特·罗兰（Henry Augustus Rowland，1848—1901，美国物理学会第一任会长）在美国科学促进会年会上发表的一段话，被誉为美国科学的独立宣言（A plea for pure science）。

毫无疑问，在这位美国科学家眼里中国人是"野蛮人"，这对赵淳生的刺激很大。从小就饱尝外敌欺凌之苦，后来又受过正规教育的赵淳生，怎么也不能接受这样的侮辱。在他看来，真正的野蛮人不是中国人，而是那些所谓拥有高度文明的侵略者。从八国联军火烧圆明园，到近代日本人烧杀掠抢，这才是野蛮人的行径。而中国由于近两百年科技的落后，他们就把中国人看成"野蛮人"？作为中国人一定要争口气，要用自己的科技实力彻底甩掉"野蛮人"的帽子。

赵淳生共获国家、省部级奖20多项奖，其中国家级5项

赵淳生就是在中国这个偌大群体中，最不能漠视这样侮辱的人之一。为了驳斥这样的论调，古稀之年的他还要到处游学、讲座。在每一次报告中，他都要列举大量的事实，他要让每一个中国人知道，新中国成立以后，在中国共产党的领导下，我们国家实施科教兴国战略，仅用短短几十年时间，我们不仅经济发达了，科技也进步了。报告中间，他都会用非常响亮的声音自豪地说："我们再也不是所谓的'野蛮人'了！"

他总是从"四大发明"讲起，这的确是值得中国人骄傲的事情。不过，从近代开始中国的确是落后了。所以，那些原子弹、氢弹等高端武器不是中国人的发明。"但这只是过去，并不代表将来。"说这话时，他的声音同样响亮。

在这样的报告中，每个人都能体会到他对自己国家的热爱，以及对新中国的缔造者毛主席他老人家的无限敬仰。毛主席说的话他经常引用。比如：1958年毛主席说：原子弹是真老虎，也是假老虎。如果你没有，它就是真老虎；如果你有，它就是假老虎。人家有5000，我们有500就成，有与没有是不同的。只要有，就有发言权。比如，毛主席提出："我们要搞原子弹、氢弹及洲际导弹，不搞这些东西人家就会欺负我们。"结果，从20世纪60年代开始，中国相继建立了航天一院、二院。仅用三年的时间，于1964年10月成功发射第一颗原子弹；紧接着，用两年零八个月的时间又搞成了氢弹；到2011年，我们的氢弹只有篮球那么大，威力却是美国投放日本广岛那颗原子弹的两百倍；至于洲际火箭、导弹，我们不仅能搞出来，水平也不比任何国家差，可以打到世界任何一个地方。

之后，我们又有了卫星和火箭。1970年，第一颗人造卫星发射成功。现在我们能制造各种卫星、火箭，不仅自己发射，还为全世界其他国家发射。2007年，成功发射"嫦娥一号"；2011年，成功发射"天宫一号"目标飞行器和"神州八号"宇宙飞船，并首次实现它们在空间的对接；2012年，又有载人飞船"神州九号"驰骋在浩瀚的宇宙中；2013年，伴随着"嫦娥三号"的发射成功，中国人真正实现了几千年的飞天梦想。

罗列新中国取得的辉煌成绩时，他的语速总是那么急切，恨不能一下子把他知道的全都倒出来。

紧接着，他又讲到改革开放后发展迅猛的中国。同样罗列大量的事实——

高速铁路建设中国首屈一指，又快又好，世界各地像澳洲、非洲很多国家，以及俄罗斯都与我们签订合同，买我们的技术。

汽车制造业发展更快，从解放初期唯一的红旗牌轿车，到现在我们已拥有自己的汽车产业，可以生产很多品种的汽车。

在大型机械制造方面发生了翻天覆地的变化。过去的推土机、挖土机等都从日本、德国进口，而现在我们不仅可以制造，还可以出口，而且出口量占到全世界90%的市场，欧洲基本都使用中国制造的推土机。

在航天制造业方面，我们处于世界第三位。

过去，我们无法制造的大型压力机，从1961年开始，从一万吨、一万五千吨，再到三万吨的大型压力机，我们都能制造出来。

航空发展更快，发达国家有的飞机，我们都有。还有直升机、高音速的歼击机也能制造了。从20世纪60年代开始，南航就开始研制"延安二号"直升机，救灾、防灾、侦查，应用广泛。像波音737那样的客机，能坐150人的大型客机也研制成功了。

而赵淳生所在的南京航空航天大学，从20世纪60年代开始研制无人机。这种无人机用在原子弹爆炸取样，代替了有人机取样，保护了无数人的生命安全，为国家做出了巨大贡献，曾获得国家科技发明特等奖……

最后，他总会讲他研制的超声电机。从最初的白手起家，到现在成为系列，先后获得两项国家发明技术奖；从最初的只能在实验室演示的模型，到后来工业上的应用；从最初的在一个领域中的应用，到后来应用面越来越宽，甚至广泛用在国防科技领域中，用在航天领域中，用在生物医疗领域中，等等。

在讲国家发生的翻天覆地变化时，赵淳生总会激动地说："事实胜于雄辩，谁还能说我们是'野蛮人'吗？"

尤其是改革开放四十年，中国飞跃式的发展，备受世人瞩目。经常到美国的赵淳生感受颇深。每次，在美国读书的小外孙都告诉他：美国人都害怕中国，因为中国发展的确太快了。有一次，前美国总统奥巴马到小外孙所在的中学视察时说："中国人聪明，很多东西都是他们发明的，中国人都走在我们前面了，美国人要赶上去，你们要加油！"

从过去被美国人鄙视，到现在被美国人畏惧，说明我们中国取得的成就惊人，发展的速度惊人，为此赵淳生感到无比骄傲和自豪。最后，他不会忘记告诫人们："我们要自强不息，要自信、自强、自立，要增强道路自信。面临复杂的国际形势，我们不能骄傲，不能停滞不前，还要继续发展，尤其是科学技术方面要大踏步地发展。"

为了这个"大踏步地发展"，赵淳生每一天都在奋斗，甚至每秒都在奋斗。

⑥

始终怀有强烈的梦想与渴望

一个梦想实现了,马上就会有新的梦想。这就是赵淳生,在人生的每个阶段,都始终怀有强烈的梦想与渴望。

在中学时代,他经常与同学谈自己的理想,那就是长大后要当工程师。他最佩服那些能把汽车、火车造出来的人,梦想有朝一日自己也有这样的本事。这样的梦想可以说一直伴随他整个青少年时代。因此,那时的他勤奋刻苦,一刻都不会懈怠。

上了大学,走进这所新中国培养"航空工程师的摇篮",无疑离儿时的梦想更近了一步。这样的梦想像一盏明灯,始终照耀着他。因此,大学期间他还没学专业课,就迫不及待地带领全班同学大搞科研。那真是个激情燃烧的岁月,整日沉浸在创造中的赵淳生,感到浑身有使不完的劲。他不知疲倦地学习,也不知疲倦地创造,不断为自己树立一个又一个目标。为了目标的实现,他经历了一次又一次失败的打击,克服了一个比一个更大的困难;为了目标的实现,他宁愿放弃许许多多个休息日,宁愿不吃饭、不睡觉,最终,带领全班同学成功研制出近十种科学仪器。

这样的成功大大激励着他,要向更高的目标迈进——不仅造出地上能用的东西,还要造出天上能用的东西。

当时,苏联首个卫星上天的消息,极大地激励着正值壮年的赵淳生,他感到全身热血沸腾。这是世界上第一颗可以绕地球运行的人造卫星,备受全世界瞩目。1957年10月4日这天,赵淳生激动得无法入睡,就连夜草拟了一份决心书。第二天,他代表全班向党做出庄严的承诺:"我们要造出中国的卫星,让卫星上天!"

这个从小就失去双亲的放牛娃,这个在党的培养下成长起来的孤儿,一直把党当成自己的母亲。党在他心中真实而可亲!因此,这个决心是儿子对母亲的承诺,并熔铸了他无比坚定的阶级立场和感情。当时,在全国范围内也确实存在"浮夸风",因此,对他的"让卫星上天"的决心,有人窃笑过,以为他疯了,竟说出这样的梦话。不过,赵淳生一生都没忘记自己曾经立下的誓言。

成为大学教师后,这句话一直激励着他,让他在科研工作中做所有的事情都比别人更坚持、更执着!哪怕失去爱女,也不放弃;哪怕失去生命,也不放弃。他的执着感动了上天!最终,接踵而来的两种癌症竟相继向他低下了头;最终,所经历的那些困难、坎坷、打击、失败,都成为他一步一步更接近理想的阶梯。

2005年，在大病后的第五个年头，他当选为中国科学院院士，实现了自己成为科学家的梦想。

之后的若干年，他仍然不懈地奋斗，百折不挠地奋斗，在2013年，带领团队研制成功用在"嫦娥三号"上的超声电机。青年时萌生的"造出天上也能用的东西"的梦想，经过半个多世纪坚持不懈的努力，也变成了现实！

在这一过程中，体现了一个放牛娃对党至深至诚的感情。"深"到把党所有的要求，都融入自己的骨子里；"诚"到对党所有的要求，都不折不扣地执行。对于这一点，夫人王凤英体会最深。

早在大学前期间，经常与王凤英通信的赵淳生，与她谈得最多的就是理想。而他的理想，从来都与现实紧密地结合，与党的要求紧密结合。理想，这个看似空洞的东西，都让赵淳生变成了一个个实际行动，而且始终与党的要求高度一致。

党让青年人积极向上，他就不折不扣地听党的话，积极要求进步，靠拢党组织，中学就成为入党积极分子，大学时更是处处起带头作用，还没毕业就光荣加入了中国共产党。

20世纪50年代，党号召青年学生刻苦学习，成为共产主义事业接班人。他就这样听党的话，不仅自己刻苦学习，还带动全班同学刻苦学习，大搞科研，以卓越的成绩使自己所带领的班级成为"全国红旗班"。

20世纪60年代，在国家困难时期，党号召全国人民艰苦朴素，没有生活来源的他二话没说，自觉把自己的生活标准降到最低，长达十年都没添置新衣。而且这样的作风一直保持到今天，即使收入提高了，也从来不浪费一点儿资源和财物，为家人、学生以及同志做出了榜样。

20世纪70年代，党号召知识分子向科学进军，他就立即带头行动起来，一边教学，一边从事科研。在短时间内，就搞成了在航空院所和工厂广泛应用的激振器，创造了显著的社会效益与经济效益，以优异的成绩向党献礼。

20世纪80年代，党号召有识之士走出国门，为中国的富强而学习。此时的他，忍受失去爱女的巨大伤痛，也绝不辜负党的殷切期望，用最短的时间，学到尽可能多的知识，并马不停蹄地回国，用所学报效自己的祖国。

20世纪90年代，经常走出国门的赵淳生，看到祖国经济日渐强大的赵淳生，在国家致力于发展高科技的感召下，放弃唾手可得的优厚的生活待遇，放弃享受国外蓝天、白云、新鲜空气，放弃与家人共享天伦之乐的种种机会，独自一人在国内研制超声电机技术，成为这个领域的开拓者。并用自己百倍的付出，推动我国超声电机技术的发展，把中国这个领域带到了最前沿，让自己所带的超声电机团队，无论是技术的先进性，还是团队的规模，都堪称国内外第一，为我国经济和国防建设做出了卓越贡献。

21世纪初，在党的新一届领导人提出的"中国梦"的感召下，已迈入耄耋之年的他，已功成名就的他，仍然战斗在科研第一线。因为他还有超声电机的"中国梦"，还有强烈的渴望——他不仅要研制出先进的超声电机，他还要推动超声电机产业化进程，让中国南京成为超声电机的海洋！

而这样的梦想，让这位患过两次癌症的老人，每天仍然工作到深夜，以超人的精神，干着超人的事业。

一个人做一件好事不难，难的是一辈子都做好事；一个人有一点奉献精神不难，难的是一辈子都如此；一个人喊喊爱国不难，难的是把这样的口号变成实际的行动；一个人为了一个目标奋斗并不难，难的是永远都有目标，永远都不停止奋斗。

⑦
捐款十六万元回报社会和家乡

儿时的赵淳生有鞋子穿的时候不多。家里实在太穷了，穷得连饭都吃不饱，连衣服都穿不暖，哪有多余的钱买鞋？哪怕是数九寒冬，哪怕是烈日炎炎，他都赤着一双小脚，走在湖南农村乡间小路上，对那里的路况有着最深切的体会。

记得在母亲重病期间，因为每天早晨要照顾母亲，赵淳生即便比别的孩子起得早，时间还是不够用。为了不迟到，他必须跑步去上学。即使这样，有时仍免不了最后一个到教室。为此，学校教导处的那个小老头，曾用竹板打他的脚板心。

那也是一种钻心的痛。不过，与赤脚在路上飞跑带来的痛相比可要温和多了。赤脚慢走，即使路面不平，很多时候痛感还可以忍受。但在快跑的情况下，只要路面稍微有点凸凹，就是钻心的剧痛。有时，可能是路面上的石子；有时，可能是踩到了一段树枝，痛感立即袭来，泪水也随即涌出。但再痛，也不能停下来，依然咬紧牙关飞快地奔跑。所以，儿时的赵淳生，最期盼老天爷每天都能下雨，将路面泡软，赤脚踩上去不但不痛，还很享受。

赤脚奔跑在乡间土路上的记忆太深刻了。所以，即使离开家乡多年，家乡的路都是他永远的牵挂。他希望家乡的孩子，不再受他曾经受过的苦，不再受他曾遭过的罪。"有朝一日，我要为家乡修路！"也成为他的愿望。但修路需要一大笔钱，长大后的他奋斗了很久，都无法筹集那么多的钱，实现这个愿望。

一方水土养育一方人。作为孤儿，是家乡养育了他，也是家乡培养了他。赵淳生之所以能长大成人，以后又有所成就，这一切都离不开家乡的养育。

滴水之恩，当涌泉相报。2014年，机会终于来了。这一年，是赵淳生人生最辉煌的一年。这年从年初的国家科技发明二等奖，到年末的"超声电机世界终身成就奖"，他一下子拿了5个重量级的奖项。而这年9月荣获的"何梁何利基金科学与技术进步奖"，一下子让他获得20万元港币（合人民币16万元）的奖励。这可是很大的一笔钱！赵淳生很高兴。他高兴不是因为有了钱可以消费，而是可以回报社会和家乡，实现为家乡修路的愿望了。

作为湖南衡山白果乡瓦铺子村人，赵淳生可谓地道的农民出身。而且，他在幼年就失去了双亲。因此，在家乡尤其是解放前的那段生活，是贫穷多于富裕，苦难多于幸福，痛苦多于快乐。但正是这些贫穷，让他变得无比慷慨，结果女儿眼里的他，是视金钱如粪土的父亲；正是这些苦难，让他变得无比坚忍，结果同事眼里的他，是在困难面前可以做到"万折不挠"的强者；正是这些痛苦，让他变得无比乐观，结果学生眼里的他，是永远可以笑对各种磨难的师长。

而用"无比"修饰并不夸张。试问，有多少人可以做到像他那样，无论遇到多大的困难，始终不放弃对事业的追求？有多少人可以做到像他那样，身患两种癌症，在生命遭到巨大威胁时，依然不放弃科学研究？有多少人可以做到像他那样，在退休之前，每天依然坚持工作到深夜，退休后每天依然工作到凌晨？有多少人可以做到像他那样，把生命中的每一分每一秒都用在工作上，没日没夜，通宵达旦地工作，为了工作他可以放弃旅游、放弃度假、放弃娱乐？又有多少人可以做到像他那样，把本属于个人的高额奖励资金，全部捐献出来，回报社会和家乡？！

2015年3月15日，南京航空航天大学的领导收到一封表扬信，这封表扬信的落款是"湖南衡山县政协委员助学公益联盟理事会"。表扬信是这样写的：

尊敬的南京航空航天大学领导：

提起南京航空航天大学，我国第一架无人驾驶大型靶机在这里研制成功、第一架高原无人机在这里飞向蓝天，神舟飞船、月球车让南航人的梦想飞向太空，一批批高科技人才从这里出炉，成为我国航空航天等领域的精英，这一切的一切让人肃然起敬。最近，湖南衡山县"政协委员助学公益联盟"就沾了南航大这份光，得到你们这份彩。

2月28日，湖南衡山县政协委员成立了"助学公益联盟"，目的是发动政协委员捐资助学，为贫困大学生奉献爱心。远在美国探亲的赵淳生院士在微信群里得到这样的信息后，立即与我们联系，表示要加入这个联盟，为家乡的贫困学生尽一点力。3月13日，赵淳生院士给我们寄来10万元捐款，并告诉我们这钱来自2014年南航大科研团队获得"何梁何利基金科学与技术进步奖"。

面对这饱含深情的10万元善款，我们深深感受到"智周万物，道济天下"的南航是何等博大！在此，请允许我们代表未来受资助的学生向您、向赵院士、向南航致以崇高的敬意并表示衷心的感谢！同时，我们庄重承诺一定按照衡山县政协委员助学公益联盟理事会章程，把善款公开、公平、公正地用在贫困大学生身上，让南航大的博爱，结出累累善果。

次日，学校领导又先后收到来自湖南衡山白果镇瓦铺子村委会（赵淳生所属的村委会）和衡山白果先锋村委会（夫人王凤英所属的村委会）的表扬信。前一封表扬信这样写道：

尊敬的南京航空航天大学领导：

贵校赵淳生院士为了支持家乡公益事业建设，向我村捐助3万元。在捐资时他说：吃水不忘挖井人。我心系家乡，支持家乡新农村建设是应该的。赵老先生的善举，让我们全村人深受感动，备受鼓舞。

赵老先生平素勤俭节约，生活朴素，却对家乡公益事业慷慨解囊，实乃功德无量之举。我们一定会管好用好这笔善款，用于家乡最需要的地方，发扬艰苦奋斗的精神，把家乡建设成为山清水秀的新农村，不辜负赵老先生对我们的殷切希望。

在此，我们家乡父老乡亲怀着激动的心情，向赵老先生表示最真诚的祝福和衷心的感谢！

衡山县白果镇瓦铺村村民委员会
二〇一五年三月十六日

后一封表扬信这样写道：

尊敬的南京航空航天大学领导：

贵校赵淳生院士情系家乡，时刻关心家乡建设，多次向我村捐款。此次获得何梁何利基金奖励后，又捐资3万元用于我村改造道路及村部建设等公益事业。

情系故乡伸援手，捐资公益事业献爱心。赵老先生平素勤俭节约，生活朴素，却对家乡公益事业慷慨解囊，实乃功德无量之举，充分体现了对家乡的热爱和关心、支持。请你们转告他老人家，我们一定会管好、用好这笔善款，用于家乡建设最需要的地方，并激励下一代。这是一笔巨大的精神财富，它将激发全体村民改变家乡落后面貌的满腔热情。

最后，再次感谢贵校和赵老先生的爱心帮助，祝贵校事业蒸蒸日上，祝各位领导及全体师生身体健康、学业有成、工作顺利！

衡山县白果镇先锋村村民委员会
二〇一五年三月十五日

这样的慷慨解囊在赵淳生看来很平常。对把他从水塘中救出的卖肉人，他慷慨过；对中学母校健在的老师，他慷慨过；对导师张阿舟，他慷慨过；张阿舟去世后，对师母他慷慨过；对身边的同志，他慷慨过——有同志家里出事，他出钱帮助，有同志自费出书，他出钱赞助过；对自己的家乡，那个生他养他的地方，他当然更要慷慨。

为此，他拿出20万元港币奖金，一部分捐给家乡的助学机构，资助贫困学生读书；一部分捐给家乡两个村子，用来修路。这两个村子，一个是赵淳生出生的村庄——瓦铺村；一个是夫人王凤英出生的村庄——先锋村（现已合并到瓦铺村）。

对自己所带的团队，他也是那么慷慨。二十几个人的大家庭，大家工作地点分散，为了加强工作交流，除了每星期的业务研讨会、阶段性的学术报告会，赵淳生还想到了中午集体用餐，餐费由他负责。

午餐是非常好的交流时光。早年在法国留学时，平时大家都各忙各的，只有午餐时间，大家才能坐下来闲聊。闲聊对科学研究大有裨益，很多科学家的灵感都源于此。日本著名科学家白川英树，就是在与美国合作者黑格及其导师喝茶闲聊时受到重要启发，最终让白川英树对其博士后一次实验的失误不断进行实验，结果发现高分子在一定条件下也能导电的现象。而那个年代，"有机物不导电"是被写在教科书上的。白川英树的新发现，无疑是对现有理论颠覆性的突破，最终获得了诺贝尔奖。因此，那时的赵淳生就暗下决心，回国后一定要让自己的科研团队在这样不起眼的午餐中，一边休息，一边交流，激发创造的灵感。

自从有了工作餐，每天中午十二点，南航超声电机研究中心的成员从四面八方聚到餐厅。赵淳生每次都是最后一个到。大家印象中，只有两次他到办公大楼办事，由于人家要下班，他才准时到了餐厅。很多时候，他会把吃饭的时

267

间忘记，大家左等右等也不见他来，就打电话催他，他才会停下手头工作，急忙下楼，骑上已经骑了三十多年的破自行车往餐厅赶。坐下来吃饭时，脑子里想的还是工作。一般午餐开始了，工作研讨也开始了，每天如此。而南京航空航天大学超声电机研究中心的人，也习惯了这样的工作模式与节奏。这是干事业的节奏，也是只争朝夕的节奏。

把工作视为生命的赵淳生，太享受他的工作午餐了！这样的午餐让他们做到了"一分钟也不能浪费"，让他所带领的科研团队中的每个人都从中受益。

所以，无论是获奖，还是发奖金，赵淳生都会拿出一部分，用于支付工作餐。此外，把"国家技术发明二等奖"奖金分给团队获奖的其他五位老师后，自己获得那一份总计3万元人民币全部捐出，用于支付这样的工作午餐。

这样一个对社会、对他人极其慷慨的人，对自己却非常吝啬。在日常生活中他几乎没有任何要求，只要吃饱饭，不在乎吃的是什么；只要穿暖衣，不在乎是否是品牌；只要有地方休息，不在乎有没有舒服的床铺。

对自己省到家了，但对合作伙伴，对国际往来的学者，他都要尽可能为他们提供最好的工作环境，提供最好的生活条件。在这方面，他同样慷慨大方，让每一个与他接触过的人，从很多细节上都能感受到他所给予的温暖。每次，合作伙伴都住下了，他仍会打个电话过去，询问房间是否有暖气，是否有热水，关心得细致入微。

所以，首期"111引智基地"项目结束了，来自立陶宛、俄罗斯、日本、韩国的很多国际友人表示，仍然愿意与赵淳生合作，愿意再一次来到中国。如今，这个引智基地已经是"三连冠"了！第三期已被国家批准，要连续进行下去。无疑，来他们这里的外国专家将会更多了，他们的研究团队也会进一步扩大！

⑧

心里始终装着国家

对从事科学研究的人来讲，所研究的东西一定要紧紧结合国家发展战略需要，这是一个科学工作者实现"科技报国"的重要途径。想国家所想，这是赵淳生一贯的做法。他所有的研究，都是基于这样的主导思想。而且，他不仅这样去想，也这样去做，并不遗余力地做，直到成功。

中国超声电机研究在他的带领下，从无到有，不断发展壮大。从课题组到研究中心、研究所，再到国家重点实验室、国家引智基地，等等；从最初借来的一个房间，到现在整个一栋楼；从最初的两个人，到现在的23人，他们中有院士、特聘教授、"优青"，最大的近80岁，最小的只有30岁出头；他们中有搞材料的，有搞机械的，有搞电子的，有搞控制的，有搞智能制造的，基本囊括了超声电机涉及的所有学科领域。

这是一个瞄准世界高新技术的大团队，也是一个温馨的大家庭。作为一个大家庭，总少不了聚餐。每次年终聚餐，他都要总结一年的工作，并畅谈明年的打算。坐下来吃饭时总是这样说："我们一年难得聚一次，大家都说点儿轻松的话题，放松一下。"最初，大家以为这次聚餐真的可以彻底放松一下，可是没说上几句，赵淳生一会儿问小陈的胶贴得怎样，一会问小李的电机调试得怎样，一会问小史设备采购进行到哪一步了，几乎每一个人他都问个遍，全都与工作有关。而且是每年如此、每次如此。

2014年9月，一场由中国南京航空航天大学主办的国际超声电机技术研会议在苏州举行。会议期间，安排半天时间去参观苏州一家知名企业。在参观路上的大巴上，同样的故事又一次上演。

赵淳生最后一个上车，一上车就宣布："大家要讲点儿轻松的话题，这几天太累了，放松一下。"说完自己就坐下。不一会儿，"呼噜"声由弱到强，大家都以为他睡着了，讲话也放开了。讲着讲着，还在打呼噜的赵淳生居然发话了："哎，你们刚才说的那个新玩意，能不能把我们的超声电机用在上面呢？"车上的人一听都笑了，睡觉的他居然还能捕捉到与工作有关的信息。

赵淳生参观女婿曾经就职过的一家美国计算机芯片公司时，他看到一个细小的芯片，马上想到可以把超声电机的驱动与控制集成到一块芯片上，以后还可以将无数个微型超声电机也集成到芯片上，那样的话，很多链接问题、体积问题、干扰问题和发热问题都能迎刃而解了。

这就是赵淳生，无论在什么场合，无论在什么时候，他开口闭口都是他的超声电机。在他的心里、眼里，甚至整个生命里，装着的永远是他的超声电机。

此外，他把国家也始终装在心中。

从1956年入学，到1961年留校当教师。五年中的10个学期、10个寒暑假他只有1个暑假回过老家，其余都住在学校，天天与校园做伴，与老师同学们朝夕相处。这段时期是赵淳生人生发展的重要阶段，也是我们国家经济最困难的时期。

1959年，我们国家粮食供应紧张，大家都吃不饱。在严格定量分配下，每个人进食堂前要先数数自己的饭票，出食堂后还要数数饭票，大家称之为"算了吃""吃了算"。大家不但不抱怨，还发扬共产主义精神，同心协力克服眼前的困难。为了替国家分忧，饭量小的支援饭量大的，女同学支援男同学，对于体质特别差的，学校也会给予特殊的照顾。就在那年，为了响应党的"勤俭节约"号召，赵淳生带头捐出了自己的助学金。

在学校组织的挖沟积肥、修建水库等劳动中，吃不饱肚子的赵淳生，带领全班同学披星戴月，挑灯夜战，奋战在支农第一线。

1961年严冬，由系党总支书记带领大家到江苏丹阳宣传十二条，反"共产风"，反"浮夸风"，搞社会主义教育。那里的农民热情淳朴，吃苦耐劳。离别时老农的"麦收时来吃白面馍馍"那句话，一直温暖着赵淳生。也让本身对粮食有着特殊感情的他，一生都不敢浪费粮食。哪怕自己收入再高，也绝不浪费一粒米。从对粮食的珍惜，延伸到日常生活的每一件物品；从困难阶段，延伸到富裕阶段，勤俭节约的习惯，一直伴随着他终生。

超声电机研究起步时，赵淳生手里的经费非常有限。没有钱时，他就买便宜的设备凑合着用。后来经费多了，也从不乱花一分钱。每次科研经费到账，他想到的不是多发奖金，而是最大限度地把经费用在增添实验设备、改善实验室条件、扩大研究队伍上。他经常对课题组成员们说："我们同国外的差距不在人的素质上，中国人不比外国人笨，主要是实验设备和实验条件有差距。工欲善其事，必先利其器嘛！"

因此，三维多普勒激光测振仪高达350多万元一台，但买这样高端设备，他从来都不犹豫。

国家重点实验室申报成功后，国家下拨的经费到账了，赵淳生让大家报购置设备计划。为此，他还专门召集全体人员开会。

"买设备的钱我们有了，大家可以申报，但绝不允许浪费。不该买的，绝不能买。因此，大家要好好论证一下，把每一分钱都要花在刀刃上。国家的钱绝不能浪费。"大家刚坐定，他就迫不及待地直入主题。

赵淳生就是这样，他有什么想法会直接地表达出来。他对别人是这样要求的，对自己也是如此。

一段时间以来，高校科研经费使用并不规范。只要你愿意，科研经费甚至可以购买日用品，可以旅游，可以做任何你想做的事情，甚至套现。

"我绝不会把科研经费弄到自己口袋里，科研经费就是用来搞科研的。"这是他经常说的一句话。所以，对国家给的钱每一分他都非常珍惜。

有一次，赵淳生带着学生到北京参加某项基金的答辩，会议主办方按照参会人头，给他们预留了两个房间。为了省钱，他当场提出退掉一个房间，与学生同住。那几天，赵淳生只要一躺下，就能酣然入睡。紧接着，就会打呼噜。

他的呼噜声与他平时说话声音一样，响亮无比。听他的鼾声，就知道忙碌一天的老人，真的是太累了。

答辩前一夜，为了向评委更好地展示超声电机研究中心的成果，尽管汇报用的 PPT 在来京前已经修改多次，但他仍要仔细斟酌。由于在电脑上看吃力，赵淳生就让学生打印一份。学生来到宾馆服务部，一打听价格每页高达 2 元，100 多页就是不小的数目。一向了解赵淳生的学生有些犹豫了，他不能擅自做主，连忙跑回房间向赵淳生请示。赵淳生一听"2 元一张"，马上说："太贵了！"于是，他连忙穿上衣服，与学生一道上街去找普通的打印店。

此时已是晚上十点钟，大部分商店都已关门。赵淳生不甘心，师生俩就满大街地找。结果，还真给他们找到了一家正在加班的打印店。起初，小店老板说什么也不肯，他们自己的事还没做完，不想接新的业务。赵淳生好说歹说请老板帮个忙，学生在一边补充介绍说："赵老师是我们南航响当当的院士，他研究的超声电机在你们使用的复印机、打印机上都用得着。"小老板一听，马上停下自己手里的活儿，帮他们以 2 毛一页的价格，把 100 多页的汇报文稿打印出来。那晚，自己虽然辛苦点儿，但却为国家节省了 200 多元钱，这让赵淳生心里感到格外踏实。

"虽然不用自己掏钱，但能省就省，省下的经费可以在科研中做更多事情。"在回来的路上，赵淳生这样对学生说。

<hr>

⑨

把不可能的事变成可能

在近十年，赵淳生先后两次获得国家奖。第一次获得国家技术发明二等奖的超声电机属于旋转型，第二次获得国家技术发明二等奖的超声电机属于直线型，两者截然不同。前者用在"嫦娥三号"上，后者初步用在惯性约束核聚变点火工程及医疗器械中，未来将在航空航天、智能装备、通信系统以及医疗仪器等有广泛的应用前景。而在"嫦娥三号"上的应用，其实是他职业生涯中最具挑战的一件事。

当时，那种型号的超声电机还在实验阶段。而用到"嫦娥三号"上意味着要跨越几个环节，一般人是不会冒险接这个任务的。但赵淳生鼓励团队的李华峰教授承接这个任务，把当初看起来非常不靠谱的事情做成了。

一份中英文对照的宣传册，已经反反复复修改几版了。这份小册子是为 2014 年在中国苏州召开的国际研讨会准备的。离开会还有七天时间，感觉改得差不多的芦小龙把最后一稿交给赵淳生。赵淳生翻看了一下，一眼就看出有几幅图片的位置排得不合适。马马虎虎的话也可以将就，但这是一次向世界同行展示的时机，从我们手里拿出去的每份东西，不仅仅代表南航超声电机研究所，还代表着中国。

"把这几幅图片调整到前面，这几幅图要突出处理。"从2014年7月着手弄这份小册子的芦小龙，知道动几幅图片，意味着要把100多页的宣传册重排一次。他知道这里的工作量，每次修改都要用上近一个月的时间，而现在只有7天时间，这怎么可能？

无论他说了多少次"不可能！"赵淳生都非常淡定地说；"一定可以！"毫无疑问，在赵淳生的坚持下，又一次把不可能的事变成了可能。

类似的故事太多。2010年，在申报国家地方超声电机工程实验室时，接到通知时距上报截止时间只有一个星期。通知上报材料的单位全国共有6家，南航精密驱动与振动研究所名列第六，而国家只有五个指标。这不是显而易见的事情吗？只有五家能进入国家地方工程实验室，而我们却排名第六，怎么可能中选呢？

"赵老师，时间那么紧，我们又排名最后，报了也白报。"不止金家楣一个人这样提醒他。

"时间再紧，我们也不能放弃。这个工程实验室对我们超声电机产业化至关重要，我们一定要全力以赴地争取。"赵淳生的态度不容置疑。没办法，跟赵淳生这么多年，大家都了解他的脾气，就是再不可能的事，只要他说要做，就得一定去做。

然而，奇迹发生了。由于时间太紧，六家中有一家到了截止时间时，材料还交不上来。结果，排在第六的南航，在那次申报国家地方工程实验室中一举中的。

"机会总是给那些有准备的人。"这话真不假。主观认定不可能的事情，往往会束缚人的手脚，让人踟蹰不前，或者痛失良机。

"一切皆有可能！"赵淳生很小就认定这个理。以后，他一生都按照这样的理念去做事。所以，无论做什么，无论遇到多大的困难，都始终保持着奋发向上的劲头，始终保持着一往无前的勇气。

搞科研的都知道国家"973计划"，它是由国家扶植的项目，可以说是科学研究领域中的制高点，主要解决国家战略需求中的重大科学问题，以及对人类认识世界将会起到重要作用的科学前沿问题。对于这样的制高点，很多人连想都不敢想，但赵淳生认定，他搞的超声电机与国家"973计划"宗旨完全吻合，只是国人对超声电机的了解不够。

结题评审"973"项目"压电精密驱动功能部件的基础研究"的专家们（2019.11.18）

因此，从2010年成功申报国家地方工程实验室后，他就瞄准了国家"973计划"，开始向这一科研高地进军。

汇报材料经过精心准备，一大早他就赶到火车站乘车去北京，向国家科技部的专家汇报。显然，少有人知道超声电机这个新东西，尽管赵淳生汇报时激情满怀，但结果却没人给他投票。第一次不被看好，这是在意料之中的事。

第二年，他又开始投入到国家"973计划"申报工作中。结果，仍然落选了。

第三次，从头再来。与赵淳生一道准备材料的几位老师都说："赵老师，这是我们最后一次冲刺了，事不过三，如果这次不行，咱们自己别再折腾自己了。"无疑，第三次同样遭遇了淘汰。

2014年，第四次国家"973计划"申报开始了，课题组参与过这项工作的人都灰心了，申报的积极性不高。不但他们自己积极性不高，就连评审专家也不看好。当赵淳生再一次把评审材料递交上去时，评审专家组的组长发话了："老赵呀，你换个渠道申报吧？"专家组组长的话，基本是定性的了，言外之意，要入围国家"973计划"，几乎没有可能。显然，第四次同样遭遇了被淘汰。

失败的滋味并不好受，更何况接连失败了四次！但赵淳生仍不想放弃。

2015年，第五次申报开始了。经过前四次精心准备的材料，显然已经非常完美了。一般人会把原有的材料，简单改一下上交了事，但赵淳生却不这样。他像对待第一次上报那样，对待这次上报的材料。临时撰写材料的班子又组成了，然后开始加班，他要重新梳理素材，重新整理汇报思路和大纲。晚上，几个人简单地吃了盒饭，开始紧张地忙碌起来，赵淳生从始至终都跟在后面。到了半夜十二点，材料基本弄好了，有人提出让他先回去休息，可是他不答应。在催了几次他都不走的情况下，大家决定把这个老头"撵走"。的确，毕竟是动过大手术的人，年纪又那么大了，与年轻人一样熬夜，谁看了都会心痛。直到凌晨三点，大家总算把他撵走了。然而，五点不到，研究所的电话响了，大家不约而同想到了赵淳生，果然是他！

"你们再看看第五页，有一句话不太合适，那个词得改改。"原来，回到家里的赵淳生根本没有入睡，他心里还在想着汇报材料的事。躺在床上的他，把100多页的 PPT 文件，一页一页地从脑中过了一遍，琢磨着哪里有什么不妥，怎么样表达更准确、更合适。

天道酬勤。这一年，他们的申报材料再一次放到了评审专家组面前。经过前几年赵淳生一次又一次的汇报，大多数专家对超声电机总算有所了解。加上伴随着国民经济的发展，科学技术的进步，超声电机在各行各业的用途更为广泛，其重要性也逐渐凸显出来。原来，赵淳生研究的超声电机，在国内还是一个少有人涉足的领域，不仅具有开创性，也有着极其广阔的应用前景。这一次，大多数专家改变了先前的看法，果断地将宝贵的一票投给了他。

撞了南墙就回头不稀奇，稀奇的是撞了南墙还不回头。而赵淳生在工作中，就是撞了南墙也不回头的典范。接连五次撞了南墙也不回头的坚持，让他为超声电机的研究赢得了国家支持。这是在中国超声电机发展史上具有里程碑意义的事件，值得永远铭记。

项目拿下后，以裘进浩教授为首席"973"项目"压电精密驱动功能部件的基础研究"，经过和中科院、兰州化物所、中科院上海硅酸盐研究所、国防科大的强强合作，以及参加项目全体人员的共同努力，终于超额完成了原定的研究目标，将我国超声电机理论和技术水平又向前大大推进了一步。2019年11月18日，在科技部召开的验收会上，获得了93.18的优秀成绩，被全国"973"评审委会评为"优"！

⑩

人生中的"两会"

俗语说：人生七十古来稀。一转眼，赵淳生迎来了自己人生的八十华诞，这无论从哪个角度，都值得庆贺。

亲朋好友对这个八十寿辰的期待自不必说，身边的学生以及共事多年的同事，也格外在意这个日子。怎么办？像寻常百姓那样，摆上酒席庆祝一番？这显然不行！作为一名老党员，他深知以习近平为核心的党中央，对党员在个人喜丧事情处理上，尤其涉及酒席是有严格要求的。但作为一名科学家，一名从教半个多世纪的教师，对这个特殊日子，似乎也该有个交代。

2017年的初夏，南航明故宫校区的晚樱开得格外灿烂。微风徐徐吹来，满树的花枝极有韵律地舞动着，仿佛向人们述说着心中的喜悦。

与此同时，熟悉赵淳生的人纷纷收到一封邮件："为弘扬赵淳生先生的奉献精神与家国情怀，兹定于2017年11月，举办赵淳生先生从教五十六周年学术思想研讨会暨赵淳生科技奖励基金成立大会，南京航空航天大学机械结构力学及控制国家重点实验室热忱期盼和欢迎您的到来，共同见证这一庄重而喜庆的时刻。"果然，这个位于南京明故宫遗址的校园，将迎来一件喜事——赵淳生人生中的"两会"！

"两会"，一个是他"从教学术思想研讨会"，一个是他"科技奖励基金成立会"，可不是每个人都具备召开的资格。在我们身边，从教半个多世纪的人不少见，但以个人的名义设立奖励基金的却少之又少。后者，不仅需要足够的经济实力，更需要博大的情怀。

而他的"科技奖励基金"，由他本人以及亲朋好友、同事、学生、企业共同捐赠，用基金的利息奖励本校的优秀学生，优先奖励工程技术类的学生。先从南京航空航天大学机械结构力学及控制国家重点实验室开始，逐渐扩大到实验室所属的航空学院、南京航空航天大学，乃至全国自然科学以及社会科学领域的优秀学生。

在简短的成立仪式上，赵淳生对社会各界和亲友的慷慨捐赠表示由衷的谢意。在他看来，这个基金既是对自己从教半个多世纪的总结，也是对培养他的母校南航的回馈，基金无疑可以助力更多的学子勇攀科技高峰。这是一件多么神圣

赵淳生科技奖励基金捐献签字仪式（2017.11.11）和揭牌仪式（2017.11.12）

的事情！

那些被邀请回校参会的学生，既惊喜万分，又感慨万千。手捧着邀请函的他们，都情不自禁地抬起头，再一次仰望一下自己的恩师。他们的恩师，可不是一般的恩师，他不仅遭遇过各种磨难，也创下过不凡的业绩，还具有不一般的家国情怀，是他们一生的骄傲。因此，只要工作能放得下，学生们是不会错过这个"两会"的。

11月12日那天，能来的亲朋好友都来了。位于南京航空航天大学明故宫校区九号楼赵淳生的办公室，一下子热闹起来，来宾们三五成群，各个身着盛装，面带微笑，纷纷与赵淳生院士合影留念。今天的老伴王凤英，满头银发，配上一件天蓝色的西装，显得格外精神。与赵淳生携手走过八十岁的不平凡的人生，她要感慨的太多、太多。

会议筹备组为来宾准备了一个极具学院特色的"大礼包"——四本纪念册：一本是南京航空航天大学校报主编于媚教授为赵淳生撰写的人物传记《从放牛娃到院士》，作者前后花费了5年时间，才写就这部35万字专著的初稿。一本是极为特殊的通讯录，囊括了赵淳生院士培养过的博士后、博士和硕士，与他熟悉的部分领导、专家、同事，以及亲朋好友。该通讯录不仅有联系方式，还有精美的照片和精彩的寄语。一本是《媒体上的赵淳生》，是历年社会媒体对他及其团队报道的集纳，由他主管的《振动、测试与诊断》杂志编辑部搜集。一本是赵淳生所创建的"精密驱动与控制研究所"的情况介绍。

"两会"筹备组赠给参会嘉宾们的礼物

在这天下午举行的"赵淳生从教五十六周年学术思想研讨会"，由"精密驱动与控制研究所"杨颖教授主持。300多位嘉宾齐聚一堂，真是高朋满座。仅参加大会的国内外知名院士，就有20多位！此外，还有来自全国10多所大学的党委书记、校长等领导，以及来自美国、立陶宛20多个科研院所的专家们。

杨颖教授宣布大会开始并介绍参会领导和嘉宾（2017.11.12）

大会一开始，中科院南京分院院长杨桂山研究员宣读了白春礼院长贺信。

中科院南京分院院长杨桂山研究员宣读白春礼院长贺信

对本校土生土长院士从教五十六周年学术思想研讨会，时任校长聂宏教授当然不能缺席。在致辞中，他深情地说：

今天我们欢聚一堂，共同研讨赵院士从事教育科研事业56周年的学术思想。这是我国科学技术领域一件大事，更是我们南航的一件大事。赵院士是享誉国内外的机械工程专家，在超声电机技术及其应用、振动模态数识别等领域有着深厚的造诣。培养了一大批优秀的人才，取得了丰硕的科研成果，为我国教育、科技事业做出了卓越贡献。自1961年从南航飞机系毕业留校工作以来，赵院士潜心育人、醉心科研，是我们南航土生土长的院士，为南航的建设与发展做出了不可抹灭的重大贡献。赵院士对国家无比热爱，对党无比忠诚，对事业十分执着，对生活十分乐观。年近八旬，依然专心于事业，历经种种磨难，但从未放弃。赵院士对后辈极其关心，时时处处为学生着想，在团队建设中大力提携新人，帮助他们成长。赵院士以做人做事做学问的态度，充分体现了"学者典范、教师楷模"这八个字……

时任南航校长聂宏教授在大会上致辞

南京航空航天大学原校长、时任北京理工大学校长的胡海岩院士，与赵淳生的缘分不浅，他在讲话中与大家分享了三个小故事，带领人们一起领略赵淳生所具有的大爱。

故事一：1985年，我考入南航后不久，在七号楼1层的阶梯教室聆听当时刚从法国留学归来的赵淳生谈他在法国读博士的感受和经历。时隔30多年了，我已记不太清很多具体内容，唯记得他对祖国的思念。记得他获得博士学位以后，立即决定回国的决心。之所以30多年都不忘，因为这些年来我们见证了他报效祖国的行动。

故事二：我1988年获得博士学位留校工作，在当时卫桥新村分到一套两居室的房子。而当年和我同届毕业的博士只有一居室，后来才知道是赵先生和系主任共同努力为我争取的，因为他们听说我要接我母亲来住。我搬到这套住房没几年，赵先生就专程骑车爬坡，到家里来看我及刚刚调入南航的妻子。时隔30多年了我依然记得这些感人的场景，因为30多年来我见证了赵先生以他特有的这种热情对待同事、对待学生、对待朋友。

故事三：1994年我和赵先生先后完成在德国和美国的访问归来，有一次在研究实验室大厅相遇，聊起回国以后准备做些什么研究。赵先生告诉我他正在研究超声电机。那年我38岁，赵先生56岁，年长我18岁。那时，我基本上想的是沿已有的学术轨迹前进，但他却非常坚定执着地要去开辟超声电机这样一个新领域。25年过去了，我依然记得这次聊天，为什么？因为我不仅从中看到了我和赵先生的差距，我还见证了，20多年来，赵先生如何克服重重困难，开辟了超声电机这样一个领域，并且把自主研究的超声电机送上月球，成就了一番令我们所有人都感到敬佩的事业。

　　这三个小故事，说的就是儒雅的胡海岩院士心目中的赵淳生先生——一位从湖南乡村走出的中国科学院院士，一位勇于负重奋进的南航人；一位爱祖国、爱事业、爱大家的学术前辈！

　　中航集团611所所长、中科院杨伟院士致辞时显得格外激动。他说，都说他是个"大家"，但第一次与他见面，给我留下的第一印象，就是一个快乐、向上、激情的学者。他开口讲话，后面总会带上"哈哈哈……"，让人觉得和蔼、可亲，没有那么拘束。在他的眼里，赵淳生是一个实实在在追求真理的老先生！为了表达自己对他八十华诞的祝贺，杨伟院士把一个近代的战斗机模型送给了赵院士。

原南航校长、时任北京理工大学校长胡海岩院士致辞

中航集团 611 所所长、中科院杨伟院士致辞

杨伟院士送赵淳生院士飞机模型　　　P. Vasiljev 院士送赵淳生院士立陶宛特产

　　作为他的挚友前俄罗斯联邦院士、立陶宛教育科学大学 P. Vaslijev 在致辞中深情回顾了他们交往中历史性的片段，从中人们可以了解到他在国际交流与合作中的那些作为，还有他在国际学术领域中的地位。他说："八十年足以深刻理解人生的时间间隔。赵教授的专业知识和人生经历对于年轻的一代人来说，是无价的财富，南京航空航天大学应该为有这样一位杰出的人才感到骄傲和自豪。"

　　他讲完后，也送给赵淳生一个珍贵的礼物——立陶宛的特产、波罗的海琥珀做成的琥珀树，象征着他们的友谊长存！

前俄罗斯联邦院士、立陶宛教育科学大学 P. Vasiljev 致辞

　　接着，研究所所长吴大伟教授和学生代表、国防科技大学教授陈志华致辞。

　　之后，家乡代表、湖南省衡阳市人民政府副秘书长走上了讲台，他代表家乡向赵淳生及家人致以崇高的敬意和热烈的祝贺。并用"三个数字""三句话"表达了他激动的心情。一是56年的光辉岁月；二是80年奋斗历程；三是12年的情怀。从12年前他当上了院士以来，一直对家乡怀有眷眷之情，在项目引进、招商引资、单位咨询等方面积极为家乡牵线搭桥。2017年9月，以80岁的高龄受聘为衡阳市经济社会创新发展智库专家，在他的关心和支持下，近12年来，也是衡阳市衡山县经济和社会发展得最快的时期。

家乡代表、时任衡阳市人民政府
副秘书长李育全致辞

亲属代表周楚新致辞

而女婿周楚新博士在致辞中讲述了发生在家里的三件事：

第一件事发生在1993年，他去MIT做访问教授，把MIT发给他的工资全部花到研究超声马达上。他下定决心，要回国填补国家的这个超声马达空白。今天，我国的超声马达从理论研究、研发、加工、产品设计、制造到小规模生产，从民用产品一直用到"嫦娥三号""嫦娥四号"上，一路过来，真的很不容易！

第二件事就是他的专著《超声电机技术与应用》。这本书的英文版已经在MIT、乔治亚理工、加州理工、斯坦福、伯克利等成为工学院研究生教科书。在Amazon上曾一度卖到1136.12美元一本。这本科技专著分中文、英文版，由北京科技出版社和世界上最大最著名的科技出版社Springer共同出版，全球发行。在最近硅谷的一次机器人大会上，德国的一家公司就居然拿他的这本书作为抽奖的奖品。

第三件小事，是为国家吸引人才，哪怕是自己的亲人也不放过。由于爸爸希望我们回来，我告别了在美国海军研究生院做教授和首席科学家的职位，回国服务。可以说，他的鼓励和其他领导的支持，是我回国做贡献的动力！

最后，女婿献给爸爸一首诗，祝贺他八十大寿：

胸怀祖国梦，万里飞剑桥，满山秋色静，压电激波涛。

超声马达响，装备更精巧，抛开美国梦，中国再创造。

世界在前进，祖国在奔跑，名利如粪土，创业价更高。

与此同时，北京航空航天大学、西北工业大学、哈尔滨工业大学、南京理工大学、上海交通大学、太原理工大学等高校，也纷纷发来了贺信、贺电，他们或以单位的名义，或以个人的名义，向赵淳生表达由衷的敬意与祝贺。

北京航空航天大学的贺信这样写道——

尊敬的赵淳生院士：

喜闻今日是先生80岁华诞，同时也是先生从事教育与科研事业56周年，这不仅是南京航空航天大学的一大盛事，更是航空航天教育和科研界的一件喜事。在此庄重和喜庆之际，北京航空航天大学全体教职工向先生致以最诚挚的祝贺和最衷心的祝福。

无论教书育人还是科研攻关，先生都堪称楷模，桃李天下，硕果累累。先生孜孜不倦科学研究56年，在振动理论和应用研究上成果辈出，在超声电机技术及其应用上更是敢为人先。您是我国第一个研究激振器与超声电机的科学家，"嫦娥三号"上也装配了您研发的超声电机，为我国航天事业的发展做出了卓越的贡献。尤其令我们敬佩的是，已是耄耋之年的您，仍然在创新和创业的道路上攻坚克难，坚持不懈地追求着超声电机的"中国梦"。

有福称寿星，八十正辉煌。祝赵先生八十岁生日快乐，祝先生在科研道路上继续驰骋翱翔，早日实现您超声电机的"中国梦"。

2017年11月12日

西北工业大学的贺信这样写道——

尊敬的赵淳生院士：

春酒流香酣寿酒，耄龄添美祝遐龄。在您八十华诞之际，西北工业大学全体师生员工向您和您的家人致以衷心的祝贺和诚挚的问候！

您长期从事振动工程理论和应用研究，特别是作为我国超声电机技术的先驱者，在年过半百之时，毅然改变研究方向，呕心沥血，开疆辟土，实现了我国在该领域从无到有的突破，研制成功了60多种超声电机，其中一部分已成功应用于航空航天及武器装备等高端科技领域，打破了国外技术垄断，填补了国内空白。您克服疾病困厄，积极乐观，顽强拼搏，在科技报国道路上始终不忘初心，继续前进，努力实现着"超声电机中国梦"！

您不懈奋斗、勇攀高峰的科学精神，爱国奉献、鞠躬尽瘁的高尚品德，必将教育和影响着一大批优秀科技人才不断开拓创新、奋发有为。

衷心感谢您对我国科技进步和高等教育事业做出的重大贡献！祝您松鹤延年，日月同长！

2017 年 11 月 10 日

哈尔滨工业大学韩杰才的贺信这样写道——

赵淳生先生：

喜迎您 80 华诞暨从事教育与科研事业 56 周年之际，向您表示热烈的祝贺，并衷心地祝愿您松龄长岁月、桃李香满园！

赵先生是我国最早一批机械工程领域专家，早年曾赴法国巴黎高等机械学院攻读博士学位，但始终铭记国家重托、肩负民族使命，回国开展超声电机结构参数优化设计理论和方法研究，解决了行波超声电机定子近频模态混迭及二相频率分离的难题，研发了 60 余种具有自主知识产权的超声电机及其驱动器，申请国家发明专利 300 多项，在科研、生产和国防领域取得应用，为我国超声电机的研究奠定了坚实的基础。2005 年当选为中国科学院院士。

赵先生把毕生的精力，无私奉献给祖国的教育、科研事业，实现了"桃李满天下，教师最光荣"的誓言。八十年的风雨历程，先生在平凡如斯的岁月里操守着自己的责任与品行；八十年的坎坷经历，先生用精诚不息的劳作捍卫着一位人类灵魂工程师的声望与荣光。

衷心地祝贺赵先生 80 华诞暨科研事业 56 周年，也愿赵先生继续发挥引领作用，为新时代国家的富强、民族的振兴做出新的更大的贡献。

2017 年 11 月 10 日

上海交通大学校长林忠钦的贺信这样写道——

尊敬的赵淳生院士：

值此金秋时节，迎来了您的八十华诞。我谨代表上海交通大学向您致以最衷心的祝福，祝您生日快乐，健康长寿！

作为我国著名的机械工程专家、超声电机技术的拓荒者，您用自己卓越的智慧、执着的品格、严谨的态度和务实的精神，书写了人生的辉煌篇章。

"超声电机的中国梦"今天已不再是一个梦想，但您二十多年来的追梦历程已成为机械工程学科的"一个传奇"。

中国超声电机领域的**开拓者赵淳生**

数十年辛勤耕耘,数十载春华秋实。您开创了超声电机这一新的技术领域,研究成果应用于武器装备、国家重大点火工程及高端医疗器械等,并培养了一大批优秀人才,对科学和教育事业的杰出贡献令人景仰。您不平凡的人生经历,诠释了求实的科学精神,记录了对祖国的忠诚,也为我辈树立了楷模。

喜享遐龄,寿比南山终不老;欣逢盛世,福如东海水长流。衷心祝愿您幸福安康、春辉永驻!

2017年11月10日

而不能前来参加"两会"的学生,也从世界各地发来了他们的祝福。这样的祝福被赵淳生所珍视,他花费了很长时间整理学生们用心写下的只言片语,并将其做成一本特殊的"通信录",厚得像一本书。

在自己人生的"两会"上,赵淳生激动地说:"今天有这么多领导、专家、贵宾来参加研讨会,我感到十分高兴和荣幸! 80个春秋,在党教育和培养下,我走上了正确的人生道路,做了一点应该做的事。首先要感谢党和国家的培养;其次要感谢各级领导,特别是南航已故的和现任的各级领导对我的大力支持和关爱;感谢院士、专家们对我谆谆教诲和热心指导,特别感谢今天在座的许多院士、专家、朋友给过我无私的帮助和真诚的鼓励。我绝不会忘记已故的恩师张阿舟教授生前对我的悉心指教!特别感谢今天到来的三位医生将我从死亡的边沿拉回来,继续为人民工作!感谢我的研究团队和我一块共同奋斗而做出的贡献,感谢在本所已经毕业的和在读的博士后、博士生、硕士生们对我大力支持和所做出的贡献!"

赵淳生院士在大会上致答谢词

当然，他没有忘记感谢家人。特别是他的妻子王凤英，在家里发生意外丧女和两次患癌的艰难日子里，是她日日夜夜地守在他的身边，无微不至地照顾他，使他能带病坚持工作和学习，继续顺利完成各项任务。

从旁观者的角度，赵淳生的人生应该画上一个完美的句号了。但今天赵淳生最后的一番话，却让人们再一次惊叹！他这样说道："虽然我已八十岁了，但还要继续学习，努力工作！生命不息，奋斗不止！"

在会上他说，他还要继续完成四件事——

第一件是：创立"赵淳生科技奖励基金"，间接为学生服务，每年用基金利息奖励优秀的研究生。

第二件是：完成撰写《超声电机技术与应用》中、英文专著第二版，把2010年以后取得的成果写进去，要写成一个精品！

第三件是：在已经完成的超声电机技术军用标准的基础上，进一步制订超声电机技术国家标准，甚至发展成世界性标准。

第四件是：要把超声电机产业化搞到底，为建设科技强国、航天强国、智慧社会提供有力的支持！

以上这四件事，他一定要做到！！

面对坐在南京航空航天大学逸夫科学院报告厅那些多少感到有点儿意外的宾客，他诚恳希望在自己的余生，能继续得到他们的支持和帮助，让自己在有生之年完成这四件事，实现超声电机的中国梦！

啊，八十岁老人的人生"两会"，原来与超声电机的"中国梦"紧密相连！！这真是不一般的人生"两会"！

最后，时任南京航空航天大学党委书记郑永安教授做了总结性讲话。他说："各位嘉宾，如果没有你们的关心，就不会有南航今天的荣光；如果没有你们的关爱，就不会有南航今天快速的发展。"他感谢所有关心、理解并支持南航建设的人。他又说："而如果没有赵院士和像赵院士这样先进的教育思想和教育理念，也难以实现一流的目标。"他感谢所有为南航发展付出努力的人们。他希望全校师生以赵院士为榜样，热爱祖国、热爱党的教育事业，有激情、有恒心，不断为国家的繁荣富强而努力学习、工作。

时任校长助理、"结构力学与控制国家重点实验室"主任熊克教授以"人生屡经磨难，矢志超越不渝"为题做了主旨报告。他从"自强不息，风雨求学；唯实创新，刻苦钻研；承前启后，拓建学科"三个方面逐一汇报。最后，他说："几十年来，赵老师作为祖国的杰出一员，为祖国培养后学，开拓前沿。到底是什么动力，使赵老师虽屡经磨难，但始终初心不改？如今依然每天都像年轻人

时任南航党委书记郑永安教授做总结性发言

一样，辛勤地工作与学习？答案是力量源于对国家的忠诚，对事业的痴迷，对生活的热爱，对理想的坚守。"

　　会议室的灯光一下子暗下来，原来，最后的议程是观看国家主流媒体包括中央电视台曾经为赵淳生拍摄的录像故事。难得的题材，加上专业制作水平，让每一位观者意犹未尽。带着短片带给人心灵的触动，大家缓缓走出报告厅，在南航逸夫科学馆门前，与赵淳生及家人合影留念！（见 p297 合影照）

时任校长助理、"结构力学与控制国家重点实验室"主任熊克教授做这次大会的主旨报告

⑪

永远前行在奋斗的路上

　　"两会"开完，转眼到了2018年。这一年，赵淳生已进入资深院士序列。这一年，他办理了退休手续。退休意味着走出社会舞台，安度晚年。可这位老人仍不停步！他要发扬"生命不息，奋斗不止"的精神，努力完成在"两会"上许下的诺言。

2018年，在他的积极倡导下，"赵淳生科技奖励基金"理事会和评审委员会相继成立。2019年，他们从基金里取出10万元利息作为首次奖励。评审委员会首次从"机械结构力学与控制国家重点实验室"（以下简称"国重"）评出6位获得者：其中，一等奖1名，戴雨可（硕士生）3万元；二等奖2名，宋敬伏（博士生）、陈健（博士生），每人2万元；三等奖3人，李保文（博士生）、周晓成（博士生）和毛婷（硕士生），每人1万元。目前，他继续为"赵淳生科技奖励基金"四处募捐，并表示如果自己所创办的公司有分红的话，他会不断向"基金""输血"。

2017年底，刚开完"两会"，他就在研究所内组织了一个"超声电机技术国家标准"制定小组，把从2008年起积累的超声电机设计理论、实验研究和用户使用经验进行了梳理，亲自对超声电机技术进行总结、提炼，经过反复讨论，起草了我国首个"超声电机技术国家标准"。

2018年5月，在成都召开的会上，这个"国家标准"初步通过审查。根据专家们的意见，赵淳生发动团队人员做了精细的修改，并于2018年12月18日在广西柳州举行的"全国微电机标委会年会暨国家标准审查会议"上通过。那天，他激动地说：我们要响应习主席号召，"抢占先机，直面问题，迎难而上"，在这个"国标"的基础上，再发展成"超声电机技术国际标准"，以推动和引领世界超声电机技术的发展！

这个标准，已于2019年12月10日由国家质量监督总局和国家标准化管理委员会发布，于2020年7月1日实施。

赵淳生院士团队参与"超声电机技术国家标准"的起草和制订者

对所撰写的《超声电机技术与应用》中、英文专著，他提出了要把第二版中文专著做成精品所必须遵循的规则：内容要比中文专著第一版更具有深度和广度；文字更加简练，公式、图表更加标准化；所有图形、照片均用彩色。目前，撰写工作已完成70%，预计2021年9月可以交付印刷。

此外，花时间最多的是超声电机产业化。为了推广超声电机和开拓超声电机应用市场，2018年和2019年两年间，他受邀在全国进行了50多场有关超声电机技术的演讲，覆盖的领域包括机器人、高端装备、航空航天、生物医学工程等。所到之处，包括北京、上海、天津、武汉、长沙、石家庄、深圳、重庆、成都、西安等，每次演讲，听众少则几百人，多则几千人。如2019年11月在广州召开的全国"摩擦学与中国制造"会议，与会代表就达2300人，演讲时，经常被热烈的掌声所打断。由于技术先进，演讲感人，常常得到大会主办方的褒奖。会后，前来的记者也频频采访他，听众的反响更加热烈，有的要求合影，有的要求签名，有的索要微信号，等等。其中，一位听众在微信中这样写道：

两度战胜癌症

中年丧女

大龄始学法语走出国

朋友们，PPT里的主人公

年近花甲之年改变方向

将我国超声电机从无到有带到世界前沿阵地

他就是赵淳生院士

于他

岁月似乎变成了美玉的雕刻机

苦难似乎只是闲庭信步的踏脚石

愿您心灵的浪花继续壮丽

中国超声电机领域的 **开拓者赵淳生**

全国"摩擦学与中国制造"大会（2019.11，广州）

尊敬的赵淳生院士：
　　您好！根据中央和省委关于党委联系服务专家意见的精神，经省委组织部推荐，已确认您为副省长马秋林联系服务对象，为您做好服务保障工作，后续会有工作人员与您具体对接联络。未尽事宜请联系：李炳龙（省委组织部人才工作处副处长），魏子昆（省委组织部人才工作处干部）祝您工作顺利，万事如意！
2018.01.12

中共江苏省委组织部来信

　　幸运的是，在推进超声电机产业化的艰难进程中，他受到江苏省、南京市、江宁区各级党政领导大力支持和特别的关怀。2018年1月12日，他收到江苏省委组织部发来的喜讯："根据中央和省委关于党委联系服务专家意见的精神，经省委组织部推荐，已确认您为副省长马秋林联系服务对象，为您做好服务保障工作。"2月13日，在江苏省春节团拜会上，马副省长接见了赵淳生，表示开完十三届人大会后，立即去南航调研，考察"国重"、精密驱动与控制研究所（以下简称研究所）和南京航达超控科技有限公司（以下简称超控公司）。

　　果然，2018年3月29日下午2点，马副省长带领着省经信委副主任龚怀进、省科技厅副巡视员景茂等领导来到了南京航空航天大学！马副省长对超声电机原理及应用饶有兴趣，赵淳生亲自向他作了介绍。

按照事先的安排，马副省长要去视察位于江宁高新区的超控公司，他邀请赵淳生与他自己同坐一辆车。一路上，赵淳生不失时机地向马副省长汇报了超声机产业化所遇到的困难，一分钟都没有浪费。一下车，马副省长一行领导就直奔他们的车间。

马秋林副省长视察南京航达超控科技有限公司（2018.3.29）

看过车间后，他们随即视察了设计室、装配室、电器室和检测室，并与公司管理人员进行了简短的座谈。他充分肯定了公司的发展，鼓励大家把公司做大、做强。

马副省长亲自到公司视察并指导工作，足以看出他对自主创新的重视，也让赵淳生非常感动！

2018年"国庆"一过，也就是10月8日，南京市常委、江宁区委书记李世贵来超控公司视察，他没想到，这家由院士主持的公司，在如此简陋的条件下，竟研制出如此高精度的超声电机，还应用到嫦娥系列飞行器、若干卫星、医疗器械以及智能装备上。

南京市常委、江宁区委书记李世贵来超控公司视察并召开座谈会（2018.10.8）

在座谈会上，他对赵淳生的评价是：有追求，很艰辛，了不起，可敬佩！对赵淳生本人及公司全体职工而言，这是莫大的鼓舞。会上，他指示江宁经济技术开发区管委会支持超控公司一笔启动经费，为公司建立智能装配和检测生产线，充实生产所需的高精度测量仪器。

2018年11月14日，根据市委关于进一步加强党委联系服务专家的部署要求，时任南京市委经信工委书记陈光同志带队到南航拜访赵淳生。陈书记表示，赵淳生是大家学习的榜样，也是他对口联系服务的知名专家，有困难和需求随时联系他，经信委会全力协调和争取解决。

时任南京市委经信委书记陈光带队视察赵淳生院士研究团队（2018.11.14）

2019年2月13日，江苏省委书记娄勤俭莅临南京航空航天大学调研指导，省委常委、常务副省长、原省委秘书长樊金龙参加调研，就信息通信、先进材料、无人机、高端制造等领域的技术问题与赵淳生院士、郭万林院士等进行了深入交谈，鼓励大家发挥技术优势、加强产学研合作、推动科技成果转化，助推江苏高质量发展。

江苏省委书记娄勤俭、省委常委等来南航调研并和赵院士进行了交谈（2019.2.13）

经过多方努力和各级领导的大力支持，赵淳生创建新公司后不久，就在技术层面获得两个巨大突破。

这还得从"嫦娥四号"说起。

2018年12月8日凌晨2点23分，中国在西昌卫星发射中心用"长征三号乙"运载火箭成功发射"嫦娥四号"探测器，开启了中国月球探测的新旅程。"嫦娥四号"将经历地月转移、近月制动、环月飞行，最终实现人类首次月球背面软着陆，开展月球背面就位探测及巡视探测。第一次实现人类航天器在地月 L2 点对地对月中继通信。

这个"嫦娥四号"长得和"嫦娥三号"一样。"嫦娥四号"携带的巡视器，也就是"玉兔二号"，和她的姐姐"玉兔"基本一样。"玉兔二号"装上的超声电机的型号、功能和位置也就和"玉兔"上的基本一致。

2020年4月24日，是中国第五个航天日。据《人民日报》报道：中国"嫦娥四号"着陆器和"玉兔二号"月球车在"安睡"一个月夜后，分别于4月17日13时24分和16日20时57分受光照自主唤醒，进入第十七月昼工作期。在本月昼工作期，"玉兔二号"月球车携带的4件"神器"——全景相机、测月雷达、红外成像光谱仪、中性原子探测仪等科学探测装置，将继续助力"玉兔二号"的巡视探测任务。其中，全景相机预计在接近月午时进行环拍探测，红外成像光谱仪将进行定标和红外探测，测月雷达将在行驶过程中开展同步探测。在上个月昼工作期（3月18日至3月31日），"玉兔二号"实现了"双四百"的突破：在月背存活时间突破400天，累计行驶里程超过400米。

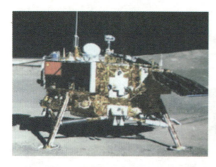 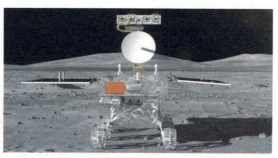

正在月球背面工作的"嫦娥四号"（左）及其"玉兔二号"巡视器（2020.4.17）

在月球上，一天的时间相当于地球上的27天左右，其中白天和夜晚各一半。在月夜期间，月表月壤的温度将降到零下190℃左右。如果在此极端环境下坚持工作，月球车及其搭载的科学设备极易受损。

转眼间，"玉兔二号"的月球之旅已有一年多。2019年1月3日，"玉兔二号"月球车随"嫦娥四号"探测器登陆月球背面，随后承担起对月背巡视探测的主要任务。截至2020年4月17日，"玉兔二号"已经安然度过470个地球日，打破了苏联"月球一号"322天的纪录，成为人类历史上在月面工作时间最长的探测器。

人类历史上首次登陆月背，只是"玉兔二号"的一项"小成就"。400多天以来，"玉兔二号"兢兢业业地在月背巡视，开展地形地貌探测、浅层结构和矿物成分探测，提供了关于月球背面地质结构、气象条件、辐射环境等大量科学数据，为人类研究月球矿物质结构和太阳系起源提供了丰富的第一手资料，取得了举世瞩目的成就。

2020年1月，一张名为"玉兔回旋舞"的照片引发了世人的关注。事实上，"玉兔二号"在进行原地转向探测。先行驶到探测区域，然后依次分8个偏航角转动一圈。在不同的航向角下，红外成像光谱仪、中性原子探测仪开机探测——前者由可见红外的成像光谱仪、短波红外光谱仪和定标防尘组件构成，依靠月球车的移动能力，在到达指定科学探测点时，对月球车前方0.7米的月球表进行精细光谱信息获取，分析物质成分；中子探测仪则通过探测月球表面的中性原子和离子，探知太阳风如何作用于月球表面。

超声电机就是在红外光谱仪和定标防尘组件中的元素之一，它驱动和控制定标防尘盖板的运动。因此"玉兔二号"取得这么好的成果，超声电机自然功不可没。

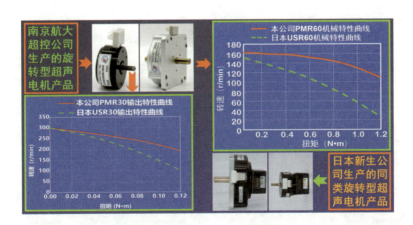

南京航达超控科技有限公司和日本新生公司同类产品的性能比较

正当人们为超声电机技术重大突破欢欣鼓舞之时，又一科技利好的喜讯也传来。

前不久，在杨淋总经理亲自指导下，在技术员赵荣城、杨模尖等共同努力下，再次优化了超声电机的结构设计和工艺过程，把公司超声电机产品的性能大大提高了一步，远远超过了日本老牌的超声电机制造公司——新生公司（Shinsei Corporation）同类型的产品。上图是产品的对比试验。这一突破性的进展使他们赢得了市场，原本买日本产品的用户纷纷到超控公司订货，大有供不应求之势。目前，他们正在建立"超声电机智能装配和检测"生产线，以迎接超声电机应用的春天！

2020年春节，由于一场疫情的到来，改变了人们日常生活的很多方面！然而"独在异乡为异客，每逢佳节倍思亲"，这样的情怀始终不曾改变。2020年1月20日，赵淳生及其夫人、女婿周楚新、女儿赵颖、秘书王亮一行五人回到赵淳生的家乡——瓦铺村。母校衡山四中特意筹备了一个"赵淳生学术展览"室。回到家乡第二天，衡山四中就举行了"弘扬院士精神，振兴四中教育"中国科学院院士、南京航空航天大学赵淳生教授学术展揭牌仪式。

揭牌仪式由副县长陈琛主持。十一点钟，陈县长首先介绍了到会嘉宾，当他宣布揭牌时，县委副书记、县人民政府县长蒋青，中科院院士赵淳生，县政协主席盛小平，县教育局局长王维荣一起缓缓地拉开红布，只见一块红彤彤的牌子，上面金灿灿的大字写着"中国科学院院士、南京航空航天大学教授赵淳生学术展览"，300多与会人员热烈鼓掌！

中国科学院院士、南京航空航天大学教授赵淳生学术展览室揭牌仪式（2020.2.22）

县委副书记、县人民政府县长蒋青致辞。他首先代表县委、县政府对中科院赵淳生院士学术展落户衡山表示热烈的祝贺！之后谈了几点感受：人生要有梦想、我们都是追梦人；人生要坚持不懈地奋斗，没有等来的辉煌、只有奋斗的成功。

赵淳生在讲话中，希望学术展可以激励家乡广大学子奋发图强，努力读书，将来成为国家的栋梁之材；也希望自己为家乡、为母校的教育奉献一份力量，在家乡的土地上播种科技的种子，继续为祖国科教事业添砖加瓦。

衡山县第四中学彭文星校长表示，这是衡山县第四中学教育史上的大事和喜事，揭牌仪式意味着一个新的起点。新的起点，令人激动；新的契机，令人振奋；新的目标，让人期待，他们有信心和决心，把衡山县第四中学打造成农村教育的一颗明珠，散发出更加夺目的光彩。

揭牌仪式后，大家观看了有关赵淳生院士的视频。

衡山县县长等在赵院士和彭校长陪同下参观赵淳生院士学术展览室（2020.2.22）

下午，在白果镇党委书记朱学峰和瓦铺村村主任张春林陪同下，赵淳生偕同家人参观了瓦铺村政府和瓦铺村公园。

　　从18岁离开家乡，到80多岁回到家乡，大半个世纪过去了，当年的帅小伙和如花似玉的村姑，如今已经变成白发苍苍的老者。而眼前的家乡完全是新时代的家乡啊！对比新旧两个时代的家乡，真有天壤之别啊！尤其，"瓦铺村""瓦铺公园"还是赵淳生亲笔写的。此时此刻，看到这里的一草一木、一砖一瓦，回顾自己八十的人生，不能不令他感慨万千！他暗自下定决心，余生要更多地回报父老乡亲，为家乡的发展做出更大的贡献！

在白果镇党委书记朱学峰（左上图）和瓦铺村村主任张春林（左上图右1）陪同下，他们参观了瓦铺村政府和瓦铺村公园以及赵淳生过去的生活场景（2020.1.22）

　　于是，人们看到，一个83岁高龄的老人，如今依然走在奋斗的路上，永无止境！！

摄于南京航空航天大学（2017.11.12）

后记

灵魂开花的姿态

感谢机缘，让我在天命之年对本书主人公赵淳生院士有了更深入的了解。他作为南航土生土长的院士第一人，我作为南航培养的具有工科底蕴的文人，共同成长的土壤，共同的心性，让我们的人生有了一次具有历史意义的交集。我用自己生命中极其宝贵的五年时光，与这位老人进行了亲密接触，包括他远在美国的家人，他远在湖南的亲属，他遍布全国各地的同学、朋友、学生、同事。通过直接、间接的途径，我不仅走近他整个人生，也走进他的心灵。

这是一位心性极其简单的老人。正是这样的简单，让他更专注于自己热爱的事业，无论经历怎样的挫折，都不放弃对事业执着的追求。

这是一位对党无比忠诚的老人。这种忠诚已然融入生命，成为生命的一部分，无论经历怎样的打击，对党、对国家、对人民始终怀有浓厚的感恩之情和报效之心。

这是一位无比爱国的老人。这片养育他的国土，无论曾经多么贫瘠，他都不会改变对她由衷的热爱！而且，越是感知这里的落后，他越想尽力改变，哪怕付出生命也在所不惜。

这是一位具有高度文化自觉的老人。这种文化自觉使得他具有为中华崛起而拼搏的豪情，无论处于多么艰苦的环境，无论面对多么大的困难，都能以顽强的毅力刻苦钻研，始终成为同龄人的佼佼者。

这是一位具有顽强生命力和意志力的老人。一岁时，父亲离家出走；九岁时，母亲又与世长辞。在没有父母的呵护下，在极度贫困的环境中，他竟能顽强地生存下来。成人后，其顽强的生命力和意志力在中年丧女、老年患癌症等重大人生磨难中又得到充分体现。

这又是一位极其乐观的老人，同时也是一位极其执着的老人……

"这是一位怎样的老人呀？！"每次采访回来，在整理他的素材时，我都禁不住一次又一次地追问着自己。

这位老人不仅有坎坷的经历、不凡的业绩，还有一个不屈的灵魂。这不屈的灵魂让他在长达八十年传奇人生中的每个关键阶段，总能把一次次"失意"，变成"诗意"的起点；总能把一次次失败，变成成功的阶梯，最终，让自己的灵魂开出绚烂的花朵。

于是，"让灵魂开花"成了我在初步了解赵淳生院士后的一个印象、一次总结、一种概括。

而那些经历无数失败后的坚持，那些经历无数苦难后的乐观，那些经历无数挫折后的执着，还有那些处于极端贫困中对知识的渴望，在面临生死关头所表现出的对科学的痴迷，在事业成功后对国家、对民族的责任，在日常岁月中对他人超越亲情、近乎无私的关爱，都是一种开花的姿态。

这些开花的姿态，曾深深地感染并激励着我，让我情不自禁地一次又一次拿起笨拙的笔，把这种姿态记录下来。让更多的人通过这样的记录，能够感受到这种姿态背后所蕴含的人性之美、人格之美、爱情之美、人生之美、科学之美、爱国之美、灵魂之美，也让更多的人通过文字的隧道，与这样的灵魂亲密接触，感受它特有的魅力。

原来，世间纵有千万种花，但唯独由灵魂深处开出的那朵，才能真正做到让芬芳永驻、让绚烂永恒。

更值得一提的是，他的一生，没有官场里那些功利；没有战场上那些血腥；没有商场中那些心机，只有属于科学家的那种情怀和心胸，只有属于科学家的那种灵性的光芒以及智慧的光辉。

这让我深深地感受到，科学是这个世上至高无上的事物，与之紧密相关的科学家，才是这个世界上最伟大的人。伟大在于只有他们，为了挚爱的科学可以做到：不在乎贫穷与富有，不在乎痛苦与快乐，不在乎疾病与健康，只要他们活着，就要不断发现、不断创造，直到生命的终止。

为此，他们活得比一般人要艰辛、艰难、艰苦，还要活得比一般人少有闲暇、少有娱乐、少有情趣。他们舍弃常人都有的那些平凡的幸福，用一生的光阴去发明和创造，发现宇宙间蕴含的那些科学奥秘，发现宇宙间原本存在的那些秩序与规律，构建一个全新的知识体系，再利用这样的知识体系，创建一个新的秩序，创造一个新的事物，并将此与人类社会生活完美地对接。

这是一个由已知迈向未知的艰难探索与发现过程。而每一次这样的探索和发现，都会极大地促进人类社会发展的进程。所以，人类社会才有了这样的发展轨迹：石器时代、青铜器时代、铁器时代、农业时代、工业时代、信息时代、网络时代，等等。人类因为有了他们，才告别了蒙昧，一步一步跨越到今天，这个以科技为主导的全新时代。这是何等的伟大！因此，每一位科学家都值得我们由衷地敬重！包括本书主人公赵淳生院士。

本书就是向他不平凡的人生，献上的最由衷的敬意！

于媚

2017年6月26日

注：该书于2017年11月在校内印刷300本，在一定范围内征求意见，两年后的2019年12月，完成征求意见后的第一次修改、补充稿。2020年1月18日至2月14日，完成第二次修改稿，2020年5月完成第三次修改稿，于2021年1月出版发行。